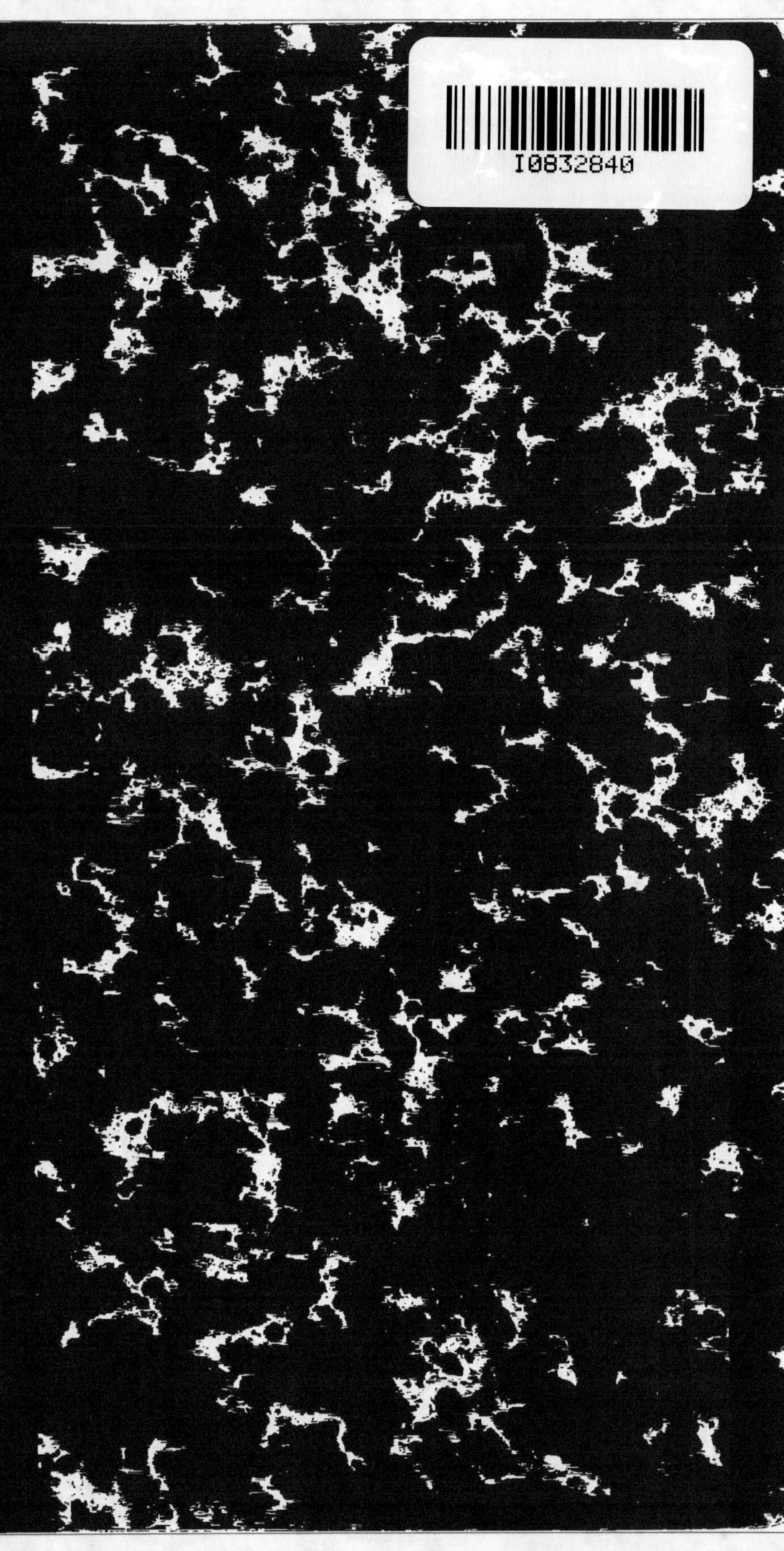
I0832840

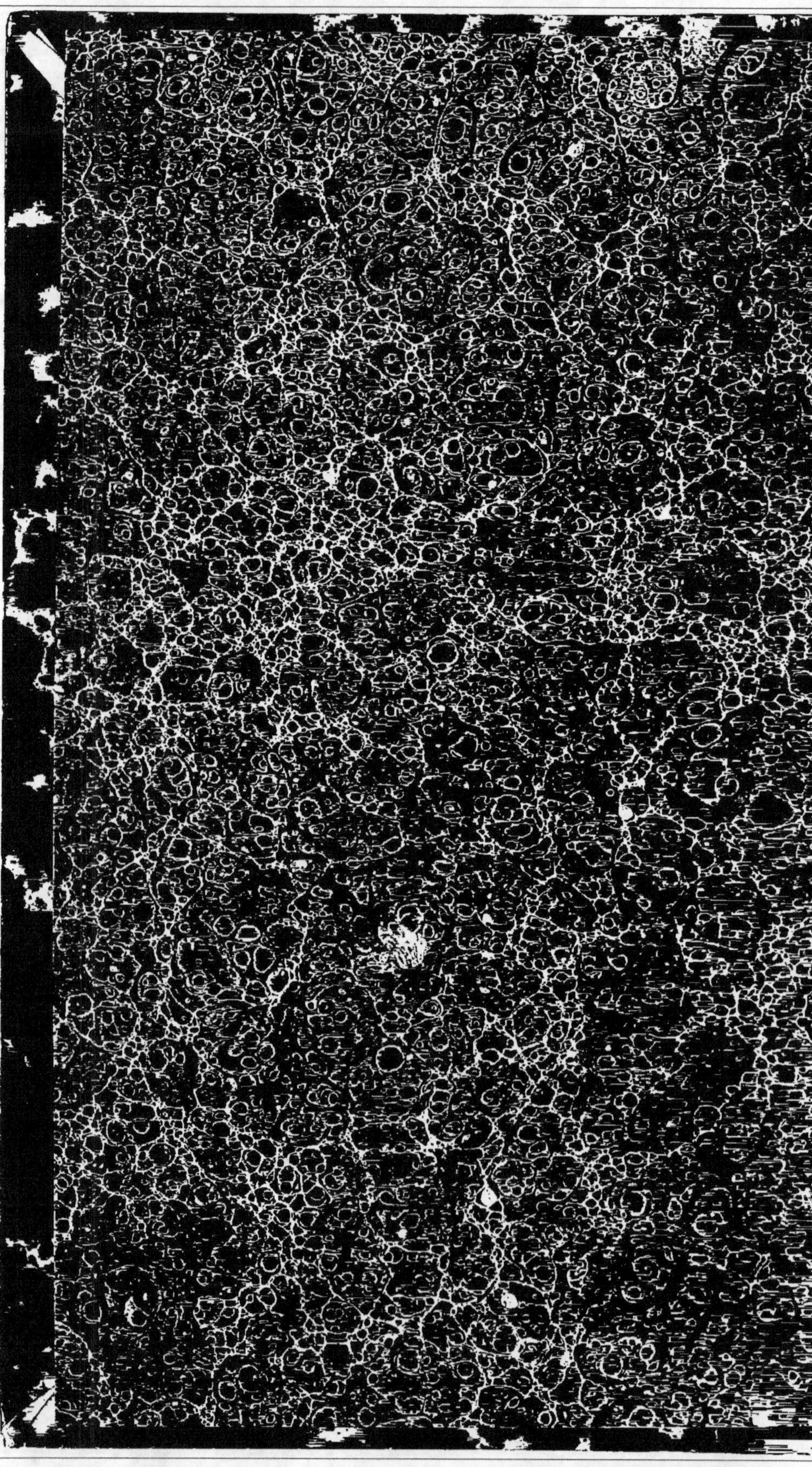

MÉMOIRES CONTEMPORAINS.

MÉMOIRES

DE MADAME LA DUCHESSE

D'ABRANTÈS.

TOME QUINZIÈME.

PARIS. — IMPRIMERIE DE LACHEVARDIERE,
RUE DU COLOMBIER, N° 30.

MÉMOIRES

DE MADAME LA DUCHESSE

D'ABRANTÈS

OU

SOUVENIRS HISTORIQUES

SUR

NAPOLÉON,

LA RÉVOLUTION,

LE DIRECTOIRE, LE CONSULAT, L'EMPIRE ET LA RESTAURATION.

TOME QUINZIÈME.

A PARIS,

LIBRAIRIE DE L. MAME,

RUE GUÉNÉGAUD, N° 25.

MDCCCXXXIV.

MÉMOIRES

DE MADAME LA DUCHESSE

D'ABRANTÈS.

CHAPITRE PREMIER.

Les femmes proscrites. — Réflexions sur Napoléon à ce sujet. —Venise. — Le marquis de Salvo. — La comtesse Attems. — Sa sœur, femme de Spencer-Smith, frère de l'amiral. — Ce qu'elle était. — Importance que l'empereur attachait à elle. — Le maréchal Lauriston. — M. de La Garde, directeur de la police, à Venise. — Le théâtre San-Samuel. — La comédie. — La jolie femme. — L'interrogatoire et les gendarmes. — Projet de fuite. — Les deux enfans et le précepteur. — *Fusina.* — Ils partent. — Lettre du marquis de Salvo à madame Spencer-Smith. — Elle refuse. — Il lui écrit de nouveau.—Elle accepte. — Ils partent. — Ils sont escortés par cinq gendarmes. — Amédée, leur chef. — Vérone. — Description de Vérone. — *Roméo et Juliette.* — Les Arènes à minuit. — L'ami prudent. — Brescia. — Fausse nouvelle. — Le lac de Guarda. — Salons. — Le marquis arrange la fuite. — L'opium. — Encore les gendarmes. — L'échelle de corde.

Avant de parler du général Malet, il me faut raconter ici une histoire qui trouve admirablement sa place après celle de madame Récamier et de madame de Chevreuse... c'est l'aventure étonnante de madame Spencer-Smith, belle-sœur du brave et chevaleresque amiral sir Sidney Smith. Elle doit trouver son rang dans les Mémoires d'une femme, pour montrer en ce lieu combien elle est digne de figurer parmi les plus nobles caractères et les plus grands courages[1]; il me faut revenir sur mes pas, mais cela est toujours permis.

En 1806, il était malaisé de trouver dans toute l'Europe un seul coin de terre où l'on fût à l'abri de la volonté de l'empereur quand elle voulait vous atteindre. L'Italie lui était soumise; l'Allemagne était presque conquise à sa couronne depuis le traité de Presbourg, et jusqu'aux steppes de la Russie, rien ne pouvait être refuge pour de malheureux proscrits.

Venise n'était plus cette ville voluptueusement belle, où la seule chose imposée à ses habitans était d'être heureux. La domination française avait étendu son bras jusqu'au lion de Saint-Marc;

[1] Une particularité singulière, c'est que je connais le marquis de Salvo depuis un grand nombre d'années, et que jamais il ne m'avait parlé de cette histoire, qui est pourtant la plus extraordinaire de toute sa vie. Ce n'est qu'à son dernier voyage que, lui en parlant moi-même, il me certifia de toute sa vérité.

le code Napoléon punissait le gondolier de la Brenta, et l'empêchait de chanter.

Il y avait néanmoins à cette époque, à Venise, une grande quantité d'étrangers. Le marquis de Salvo, seigneur sicilien, âgé seulement de vingt ans à cette époque, avait quitté la Sicile et même Naples, et voyagait dans le reste de l'Italie. Son esprit remarquable et supérieur aujourd'hui, était déjà à cette époque d'une nature capable de le faire apprécier, ainsi que ses talens et sa connaissance du monde, malgré sa jeunesse; aussi était-il accueilli parfaitement dans les maisons étrangères de bonne compagnie. De ce nombre était celle de la comtesse Attems, fille du baron Herbert, internonce d'Autriche à Constantinople[1], c'était une femme parfaitement aimable et qui recevait tout ce qu'il y avait de mieux dans Venise.

On parlait beaucoup, dans l'intérieur de la comtesse Attems, d'une jeune sœur à elle, qui était arrivée depuis peu de temps d'Allemagne pour rétablir sa santé. Elle était faible et délicate, et demeurait constamment dans son appartement; c'était madame Spencer-Smith, dont le mari était ambassadeur d'Angleterre à Stuttgard. Ceux qui la

[1] Il l'était même déjà en 1785. — *Voyez* M. de Choiseul-Gouffier. — Il parle de leur relation politique.

connaissaient disaient qu'elle était ravissante de grâces et de beauté ; que son esprit supérieur était au-dessus de celui de toutes les femmes; elle parlait, disait-on, sept langues avec pureté, était excellente musicienne, et connaissait toutes les littératures des langues qu'elle parlait... tout ce que le marquis de Salvo entendait ainsi raconter de cette jeune femme lui donna un excessif désir de la connaître.

— Je voudrais bien lui être présenté, dit-il un jour à la comtesse Attems, faites-moi donc obtenir cette faveur.

La comtesse Attems le promit; mais sa sœur était toujours souffrante, et jamais elle ne paraissait dans le salon de la comtesse. Enfin un jour madame Attems écrivit au marquis en lui envoyant la clef de sa loge au théâtre *San-Samuel*.

« On y donne une pièce nouvelle du chevalier Guarini, lui écrivait-elle... venez-y, et je vous présenterai à ma sœur... elle y sera... »

Le marquis aurait eu dix invitations qu'elles auraient pâli devant celle-là... aussi se trouva-t-il avant l'heure dans la loge de la comtesse Attems, qui arriva bientôt avec une jeune femme, dont la délicate et élégante tournure, la peau blanche et diaphane, les cheveux blonds, les mouvemens onduleux, toute une tournure impossible à décrire autrement qu'en disant qu'elle était de toutes les créatures la plus gracieuse, lui donnaient l'aspect d'une de ces apparitions amenées par un rêve heureux... il y avait de la Sylphide en elle. Sa vue excessivement basse n'était qu'un charme de plus... Elle parla de la pièce avec une sagacité et un tact qui firent faire la remarque au marquis de Salvo qu'elle connaissait la langue italienne, aussi bien qu'aucune Florentine des plus instruites.

— Je n'y ai pas de mérite, répondit-elle, car j'aime passionnément la littérature italienne.

Le marquis se retira enchanté de sa soirée, et heureux de penser qu'il allait revoir tous les jours une aussi ravissante personne.

Mais lorsqu'il put la suivre dans sa vie intérieure, qu'il la vit comme mère de famille s'occuper de surveiller l'éducation de ses deux fils Sidney et Edouard, être pour sa sœur, la comtesse Attems, un sujet de joie pour chaque heure de la journée, alors il se joignit à son admiration pour elle une vénération et un respect profonds que rien ne devait détruire. Tel était l'état de la société de la comtesse Attems à Venise, lorsque le général Lauriston, aide-de-camp de l'empereur, arriva dans cette ville avec le titre de gouverneur. M. de La Garde y était déjà comme directeur-général de la police [1].

Un soir, M. de Salvo se rendit comme à l'ordinaire chez madame Attems... et trouva son salon désert... Étonné de cette solitude, il s'informe, et apprend que M. de La Garde avait envoyé dans la soirée *une invitation à madame Spencer-Smith pour qu'elle se rendît le lendemain matin à son bureau.* Cette forme inconvenante et si peu en accord avec les habitudes de M. de La Garde, dont les manières polies sont connues de tous ceux qui le rencontrent, avait alarmé toutes les connaissances de madame Spencer; et cette simple invitation, que dans sa franchise elle eut le tort de laisser connaître, en fut UNE à tout le monde de l'abandonner, comme une personne presque dangereuse à fréquenter, puisqu'elle était l'objet de l'attention du directeur-général de la police de Venise. Le marquis de Salvo, il faut lui rendre cette justice, fut irrité, c'est le mot, de cet abandon: il était jeune alors; l'âme a toujours de nobles et généreuses inspirations à cette époque de la vie... il se présenta devant les deux sœurs consternées, et proposa son bras à

[1] Celui qui fut depuis ministre de la police en Portugal, lors du gouvernement du duc d'Abrantès, et qui est aujourd'hui conseiller d'État.

madame Smith pour aller le lendemain matin chez M. de La Garde. Elle accepta avec reconnaissance, et le lendemain à onze heures il était devant le palais de la comtesse Attems avec sa gondole pour la conduire à sa mystérieuse et inquiétante entrevue.

Le directeur-genéral reçut madame Spencer-Smith avec tous les égards dont on sait qu'il est susceptible. Il la rassura, car il vit combien elle était troublée, et tâcha même de lui donner la pensée que dans toute cette affaire il n'y avait rien de sérieux.

— Ne prenez pas cela en grand souci, madame, lui dit-il; je suis convaincu que ce n'est qu'une méprise... il faut seulement être prudente; peut-être voyez-vous trop de monde chez madame votre sœur... il faut, voyez-vous, que je puisse calmer les craintes que votre nom peut donner à Paris, par l'assurance d'une grande réserve dans votre conduite... Pour première preuve, il faut, si vous voulez en croire mon conseil, quitter Venise... C'est une ville maritime; il y a beaucoup d'étrangers... Je crois que vous devriez aller vous établir en terre ferme... louez une maison près de Padoue... madame votre sœur ira vous y voir, et tout sera pour le mieux.

Madame Smith, charmée de voir que cette menaçante entrevue se terminait aussi heureusement, assura le directeur-général que trois jours après celui où elle lui parlait elle suivrait son avis, et, après avoir pris congé de lui avec une grande reconnaissance de ses manières franches et cordiales, elle fut aussitôt rassurer sa sœur qui l'attendait avec impatience. On parla de la campagne qu'on allait louer en terre ferme; et de nouveau on regarda joyeusement Venise *la rouge* et ses palais, ses dômes, ses gondoles, et ses magiques beautés qui ne sont qu'à elle et en elle.

Mais le lendemain au soir, comme la famille était groupée autour de madame Smith et du marquis, tandis qu'ils chantaient tous deux des barcaroles auxquelles répondaient les mariniers du Lido, une grande rumeur se fit entendre dans l'escalier du palais... c'étaient quatre gendarmes et un brigadier qui venaient signifier à madame Smith qu'elle était prisonnière dans son appartement, et qu'ils devaient l'y garder.

En écoutant cet ordre non seulement inique, étant donné à une femme, mais barbare dans son exécution et révoltant sous toutes ses formes, la famille Attems fut consternée... La jeune proscrite seule, calme et vraiment grande et belle de son noble courage dans un tel moment, releva la force abattue de sa sœur, et, quoiqu'elle fût fort inquiète pour elle-même, elle parut n'avoir d'autre souci que celui d'être pour le comte Attems, son beau-frère, et pour sa sœur, un motif d'inquiétude... Quant au marquis de Salvo, il était révolté, et il sortit du palais de madame Attems le cœur brisé.

Le lendemain, il était à peine jour, qu'il fut chez M. de La Garde, et lui demanda quelle était la raison qui avait motivé la mesure qui venait d'être mise en vigueur contre madame Spencer-Smith? Il était inquiet, et le devint plus encore lorsqu'il s'aperçut que la physionomie du directeur-général était tout autre que la veille... Il était embarrassé, et paraissait vouloir cacher un mystère fâcheux... Enfin il se décida à parler, car son silence laissait en partie peser sur lui une partie de tout l'odieux de cette affaire.

— Ecoutez, dit-il au marquis de Salvo, je dois vous dire qu'hier, après vous avoir parlé ainsi qu'à madame Spencer-Smith, j'ai reçu un courrier qui m'a apporté de nouveaux ordres... non pas du vice-roi, non pas du ministère, mais du cabinet même de l'empereur... Ces ordres sont sévères!... je ne vous cache pas qu'ils me font une sorte de peur à moi-même... Il faut que l'empereur ait de bien puissans motifs pour en agir ainsi, et en vérité...

—Mais, au nom du ciel, qu'avez-vous donc reçu? s'écria le marquis dans une véritable inquiétude.

M. de La Garde hésita un moment... enfin il dit à demi-voix:

— L'ordre que j'ai reçu, et qui est également parvenu au général Lauriston, porte l'injonction formelle de faire partir madame Spencer-Smith de la ville de Venise, avec une forte escorte de gendarmerie, et de la faire conduire à Milan, d'abord, pour qu'elle y soit interrogée par S. A. I. le prince vice-roi... ensuite elle sera dirigée sur la France, et je crois qu'elle sera enfermée dans la citadelle de Valenciennes.

Le marquis fit un cri!

—Silence!... car vous gâteriez vos affaires sans faire de bien aux siennes... Je vous ai dit cela, parce que vous êtes ami de la famille, et que vous pouvez leur communiquer cette nouvelle avec les adoucissemens de l'amitié... Madame Spencer partira dans six à sept jours; elle voyagera aussi lentement que sa santé l'exigera... sans doute il m'est pénible d'avoir à faire exécuter cette mission; mais vous comprenez que mon devoir doit être le premier dans toute cette affaire...

—Mais quelle raison? dit M. de Salvo...

— Ah! je ne puis le savoir, interrompit M. de La Garde... avec une sorte de ton de reproche...

Cependant, ajouta-t-il, je crois pouvoir vous dire que le nom de SMITH, que porte la comtesse, est peut-être une des grandes raisons de la sévérité dont on use envers elle... Songez, ajouta-t-il encore, qu'elle est belle-sœur du Sidney Smith de Saint-Jean-d'Acre, et femme de Spencer-Smith, ambassadeur d'Angleterre à Stuttgard... songez à toute cette affaire de Dracke [1]... et vous aurez la clef de beaucoup de choses qui vous paraissent mystérieuses.

M. de Salvo quitta le directeur-général, satisfait de lui, mais inquiet du sort de madame Smith... il ne put assez prendre sur lui pour aller en ce moment chez la comtesse Attems... Il se fit conduire au Lido, et voulut essayer de calmer par le mouvement et la réflexion le trouble de ses idées. Il concevait bien un plan, mais tout était vague encore dans sa pensée... enfin il obtint un résultat, et alors il se décida à se rendre au palais de la famille désolée...

Depuis qu'il connaissait plus particulièrement madame Smith, il avait reconnu en elle un caractère supérieur, comme l'était son esprit... mais elle souffrait; et sa santé positivement attaquée pou-

[1] Voir dans le IVe vol. de mes Mémoires la relation de cette affaire de Dracke.

vait recevoir un choc violent en apprenant qu'elle... une jeune femme de vingt-trois ans!... jusque là toujours heureuse, entourée de soins et d'hommages, elle!... madame Spencer-Smith! était une criminelle d'État, menacée d'une captivité non seulement rigoureuse, mais éternelle! et elle n'avait que vingt-trois ans!... Le marquis frissonnait à la seule pensée de lever un coin du rideau qui cachait à la pauvre infortunée un si terrible avenir... cependant il le fallait... il le fit avec les ménagemens que son dévouement lui inspira, et il ajouta sur-le-champ cette phrase toujours consolante, car, quel est le malheur qui n'est pas adouci par la certitude d'avoir un ami véritable: — Sans doute vous êtes dans une fâcheuse position, madame, mais je vous sauverai... n'ayez aucune inquiétude... je vous suivrai dans votre voyage, et dussé-je y périr, je réussirai du moins à vous faire échapper, soyez tranquille.

Madame Smith leva les yeux sur le marquis, et contempla quelques instans cette jeune physionomie animée d'une expression entraînante, car elle était vraie et partait d'un cœur dévoué.

— Je ne puis accepter votre offre généreuse, lui dit-elle avec un attendrissement qu'elle ne chercha pas à lui cacher... renoncez à votre projet, et laissez-moi suivre ma destinée... je suis innocente, Dieu me protègera.

—Non, répondit le marquis d'un ton déterminé; je suis résolu à vous sauver, et je le tenterai ; je vous le répète, ma vie dût-elle être l'enjeu de la partie.

— Eh bien ! dit madame Smith, revenez dans un moment, je vous donnerai une lettre que vous lirez avec attention, et vous conviendrez, après l'avoir lue, que vous ne devez pas me suivre.

Le marquis sortit, et revint au bout d'une heure ; on lui remit une lettre de madame Smith, qu'il emporta au café de la Fenice pour la lire avec attention ; elle était remarquable.

« Ecoutez, lui disait-elle, je ne dois pas accepter votre généreux dévouement, et je vais vous parler avec une franchise noble, et digne de tous deux. Vous êtes jeune ; vous avez remarqué en moi quelques agrémens : le malheur de ma position, son étrangeté dans mon isolement, à mon âge... tout les a doublés, et peut-être avez-vous pour moi un sentiment exalté qui vous fait entreprendre une chose qui vous paraît grande et généreuse, mais qui n'est que le résultat d'une imagination de vingt ans, ardente et passionnée... Je dois alors, dans l'intérêt de tous deux, vous prévenir que mes principes et ma manière de voir sont entièrement en opposition avec ce que vous croyez sans doute espérer comme récompense; revenez à des idées plus saines pour votre propre intérêt. Songez à vous-même... songez à vos parens... à votre fortune... car vos biens sont en Sicile... l'homme qui me poursuit y portera bientôt sa domination... et il ravagera de sa main de fer vos champs et vos maisons... vous serez ruiné, même en admettant que votre vie soit sauve, ce qui est incertain... Ne me donnez pas le remords des larmes de votre mère, je vous le répète, revenez à vous-même. N'élevez pas entre vous et votre patrie une barrière que vous ne pourriez plus franchir, car ma reconnaissance, pour être grande sans doute, ne me conduirait jamais à la remplacer près de vous... »

En lisant cette lettre la jeune âme du marquis fut presque révoltée... il était de fait que depuis ces jours d'orage aucun sentiment étranger à la générosité d'une grande et noble action ne s'était mêlé à sa résolution, et madame Smith eût-elle été vieille et laide, il eût de même voulu sauver une femme innocente et sans défense... Il fut blessé du doute qu'elle lui exprimait, et sur-le-champ il lui répondit qu'il était affligé jusqu'au fond du cœur de la lettre qu'il venait de lire; qu'il lui protestait sur l'honneur d'un gentilhomme, que nulle idée étrangère à son dévouement ne se mêlait à l'offre de son appui. « N'ai-je donc pas un motif pour vous protéger au moment de l'affliction ? lui disait-il. Vous connaissez mon attachement pour la famille royale de Sicile... je suis heureux de prêter secours à la belle-sœur de celui qui dans ce même moment est aussi le protecteur de mes malheureux souverains... Le noble sir Sidney, madame, doit cependant vous avoir familiarisée avec des actes d'un dévouement désintéressé[1]... Ne puis-je donc aussi, moi, quoique bien jeune, montrer ma reconnaissance à l'Angleterre, qui fait tant pour mes maîtres, en vous sauvant d'une injuste persécution ?... laissez-moi suivre la route où m'entraîne la volonté d'accomplir un noble dessein... Quant à mon sort, il n'aura rien de fâcheux... Dieu protègera la bonne cause... Et puis, s'il en était autrement... n'ayez aucun remords des larmes de ma mère, je la connais assez pour être certain qu'elle n'aurait pas de regret si son fils périssait en accomplissant sa mission d'homme d'honneur ; mais, encore une fois, rassurez-vous, madame, il

[1] Sir Sidney-Smith, alors commodore, protégeait la fuite de la famille royale de Naples. — Son noble caractère était connu pour le chevaleresque et le dévouement de toutes ses actions. Junot avait pour lui la plus haute estime.

n'en sera rien... Quant à ce que vous paraissez redouter pour moi... je veux parler du sentiment que vous me supposez... me pardonnerez-vous de vous assurer que, tout en vous admirant, je n'ai pour vous que l'affection d'un frère?... Pour vous rassurer d'ailleurs entièrement à cet égard, veuillez recevoir ici ma parole d'honneur la plus sacrée, qu'aussitôt que vous serez en sûreté et réunie à votre famille et à vos enfans, je vous quitte sans demander à passer une heure près de vous. J'en prends ici l'engagement dans vos mains ainsi que dans celles de votre sœur... ne repoussez donc pas les services d'un véritable ami, et laissez-moi vous sauver...»

Madame Smith fut touchée de cette lettre, qui avait en effet le ton de la vérité. La comtesse Attems acheva de la déterminer; et le marquis de Salvo reçut enfin la permission de travailler à l'exécution de son projet.

Il fallait bien du courage et bien du sang-froid pour le mener à bien... un des premiers soins du marquis, fut de sauver les deux fils de madame Smith, Edouard et Sidney; ces deux enfans, quoiqu'ils n'eussent que sept et cinq ans, auraient pu servir d'otages après la fuite de leur mère; il fallait donc les mettre d'avance à l'abri. On était alors au 15 d'avril... le temps est ravissant à cette époque de l'année à Venise : les enfans allaient souvent se promener en gondole ; un jour le marquis fut avec eux jusqu'à *Fusina ;* là il dit à leur gouverneur :

—Voilà cent louis; prenez une chaise de poste, montez dedans avec vos deux élèves, et rendez-vous, sans vous arrêter, à Gratz en Styrie, chez la comtesse Strassoldo [1], vous lui remettrez ses neveux, et vous resterez chez elle jusqu'à ce que madame Smith rejoigne ses enfans... Partez à l'heure même.

Le précepteur était un honnête et brave Allemand, dévoué à ses maîtres... Il comprit le marquis, et s'acquitta de sa commission, aussi bien qu'on pouvait le désirer.

De retour à Venise, le marquis dit à madame Smith qu'il fallait maintenant qu'elle écrivît aux autorités de la ville pour observer que, pendant une route aussi longue, elle ne pouvait se décider à n'avoir auprès d'elle que sa femme de chambre... elle sollicitait donc, en conséquence, la permission pour un ami de sa famille, de l'accompagner pendant ce long voyage, et cet ami était le marquis de Salvo.. Aussitôt que la lettre de mistriss

[1] Edouard Smith est aujourd'hui capitaine de vaisseau au service de l'Angleterre, ayant de beaux souvenirs comme exemples dans ceux que lui a laissés son oncle l'amiral Sidney Smith.

Spencer-Smith parvint au général Lauriston, il s'empressa de lui répondre, qu'il était trop heureux que ses instructions ne s'opposassent en rien à ce qu'il accordât sa demande... M. le marquis de Salvo avait donc l'autorisation de suivre madame Smith, sans être toutefois asservi à aucune des exigences que la prisonnière devait subir.

Le 25 avril 1806, mistriss Spencer quitta Venise, et partit pour Milan, escortée de quatre gendarmes, et d'un brigadier nommé *Amédée*. Ce dernier était dans la voiture de la prisonnière, avec le marquis et mademoiselle Louise, sa femme de chambre. C'est ainsi que commença ce voyage qui devait voir accomplir la délivrance de madame Smith. Le marquis avait maintenant cette volonté plus arrêtée que jamais, depuis qu'il savait que madame Smith devait être enfermée dans la citadelle de Valenciennes... et puis l'empereur, qui d'ailleurs n'aimait pas le nom de Smith, était particulièrement irrité contre madame Spencer Smith, en raison de l'affaire de Dracke... Spencer Smith s'était, heureusement pour lui, sauvé à temps, et avait gagné l'Angleterre; mais Napoléon avait des avis, faux ou vrais, qui signalaient sa femme comme étant sur le continent l'agent de son mari. Son esprit remarquable, cette quantité de langues qu'elle parlait avec facilité, son caractère supérieur, tous ces avantages réunis à une beauté qui elle seule était déjà une séduction, tout cela, bien pesé dans l'esprit de l'empereur, l'avait sans doute déterminé à user d'une aussi grande rigueur envers une femme... Le marquis de Salvo craignait avec raison que la captivité de la jeune femme fût bien rigoureuse... et cette assurance qui lui parvint deux heures avant le départ lui fit renouveler avec plus de force encore à la comtesse Attems et à son mari l'assurance solennelle de sauver leur sœur... Ils sortirent en gondole des Lagunes, et furent prendre leur voiture à Padoue, escortés par le capitaine Guizzola, dont ils n'eurent qu'à se louer.

Le général Lauriston et le directeur-général ayant égard à l'état de santé vraiment déplorable de madame Smith, avaient autorisé les gendarmes à séjourner dans *les villes fermées*, toutes les fois que l'état de leur prisonnière le réclamerait, et même pour plusieurs jours. Ceci avait été demandé par elle-même par le conseil du marquis ; la cause en sera bientôt connue.

C'était à Vérone que le marquis comptait effectuer son projet d'évasion ; il avait dans cette ville un ami d'enfance à lui, qu'il aimait comme un frère, et sur lequel il croyait pouvoir entièrement compter, le comte Léonardo Grimani...

Il avait en conséquence dit en anglais à la comtesse de se dire malade et de demander séjour... Aussitôt qu'ils furent descendus de voiture, il courut à l'hôtel du comte Grimani... Tout était fermé !...

—Où est le comte? demanda-t-il au concierge.

—A la campagne, monsieur...

— Loin d'ici?

— Plus de trois lieues.

Le marquis se frappa le front. Ce premier obstacle dans son projet lui paraissait d'un fâcheux augure... la jeunesse n'aime pas les déceptions; il fut aussitôt écrire un billet au comte Grimani, dans lequel il lui disait :

«Une affaire où ma vie, mon honneur sont engagés, me mettent dans le cas d'avoir recours à ton amitié; j'ai besoin de ton aide... mais il faut le plus grand secret... puisque tu n'es pas ici, il faut que notre entrevue soit ignorée.. viens cette nuit, à une heure, me trouver dans l'Arène [1]; j'y serai... je me placerai sous la septième arcade de gauche... toi, en frappant dans tes mains, tu m'avertiras de ton arrivée... »

1 Le grand cirque de Vérone. Tous ceux qui ont été en Italie connaissent cette admirable preuve du luxe des anciens. J'en donnerai une relation détaillée dans la suite lors de mon voyage en Italie.

Avec cette chaleur de l'amitié si naturelle à la jeunesse, et toujours suivie de la confiance, le marquis demandait à son ami ce qu'il lui aurait donné sans faire une réflexion... Ne doutant pas qu'il ne vînt, quoique le postillon qu'il avait envoyé porter son billet ne fût pas revenu, le marquis se retira dans la chambre qu'il s'était fait donner avec intention au rez-de-chaussée; et lorsqu'il fut certain que toute la maison était endormie, il ouvrit doucement sa fenêtre, et, bien enveloppé dans son manteau, il se dirigea vers le cirque, après avoir jeté un regard sur l'appartement de madame Smith, où l'infortunée veillait dans l'attente de ce qui allait se passer.. Le marquis vit une faible lumière dans la chambre qu'elle occupait, et par intervalles une grande forme élégante passait derrière le rideau blanc de la fenêtre... Une fois il crut voir que la gracieuse figure s'arrêtait comme accablée en portant sa main à ses yeux!... Alors il s'élança hors de la cour, et courut vers le cirque, où était peut-être déjà le comte Grimani qui l'attendait.

La nuit était sombre par intervalles; le temps était orageux; et la lune, qui commençait alors son quartier, ne donnait qu'une lumière faible et inégale. Mais le marquis connaissait parfaitement Vérone; il se hâta d'arriver à son rendez-vous sans être retardé dans sa marche, et parvint à la septième arcade de gauche comme l'heure sonnait à l'église San-Donino... Mais personne!... le silence le plus profond... le marquis frappa dans ses mains... et le son qu'il produisit ne fut suivi d'aucune réponse... il était évident que personne ne l'attendait... il se blottit dans la retraite qu'il avait indiquée, et attendit son ami dans une angoisse qu'il est difficile de rendre, parce que ce genre d'attente nous est inconnu... Cependant le temps s'écoulait, et personne ne venait troubler par le bruit d'un pas le silence lugubre de cette vaste enceinte, jadis résonnant sous les cris de mort des martyrs chrétiens, recueillant plus tard la parole de vérité du vicaire de Jésus-Christ[1], et maintenant ensevelie dans l'oubli malgré la magnificence de ses arcades, la beauté de ses galeries, la majesté antique de tout son ensemble, et ne recevant, en ce moment, le bruit de la vie humaine que par les imprécations qui sortaient en foule de la poitrine oppressée du malheureux jeune homme, qui voyait à chaque heure se dissiper son espérance!... La nuit était affreuse... il pleuvait, et le vent s'engouffrant sous les longues

[1] Le pape Pie VI a prêché dans le cirque de Vérone; on était venu l'entendre de toutes les parties de l'Italie. Il y avait, dit-on, plus de vingt mille spectateurs.

voûtes, ébranlait l'antique édifice et semblait parler le langage de l'enfer au marquis... Enfin l'horloge sonna quatre heures... déjà la nuit n'était plus aussi sombre... une large bande à l'horizon annonçait le jour en se colorant... Le marquis, au désespoir, se retira pour gagner son auberge... En passant devant la Poste, il y entra et demanda son postillon... cet homme venait d'arriver... Il remit la réponse du comte Grimani... Cette réponse était celle d'un homme heureux et tranquille, qui avait entrevu par le style entrecoupé du billet du marquis, que l'affaire pour laquelle on réclamait son aide pouvait le compromettre, et qui aimait mieux son repos que son camarade d'enfance. Il n'y avait là que *le monde tel qu'il est*[1]... Mais le marquis fut furieux... il froissa la lettre de Grimani, et, la jetant loin de lui :

— Et c'est là un ami !... voilà ce qu'on appelle un ami ! s'écriait-il en grinçant les dents de rage...

Le lendemain, à déjeûner, il fit comprendre à la malheureuse prisonnière que l'espoir de cette

[1] Il va paraître incessamment un roman qui porte ce titre. C'est autre autre chose qu'un roman. C'est Sterne, c'est Richardson avec son coup-d'œil admirable, dévoilant le cœur humain, le montrant avec ses misères comme avec ses vertus. Ce livre, s'il est apprécié tout ce qu'il vaut, doit être regardé comme un monument dont nous devons être fiers.

nuit n'avait pas été réalisé... elle essaya de le calmer avec de douces et patientes paroles... Mais le marquis était blessé non seulement dans son attente, mais dans son amitié, et il éprouvait une vive peine, et une peine de l'âme, car, plus on est jeune, et plus la déception est pénible.

Il eût été maladroit de repartir le même jour... on demeura donc à Vérone, et le lendemain la petite caravane se remit en route pour Brescia, où elle arriva le 1er mai de l'année 1806.

Ici commence le roman le plus intéressant que l'on puisse lire, car il est vrai dans tous ses incidens, et rien n'est inventé et imposé à la crédulité... Cependant les faits paraissent quelquefois si extraordinaires, que l'imagination elle-même a peine à les accueillir.

Le refus du comte Grimani était d'autant plus fâcheux, qu'il ne restait aux fugitifs aucun asile pour échapper aux poursuites, en admettant qu'ils pussent se dérober aux gendarmes. C'était là surtout qu'existait la grande difficulté; car c'était dans le château du comte que le marquis comptait cacher madame Smith... Tout-à-coup une réflexion rapide et lumineuse traverse l'esprit du marquis... Le lac de Guarda lui apparaît avec ses belles rives... ses ombrages, ses barques surtout!... SES BARQUES... qui l'ont si souvent, l'année précédente, mais pour son plaisir seulement... transporté alors de *Salons* à *Riva*... Mais, comment prendre les mesures nécessaires?... Un moment lui suffit pour tout ordonner dans sa tête; il en prévient madame Smith en anglais.

Arrivés à Brescia, il chercha long-temps une auberge qui fût favorable à son projet. Il voulait un appartement au rez-de-chaussée... mais il n'en trouva pas, et, après beaucoup de recherches, il fallut se contenter d'un logement assez ordinaire, dans l'auberge *delle due Torre*, encore était-il à un premier, et assez élevé.

Lorsque la captive fut dans son appartement, le marquis fut trouver Amédée, le chef des quatre gendarmes. C'était un brave homme, commun, comme en effet devait l'être un sous-officier de gendarmerie, et trouvant toujours matière à rire, c'est-à-dire à *plaisanter*, surtout si une femme était mêlée dans la chose.

—Mon cher Amédée, lui dit le marquis, je ne puis vous dire combien je me repens du parti que j'ai pris d'avoir accompagné la comtesse... Nous allons arriver à Milan... nous trouver en présence du prince Eugène... jugez de ma position!... Il m'a rendu de grands services... je lui ai des obligations de devoir... que pensera-t-il en me voyant avec une PRISONNIÈRE D'ÉTAT!... Je crains pour mes biens de Naples... j'ai peur enfin pour moi-même... En conséquence, mon cher Amédée, je crois que ce qu'il y a de mieux à faire *pour moi*, c'est de me séparer ici même de madame Smith... je la rejoindrai, mais au-delà de Milan.

— Il y a long-temps que j'avais envie de vous parler là-dessus, répondit Amédée avec un air important... Au fait, à quoi servez-vous à cette pauvre dame?... nous en aurons bien soin... Je ne dis pas, continua-t-il avec un gros rire, que nous lui soyons aussi utiles que vous; mais enfin, nous la soignerons bien; ainsi donc allez en toute assurance.

—Oui, dit le marquis, mais vous comprenez... je ne puis le lui annoncer moi-même... faites-moi le plaisir de le lui dire, mon cher Amédée... Je vais faire les préparatifs de mon départ, et en revenant, je voudrais lui dire adieu... mais sans témoin... vous comprenez.

—Suffit... suffit... dit le gendarme en clignant son œil... pas un mot de plus... vous ferez vos adieux tranquillement, soyez sans inquiétude, allez faire vos préparatifs.

Le marquis sortit aussitôt; il prit un cheval, courut à Salons, et arrêta deux barques, dont il paya les arrhes à l'instant même; l'une de ces barques était pour lui et pour madame Smith, l'autre pour la chaise de poste qui fut aussi commandée avec les chevaux... tout cela devait être prêt pour trois heures... En faisant ces préparatifs, le cœur du marquis battait violemment... De l'autre coté du lac étaient les passages du Tyrol, le Salzbourgeois... et enfin la frontière de la Styrie!... Il rentra ensuite dans la ville, fit plusieurs emplettes, écrivit une longue lettre explicative de tout pour madame Smith, puis il fut la rejoindre... Amédée lui avait tenu parole, tout le monde était écarté quoiqu'elle fût toujours gardée... Le marquis lui dit quelques mots, car la journée s'avançait, et ce qui leur restait à exécuter était de la plus grande difficulté... La pauvre captive tremblait et pleurait, et le marquis frémissait en regardant la hauteur des fenêtres!... Enfin ils se séparèrent après quelques dernières instructions; la plus importante était d'attacher une ficelle à sa fenêtre, le soir à neuf heures, pour recevoir un paquet et l'échelle de cordes.

Le marquis passa le reste de la journée à faire cette échelle... il y était mal habile; mais la volonté de réussir fait faire l'impossible. Avant le soir, il avait confectionné une échelle de dix à douze pieds, assez solide pour soutenir la jeune femme fugitive... Malgré tous les soins qu'il prit, cette pensée qu'elle allait se confier à une aussi frêle machine le faisait frissonner.

A neuf heures du soir il se rendit dans une petite ruelle obscure, en face de l'auberge *delle due Torre*... De là, il vit les deux fenêtres de la comtesse éclairées. Celle de gauche était celle de la chambre voisine de *la sienne*, et d'où ne sortaient JAMAIS les gendarmes... la sienne s'ouvrit doucement lorsque l'horloge la plus voisine sonna neuf heures, et le marquis vit descendre la ficelle; il s'approcha avec circonspection; mais il n'était pas nécessaire, la rue était déserte à cette heure de la journée, et puis le temps était menaçant et couvert. Le marquis attacha un assez gros paquet à la petite corde, qui tout aussitôt remonta, et il regagna son asile du jour. C'était une grange abandonnée, dans laquelle était le cabriolet tout attelé qu'il avait loué pour quarante-huit heures, en donnant des arrhes assez fortes qui devaient être perdues. Cette grange était tout près de la porte par laquelle ils devaient sortir pour aller à Salons. Le marquis se jeta sur la paille pour essayer de dormir, car il prévoyait que, s'il n'était pas fusillé le lendemain matin, il serait bien des jours sans reposer un seul instant.

Le paquet qu'il avait apporté à madame Smith contenait un habillement complet de jeune garçon, l'échelle de cordes, la lettre explicative de tout ce qu'elle avait à faire, et un flacon où étaient vingt-cinq gouttes de laudanum; elles étaient destinées à endormir la femme de chambre, si elle ne voulait pas contribuer à la fuite. L'heure indiquée était *onze heures.*

Tout ce que souffrit le marquis pendant le temps qui s'écoula, jusqu'au moment indiqué, ne peut se décrire... c'était de l'angoisse... il était si facile de surprendre la fugitive!... Enfin dix heures et demie sonnèrent, et le marquis se mit en chemin. Il avait un grand manteau militaire, un chapeau à trois cornes, et marchait avec grande assurance pour éloigner tout soupçon en étant rencontré à cette heure de la nuit.

En arrivant en face de l'auberge *delle due Torre*, dans cette petite ruelle qui lui avait déjà servi d'asile, il frémit, et crut un moment que tout était découvert... La fenêtre à côté de celle de madame Smith, cette fenêtre qui était celle des gendarmes, cette fenêtre était ouverte, et nulle lumière ne paraissait; pourquoi? était-ce donc pour le mieux surprendre? Il fut un moment accablé de la pensée d'échouer si près du port... Dans ce moment onze heures sonuaient à toutes les églises de la ville. Lorsque la plus voisine se fit entendre, alors le marquis vit une faible lueur au travers des rideaux blancs de madame Smith... sa fenêtre s'ébranla, et elle-même parut sur le balcon, habillée en homme... Louise[1] jeta un paquet au marquis, et puis fit descendre une cassette qui renfermait les diamans de madame Spencer... Tout cela s'exécutait dans un silence profond; car si les gendarmes n'avaient eu d'autre intention, en laissant leur fenêtre ouverte, que de n'avoir pas trop chaud, la chose n'en était pas moins inquiétante par elle-même, en leur permettant de bien mieux entendre ce qui se faisait dans la rue et surtout aussi près d'eux... Enfin vint le moment que le marquis redoutait avec raison. Madame Smith, après une courte prière, franchit le balcon, et, posant ses pieds sur les échelons vacillans de l'échelle, elle commença à descendre... mais bientôt ce balancement, ce vide au-dessous d'elle, le danger qu'elle courait, tout lui fit une telle impression, qu'elle se sentit défaillir, et, fermant les yeux en se cramponnant avec force à l'échelle, elle appela doucement le marquis qui était au-dessous d'elle.

—Je me sens mourir, lui dit-elle... je ne puis ni

[1] Femme de chambre de madame Smith. Cette fille se conduisit d'une manière héroïque après le départ de sa maîtresse. — Elle épousa ensuite, comme on le verra, Amédée, le brigadier de gendarmerie.

descendre, ni remonter... je suis perdue!...

— Ayez du courage, et cela ira bien!... voyez comme tout a déjà réussi... tâchez seulement de descendre encore quelques échelons... bien!... maintenant n'ayez aucune crainte, et jetez-vous en bas... je vous recevrai...

La comtesse hésitait... des pas se firent entendre dans la rue.

— Nous sommes perdus! s'écria le marquis d'une voix étouffée, si vous ne vous décidez pas à suivre mon conseil...

On approchait... La comtesse, troublée par la crainte de sa chute, troublée par celle d'être découverte, se précipita dans les bras du marquis, qui tomba sur la terre avec elle, mais sans se faire aucun mal, parce qu'il avait été au-devant du fardeau... Tandis que tous deux se relevaient, deux hommes passèrent en chantant de l'autre côté de la rue, sans faire aucune attention aux fugitifs, dont le cœur battait violemment... Ces hommes s'éloignèrent, et permirent au marquis et à madame Smith de continuer leur chemin... Il était urgent de s'éloigner, et ils arrivèrent à la grange.

—Grand Dieu! s'écria l'infortunée en se laissant tomber sur la paille de la litière, quelle horrible nuit!... oh! si vous saviez tout!...

Et elle paraissait frissonner devant un terrible souvenir.

—Calmez-vous, lui disait le marquis... au nom de vos enfans... de votre mère, de vos sœurs... ne mettez pas maintenant un obstacle à l'exécution d'un projet dont le commencement est déjà si heureux.

Madame Smith pleurait.

—Ah! cette pauvre Louise!... si vous saviez ce qu'elle a fait!... elle voulait me suivre d'abord... et puis, quand elle a vu que la chose était impossible, elle m'a dit que du moins elle ne ferait aucune réponse qui pût faire même deviner ma trace, et, pour être mieux dans la vérité de mon rôle, a-t-elle ajouté, je vais boire en effet ce laudanum... Cela me fera dormir, et m'empêchera de dire un seul mot qui puisse être mal traduit pour vous... Et avant que je pusse l'en empêcher, poursuivit madame Smith, elle a avalé tout ce qui était dans votre petite fiole... cela m'inquiète.

Le marquis la rassura... mais quand il sut que Louise avait bu le laudanum, une exclamation énergique lui échappa... Depuis leur arrivée dans la grange, il se rappelait qu'il avait oublié l'échelle de cordes à la fenêtre de l'auberge. Son espoir était que Louise irait à la fenêtre, et verrait l'échelle avant le point du jour; mais il n'y fallait plus songer, et maintenant le premier passant pouvait donner l'alarme.

— Ah ! nous sommes perdus ! répétait madame Smith en sanglotant.

—N'ayez aucune crainte, s'écria le marquis, et en deux sauts il est hors de la grange et vis-à-vis l'auberge *delle due Torre*; il regarde! il n'y a plus rien... il s'approche; l'échelle a été coupée... elle est par terre au bas de la fenêtre, Louise était retournée sur le balcon pour voir si sa maîtresse était hors de danger, et, ayant aperçu l'échelle, elle avait tout compris. Le marquis la jeta dans la ruelle obscure... Il écouta... tout était calme... tout dormait... On n'entendait que la respiration bruyante d'Amédée et de ses compagnons; mais les imprécations devaient bientôt succéder en voyant avec quelle adresse leur prisonnière leur était échappée...

De retour à la grange, le marquis trouva madame Smith plus calme et plus maîtresse d'elle-même. Son émotion avait été provoquée par le danger et le dévouement de tout ce qui l'entourait... Maintenant elle avait maîtrisé ce mouvement et était redevenue elle-même. Ce fut elle qui fit la remarque que trois heures venaient de sonner...

— Si nous partions? dit-elle.

— Sans doute, mais comment faire?... Brescia est une ville fermée... le moyen de sortir avant l'ouverture des portes!... Ah!... je pense... oui... c'est cela!

Et prenant dans le cabriolet un bonnet en drap bleu avec un galon et un gland d'or, il le met sur sa tête, fait monter la comtesse dans le cabriolet, et se place à coté d'elle[1], enveloppé dans son manteau; et frappant le cheval de louage, le force d'ariver au grand trot à la porte de la ville.

— Eh bien! qu'est-ce donc! s'écrie-t-il en jurant! comment! le gardien des portes n'est pas à son poste!... je le ferai casser!...

L'autre arrive à moitié éveillé, avec ses clefs à la main.

—Qu'est-ce donc qu'il y a? demande-t-il tout tremblant...

—Le colonel du troisième, répond d'une grosse voix le marquis... on t'a prévenu hier au soir que j'allais à la campagne ce matin. Je te ferai casser.

—Mon colonel, je vous assure que je ne savais rien.

— Allons, ouvre tes portes et ne bavarde pas tant.

[1] On sait qu'elle était en garçon.

Le gardien ouvre les trois portes, en ayant grand soin de tenir son bonnet de coton à la main, et retourne se coucher, tandis que les fugitifs roulent rapidement[1] vers Salons.

Aussitôt qu'ils furent arrivés, ils montèrent sur la barque, et se dirigèrent vers Riva. Alors ils respirèrent et purent rendre grâce à Dieu de l'heureux succès de leur tentative.

C'était un beau moment pour communiquer avec la providence!... le jour se levait et colorait des premiers feux du matin cette nappe d'eau cristalline qui les renvoyait brillans comme de précieux joyaux, se jouer sur les belles prairies qui recouvrent de leur herbe épaisse et fleurie les flancs des montagnes voisines. Le lac de Guarda est plus agreste que le lac Majeur et le lac de Como... mais cette sorte de nature plus sauvage est mieux adaptée à la physionomie de ses environs. C'est une nature primitive, telle qu'on la rêve dans des solitudes inconnues; et dans le moment où les fugitifs glissaient rapidement sur ses eaux bleuâtres, ils étaient embaumés par les émanations des plantes alpines qui croissent en foule sur ses rives et forment le pâturage parfumé des troupeaux qui couvrent les colli-

[1] 3 de mai 1806.

nes à cette époque de l'année (le 3 mai); c'est un pays différent d'un autre que l'Italie; il y a dans l'air qu'on respire une abondance de vie, un surcroît d'existence qu'on ignore ailleurs, et qu'ailleurs aussi la nature ne communique pas. Ce sont des parfums inconnus et ravissans que votre pied répand autour de vous lorsqu'il presse seulement la terre; aussi, le thym, le romarin, le serpolet, la menthe, tous ces géraniums odorans, dont plusieurs viennent dans nos serres, se trouvent là dans une prairie entourant une ferme, et ces prairies forment un tapis diapré sous les plus beaux arbres, et recouvrent de grands rochers aux arêtes vives et saillantes, dont les couleurs jaunes et brunes tranchent sur leur verdure et forment partout une ravissante décoration. Le lac de Guarda est un des sites les plus remarquables de ces beaux lieux, aussi les étrangers vont-ils toujours les visiter. Madame Smith ne le connaissait pas, et jouissait avec tout l'enthousiasme de son âme élevée et de son imagination poétique de tout ce qu'elle voyait. Elle avait le bonheur d'avoir une double existence, comme tous ceux dont l'âme est émue devant une belle œuvre de la création.

Ils abordèrent à Riva.

CHAPITRE II.

Arrivée à Trente. — Le commissaire de police. — Vive inquiétude. — Les fugitifs sauvés par le maître d'auberge. — Le chariot de campagne. — Souffrance de madame Smith. — Ils fuient. — La vallée et les broussailles. — Madame Smith se décourage. — La maison isolée. — La jeune femme. — Le dîner. — Le mari et l'espingole. — Seconde fuite. — Berthold Skalden. — La lac de Zell. — L'ermitage. — La Gazette de Trente. — L'auberge au bord du lac. — La chapelle. — Les régimens et la peur. Signalement et danger. — La frontière de la Styrie. — La barrière. — La princesse et le garçon libraire. — La femme blonde et l'homme brun. — Le déguisement. — Les habits de bergers. — Arrestation. — Départ pour Sainte-Marie.

Mais de nouvelles tribulations allaient troubler la tranquillité que ce temps de délices avait ramenée dans l'âme de la pauvre fugitive. Pour avoir d'autres chevaux à Trente[1], il fallait mon-

[1] Depuis la paix de Presbourg la Bavière avait Trente dans son apanage; mais le roi de Bavière était tellement dévoué à l'empereur Napoléon (et puis sa fille était vice-reine), que la Bavière était comme la France pour madame Smith.

trer le passeport de madame Smith. Celui du marquis portait bien son signalement, mais il y avait de plus le mot *camerière*, qu'il avait changé en Cameriéra. La comtesse ayant repris ses habits de femme, le commis n'aurait rien dit; mais ce fut le commissaire de police qui devait viser le passe-port. Probablement de mauvaise humeur d'avoir été réveillé, il trouva ce qui au reste était vrai, c'est que le passe-port était presque faux. Cependant comme il fallait un plus grand examen, et que, ne donnant pas l'ordre d'avoir des chevaux, il était bien sûr de retrouver ses gens le lendemain matin, il remit à huit heures l'examen du passe-port et s'en retourna dormir, laissant ses fugitifs livrés à l'inquiétude.

Il n'y a pas à hésiter, dit le marquis, il faut partir à pied; autrement nous sommes perdus.

Madame Smith était accablée de fatigue; cependant en voyant l'imminence du danger, elle se résolut à suivre le conseil du marquis; il avait remarqué la figure du maître de l'auberge, cette physionomie lui avait paru bonne et bienveillante. Il s'en fut à lui et prit quelques renseignemens sur la route à suivre. Le digne homme le regarda avec intérêt et pitié. Il est probable qu'une idée, au reste assez vraisemblable en pareille circonstance, vint le frapper.

Il est impossible que la jeune dame puisse entreprendre cette route à pied au milieu de la nuit, s'écria-t-il... Écoutez, vous n'êtes ici sous aucune surveillance, vous me donnez votre parole que vous n'avez rien à démêler avec mon gouvernement... Eh bien! je vais vous vendre, si vous le voulez, un cabriolet, c'est-à-dire, un chariot de campagne assez bon. Je vous céderai également un cheval qui supportera bien une longue traite; et puis partez, et que le ciel vous conduise!

Il attela lui-même son cheval, aida madame Smith et le marquis à monter dans le chariot; y monta lui-même pour répondre par son nom au gardien des portes, et de cette manière ils passèrent sans difficulté. Il était deux heures du matin lorsqu'ils sortirent de la ville de Trente. Le bon aubergiste, enchanté de les avoir sauvés, les quitta à une lieue de la ville, puis il y retourna après leur avoir souhaité toutes les chances de bonheur.

Les fugitifs étaient mal dans ce chariot. Madame Smith ne se plaignait pas; mais à chaque cahot, le marquis voyait la souffrance se révéler sur son visage. Elle était enveloppée dans un manteau, presque entièrement couchée; tandis que le marquis conduisait; il avait pour elle ces soins fraternels dont il avait assuré la comtesse Attems qu'il ne se départirait jamais, et il oubliait sa propre fatigue pour ne s'occuper que de madame Smith.

Vers le matin, madame Smith se sentit tellement faible, qu'elle pria le marquis d'aller un peu plus lentement : mais l'inquiétude qu'il éprouvait était si grande, qu'il ne pouvait se décider à ralentir le pas de leur cheval ; depuis quelque temps son oreille était frappée d'un bruit sourd qui semblait annoncer dans le lointain le roulement d'une voiture et le bruit d'un fouet... Ce bruit venait de Trente. Enfin, il se rapprocha tellement que la comtesse l'entendit elle-même et devint aussitôt pâle et tremblante.

Ils étaient alors sur la hauteur d'une vallée assez profonde, au bas de laquelle coulait une petite rivière ou plutôt un torrent; de l'autre côté était une montagne escarpée et très boisée. Le marquis n'hésita pas... il venait de voir au loin, dans la route, une calèche remplie d'hommes en uniformes.... étaient-ils poursuivis ? la chose était probable si elle n'était pas sûre. Par la position des deux voitures, le marquis pouvait très bien distinguer tandis que le soleil donnait dans la vue de ceux qui venaient à lui, ce qui faisait qu'ils ne pouvaient le voir : son parti fut pris à l'instant :

— N'ayez aucune crainte, dit-il à madame Smith...

Et, prenant le cheval par la bride, il le fit descendre en courant jusqu'au fond de la vallée, et lui faisant aussitôt passer le petit torrent, il entra, toujours en forçant le cheval d'avancer, dans un fourré épais formé par les jeunes arbres qui étaient au bas de la montagne; il y pénétra avec peine, mais il y parvint, et ce fut alors qu'il fit part à madame Smith du motif de la course qu'elle venait de faire....

—Mon Dieu ! dit-elle en joignant les mains, c'est trop long-temps disputer une misérable existence !... pourquoi ne les avoir pas attendus !... qu'espérons-nous !... leur échapper toujours ?... Hélas ! cela est impossible, l'Europe entière est à cet homme....; laissez-moi subir mon sort, monsieur de Salvo, retournons à Milan... vous me déposerez à l'entrée de la ville, et vous vous éloignerez ensuite pour éviter d'être rencontré dans les premiers momens.

Elle pleurait et paraissait accablée !... le marquis lui remontra que de tous les partis le plus mauvais était celui dont elle parlait... La fuite avait déjà d'heureux commencemens, ses suites devaient être également heureuses. — Songez avant tout à vos enfans, à votre mère, à votre mari, lui dit son jeune conducteur avec le sérieux d'un homme de quarante ans... votre devoir est de vous conserver pour eux... Quant à moi, si vous voulez absolument retourner, je vous suivrai et vous me livrerez avec vous.

En ce moment le bruit des voitures qu'ils avaient aperçues se fit entendre sur la hauteur... ce bruit fut d'abord très fort, puis il s'éloigna, et enfin se perdit tout-à-fait... Quand le calme fut rétabli autour d'eux, la comtesse joignit de nouveau les mains et remercia Dieu.

—Allons, dit-elle, la providence ne veut pas que je leur sois livrée!... Mais comment sortir de ce taillis maintenant [1]?

En effet, la chose n'était pas facile. Le marquis s'en fut à la découverte.

—Tout va bien, dit-il en revenant, j'ai trouvé un sentier qui est presque un chemin; le cabriolet peut y passer, il faut le prendre, car dans notre position rien n'est plus à redouter que les villes et les grandes routes.

[1] Si je donne tous ces détails, c'est pour montrer à quel point l'existence d'une femme pouvait être infortunée à cette époque, même dans le rang le plus élevé; cela tenait au temps: voyez la vie malheureuse que j'ai menée en Espagne. Ainsi ces détails sont nécessaires comme peinture du temps et de l'époque de Napoléon.

Il expliqua alors à madame Smith qu'il voulait gagner la frontière de la Styrie, en suivant la lisière du territoire de Salzbourg: l'épreuve qu'ils avaient faite de leur passeport à Trente, n'était pas de nature à leur donner de l'assurance pour le reste de la route, en passant par les grandes villes. Il fallait donc suivre des chemins détournés et tout faire pour éviter d'être rencontré et reconnu. L'évasion était connue depuis trois jours. Le signalement devait être donné, et leur position était bien autrement périlleuse qu'elle n'était avant la fuite de Brescia. Madame Spencer le comprit et redevint la femme supérieure qu'elle avait révélée depuis ses malheurs. Elle souffrait d'une horrible fatigue, mais on pouvait dire d'elle :

In corpo debile, anima forte !

Elle gravit la montagne presqu' à pied... Lorsqu'ils furent arrivés au sommet, ils aperçurent avec joie une maison isolée qui leur parut une ferme. La pauvre fugitive succombait de lassitude... La chaleur était excessive, elle n'avait pour se désaltérer qu'un peu d'eau tellement chauffée par le soleil, qu'elle n'était plus buvable ; elle ne se plaignait pas, mais elle se sentait mal.... Ils arrivèrent enfin devant la porte de cette maison... elle était l'unique qu'on aperçût dans ce désert... la porte en était fermée, et les aboiemens de deux ou trois gros chiens furent d'abord la seule réponse qu'on obtint.... Enfin, une fenêtre au-dessus de la porte principale s'ouvrit, et une jeune femme leur demanda brusquement ce qu'ils voulaient?

— Nous reposer un moment, et avoir, en le payant, du lait et quelque chose à manger.

— Cette maison n'est pas une auberge!... et puis, comment vous trouvez-vous ici? le chemin par où vous êtes venu n'est connu que de mon mari et de quelques habitans de l'autre vallée.... — Et en parlant elle attachait un regard curieux et défiant sur les deux fugitifs.

— Je suis professeur de botanique à l'université de Pavie, répondit le marquis... ma femme m'accompagne toujours dans mes courses. Cette fois elles ont été plus longues que de coutume et nous nous sommes égarés... Mais allons, ouvrez-nous et donnez-nous quelque chose à manger, vous ne vous en repentirez pas.

La femme se détermina enfin à ouvrir, et fit entrer madame Smith dans une salle basse assez bien tenue, où elle trouva une fraîcheur qui la remit et lui redonna de la force; pendant qu'elle plongeait ses bras et son visage dans une cuve d'eau pour en enlever la poussière, la jeune femme leur servit un dîner assez bon; ils venaient de le finir, lorsqu'un homme se présenta à la porte; il était armé comme il était nécessaire de l'être dans cette partie des montagnes.... Sa figure était dure, et l'expression de mécontentement qu'il ne put cacher en apercevant les deux étrangers fit peur à madame Smith... La jeune femme lui expliqua ce qu'étaient leurs hôtes.... Pendant ce temps, il déposait ses armes, c'est-à-dire, son espingole, son sabre, ses pistolets, en gardant sur lui toutefois un long poignard: tandis que madame Smith, vraiment effrayée, regardait cette étrange figure avec terreur, il marchait dans la chambre... Tout-à-coup il aperçut la petite cassette aux bijoux qui ne quittait jamais la fugitive; elle contenait des diamans d'un grand prix... l'homme s'en approcha... et, par un mouvement brusque qu'il fut impossible de prévoir, il ouvrit la cassette qui était fermée par une petite clef d'or alors dans la serrure, et les bijoux de madame Smith étincelèrent aux yeux de cet homme!...

—Ah! ah! s'écria-t-il enfin, je ne me suis donc pas trompé!... à votre équipage... votre air craintif... votre présence dans un lieu qui ne peut servir que de retraite contre la justice, tout m'a fait penser que vous étiez des aventuriers... maintenant ceci est plus sérieux, vous êtes des voleurs à ce que je vois, et peut-être, ajouta cet homme... peut-être des meurtriers.

Madame Smith se laissa tomber sur une chaise en poussant un cri dont l'expression déchirante alla au cœur de la jeune femme. Elle fut à elle et lui donna un peu d'eau.

—Vous n'êtes pas des voyageurs ordinaires, dit l'homme, il est de mon devoir de vous arrêter, jeune homme, et d'aller au bourg voisin chercher main-forte pour vous conduire dans les prisons de Trente.

Il s'avança vers le marquis dont les pistolets étaient dans le chariot, et qui ne pouvait lutter avec cet homme qui l'aurait terrassé d'une seule main... Il frémit en pensant à tous les résultats qui pouvaient arriver d'une arrestation aussi terriblement motivée et effectuée à Trente, d'où ils avaient fui la nuit précédente.

— Ecoutez, dit-il à cet homme en le prenant à part, prenez garde à ce que vous allez faire...

... Et sur-le-champ composant une histoire, il lui dit qu'ils étaient émigrés, que les bijoux étaient bien à sa femme, et termina en lui offrant vingt piastres pour les laisser partir...

— Vous m'en donneriez quarante que je ne vous laisserais pas aller, répondit l'homme... Plus vous insistez, plus je vois que vous craignez la justice... Allons, marchez devant moi, poursuivit-il en prenant son espingole et l'un de ses pistolets... Obéissez, ou je tire...

Le marquis refusait de marcher... l'homme allait le prendre par le bras pour l'y contraindre, lorsque sa femme se jeta à ses pieds, le suppliant de les laisser partir... Les larmes de madame Smith l'avaient attendrie, et elle avait subi la loi commune du charme que la belle proscrite exerçait sur tout ce qui la voyait et l'entendait... elle parla elle-même avec un tel accent, que cet homme finit par se laisser séduire ou attendrir, comme on voudra, et lui-même fut atteler leur cheval pour qu'ils pussent se remettre en route, quoiqu'il fût déjà tard, car tous ces pourparlers avaient employé une partie du jour. Quelques offres qui lui furent faites, quelques prières que la comtesse elle-même lui adressât, il se refusa à les laisser passer la nuit dans sa maison.

— Partez, leur dit-il ; tout ce que je puis faire pour vous, c'est de vous laisser aller... Que Dieu me le pardonne si vous êtes coupables!

Les malheureux se remirent en route; il était

alors tout-à-fait nuit. Ils marchèrent jusqu'au jour dans ses montagnes, et se trouvèrent au matin près d'une ferme fortifiée, comme il y en avait alors beaucoup dans le Tyrol à cette époque, et ils y déjeunèrent; puis ils se remirent encore en route, et poursuivirent leur triste et dangereux pèlerinage.

Ils se dirigèrent vers Berthold-Scalden; c'est un lieu où l'on prend les eaux, et il fallait éviter de passer dans la ville; le marquis connaissait un peu les environs de Berthold-Scalden, et guida son cheval vers le lac de Zell... Ils arrivèrent de bonne heure à une petite auberge située au bord du lac, et dans laquelle les buveurs d'eau venaient quelquefois manger des truites. Le maître était un grand nouvelliste et avait plusieurs journaux sur sa table; le marquis avide de renseignemens, se saisit du premier qui lui tomba sous la main, c'était précisement celui de Trente! Il y lut, sous la rubrique de Milan, que la police de Trente signalait comme fugitifs madame Spencer-Smith et le marquis de Salvo... donnant à la comtesse le nom de *prisonnière d'Etat*, et ordonnant en conséquence à tous les habitans du royaume d'Italie de les arrêter s'ils les rencontraient, et à les envoyer sous bonne et sûre garde à Milan, où le marquis serait jugé par le prince vice-roi, comme coupable [1] d'avoir favorisé l'évasion d'une prisonnière d'État de l'empire français.

En lisant ce singulier paragraphe, le marquis ne put s'empêcher d'être vivement frappé des dangers que *lui* personnellement pouvait courir. Madame Smith était également menacée d'un malheur réel, parce que, dans l'état où elle était, une captivité sévère était la mort pour elle; on ne pouvait pas la lui donner sous une autre forme, *mais on le pouvait ainsi* ! et c'était assez. Quant au marquis, son affaire était sûre.

Ne voulant pas l'alarmer, il s'approcha d'elle tandis qu'elle regardait le lac de Zell, dont les belles eaux bleues réfléchissaient les collines vertes et fleuries, couvertes de troupeaux qui l'entourent, et la petite chapelle de la vierge, qui est bâtie dans le bois, à quelque distance, mais dont on aperçoit le toit, et dont la cloche s'entendait dans cette tranquillité matinale, qui donne un si grand charme aux sites montagneux, en animant leur solitude sans la troubler. Madame Smith, dont l'imagination était toute poétique, et qui sa-

[1] Le signalement du marquis était exactement donné, et il aurait été bien sûrement *fusillé* s'il eût été rejoint. Mais, pour qu'on ait *mis sa tête à prix*, comme quelques sots journaux l'ont pu dire, cela n'est pas vrai, et ne se faisait en France qu'au XIIIe siècle.

vait donner une couleur à ce qu'elle voyait, jouissait avec délices du tableau ravissant qui se déroulait devant elle à mesure que sa vue faible lui donnait un nouvel aperçu de quelques beautés, n'avait plus aucune crainte en ce moment, et montra en souriant au marquis comme les eaux du lac étaient un miroir tranquille et pur; les troupeaux nombreux qui animaient cette scène naturellement sauvage et solitaire, donnaient un aspect remarquable par son étrangeté à toute cette scène.

— Il faut partir, dit le marquis.

— Je suis prête, dit-elle avec sa douceur accoutumée; partons; j'aurais pourtant bien voulu demeurer ici tout aujourd'hui.

— Tout aujourd'hui! s'écria le marquis; — vous voulez donc vous perdre!...

Mais craignant de l'alarmer, il reprit plus doucement : Non, non : il faut partir; nous tournerons Berthold-Scalden, et nous serons peut-être cette nuit à la frontière de la Styrie; bon courage.

Dans le même instant des clairons se firent entendre, et, répercutés par l'écho de la montagne, firent l'effet de toute une armée qui s'avançait. Le marquis se mit à la fenêtre, et vit dans une petite prairie qui était tout près de la maison, se déployer plusieurs escadrons de cavalerie et des troupes qui se disposaient à manœuvrer. Il s'informa auprès de l'aubergiste: c'étaient des régimens qui passaient et avaient séjour, c'est-à-dire qui demeuraient même une semaine à Berthold-Scalden, et qui, pendant le temps de repos, venaient le matin manœuvrer au bord du lac. Le marquis connaissait beaucoup d'officiers dans les régimens bavarois comme dans les français. Il fallait renoncer à l'idée de traverser cette troupe; une fatalité semblait poursuivre les fugitifs.

— Que faire, mon Dieu! que faire! disait madame Smith en pleurant; je vais me dénoncer moi-même, et quant à vous, sauvez-vous par le Tyrol: un homme seul peut aisément s'échapper... Ah mon Dieu! mon Dieu!

Le marquis témoigna par un mouvement d'humeur assez marqué, que cette nouvelle proposition d'abandon lui était presque offensante; madame Smith lui tendit la main en lui demandant pardon de l'avoir blessé.

La malheureuse ne connaissait pas le journal de Trente! le marquis l'avait déchiré et jeté au feu.

— Il faut traverser le lac, lui dit-il, et nous réfugier dans les montagnes voisines. Du courage, vous dis-je, et tout ira bien.

Et dans le même moment lui-même n'avait plus d'espoir.

Ils passèrent le lac, et firent diriger la barque du côté de l'ermitage. Le projet du marquis était de demander un asile au desservant; il savait qu'il pouvait le faire sans péril, et c'était alors le seul moyen de salut. Ils passèrent deux jours dans la chapelle. Elle est isolée au milieu d'un bois de sapins, et peu fréquenté des habitans de Berthold-Scalden. Vers le soir du second jour on entendit le bruit des instrumens militaires qui parvenait dans la sainte retraite; ils jouaient des airs de guerre, puis d'autres plus mélodieux; alors le vent du lac portait cette harmonie avec un charme tout particulier qui provoquait les larmes de la jeune femme frappée d'exil, errante et malheureuse. Lorsque le soleil fut couché, le marquis passa le lac et fut aux informations; le pays était libre, les régimens avaient continué leur route vers Salzbourg, et les proscrits pouvaient passer. Ils se déterminèrent à partir à l'instant même; guidés par les avis de l'ermite, ils évitèrent Berthold-Scalden en le tournant; le lendemain ils traversèrent Rastadt, gros bourg, dans lequel ils s'arrêtèrent pour dîner; ils n'étaient plus alors qu'à deux lieues de la frontière de la Styrie.

— Nous sommes enfin sauvés! s'écria le marquis!...

Les malheureux l'étaient moins que jamais...

Ils se remirent gaiement en route après leur dîner, et atteignirent sans le moindre obstacle une barrière intérieure, qui s'ouvrait en effet sur le chemin de la Styrie [1]... Ils demandèrent le passage, et présentèrent avec confiance leur passeport... Le gardien le lut... puis tout-à-coup il se mit à rire... courut à son bureau... prit un autre papier... compara... et se mit à rire beaucoup plus fort.

Quand on rit, ce n'est pas alarmant... Cependant ils voulurent savoir la cause de cette hilarité si excessive, et la comtesse lui demanda en allemand ce qui la causait. L'homme riant toujours, lui donna le papier qu'il avait comparé au passeport, et en le lisant madame Smith se mit à rire aussi fort que lui... Le marquis crut qu'on le mystifiait... Enfin il apprit le fait, qui était au reste assez plaisant.

La jeune princesse de F.....g avait eu le cœur attendri pour un garçon libraire de Vienne... Cette tendresse était devenue une telle passion mutuelle, que les deux amans avaient pris la fuite pour se soustraire aux grands parens

[1] Barrière d'un chemin vicinal.

et à l'autorité impériale, qui ne plaisante guère quand il est question de mésalliance, et de mésalliance aussi forte que celle d'un propriétaire de parchemins avec celui qui les vend... Le gouvernement autrichien avait donc signalé les deux fugitifs, non seulement à toutes les grandes villes de l'empire germanique et de l'empire français, mais du royaume d'Italie... et de plus l'ordre aux premières autorités de transmettre le signalement des deux individus dans tous les lieux par lesquels ils pourraient passer.

L'homme de la barrière de la Styrie en avait donc reçu comme un autre, et comme ce signalement portait une jeune femme blonde et un jeune homme brun, il n'en fallut pas davantage pour exciter sa gaieté, car il avait trouvé plaisant qu'ils fussent ainsi venus se livrer avec autant de bonhomie, surtout le jeune homme, qui devait craindre un châtiment sévère...

Après le premier moment de gaieté, madame Smith pensa qu'il était temps de mettre un terme à cette situation, et montrant au gardien les deux signalemens, elle lui démontra que les cheveux blonds et brun étaient les seules marques de ressemblance qui existassent entre les fugitifs et eux *paisibles voyageurs*... L'homme en convenait... mais il ne voulut pas cependant avoir cette responsabilité...

— Ecoutez, leur dit-il, Salzbourg est tout près d'ici, allez-y... vous y ferez voir vos passeports, on les visera, et alors vous passerez... Mais convenez qu'un passeport de Venise... qui n'a été visé *nulle* part depuis qu'il a été donné, est une chose un peu suspecte.

Et il avait raison l'homme.

— Nous sommes perdus, dit madame Smith... Les obstacles se multiplient à mesure que nous approchons du but... Je suis découragée et n'ai plus d'espoir... Que faire?

— Une chose fort simple. Ce moment est celui où les troupeaux quittent leur demeure d'hiver pour celle d'été, et voyagent par troupes immenses... Il faut avoir deux habits de bergers... abandonner le chariot et le cheval, et passer au milieu de la nuit avec une de ces troupes de bêtes à laine, et de leurs conducteurs, qui ne sauront pas eux-mêmes si nous sommes avec eux.

Madame Smith fut à l'instant frappée de la simplicité et de la bonté de ce moyen...

—Oui! oui! s'écria-t-elle en frappant ses petites mains, oui... allons sur-le-champ faire l'emplète des deux habits. Ce sera charmant! Retournons à Rastadt[1].

— Non pas, nous y serions trop remarqués... Il faut tout simplement acheter deux habits de bergers, dans quelques chaumières...

— Grand Dieu! dit la jeune et élégante femme avec dégoût, comment croyez-vous que j'irai mettre des habits pleins de vermine peut-être!... J'aimerais mieux la prison de Valenciennes...

— Mais songez que Rastadt est un bourg... que notre *déguisement*, car ce n'est pas autre chose, sera signalé là cinq minutes après que les habits seront demandés.

Madame Spencer ne voulut entendre à rien... elle exigea que le marquis retournât à Rastadt... Elle avait été très bien soignée par la maîtresse de l'auberge, et Rastadt lui paraissait un lieu de toute sécurité... Ils y arrivèrent au soleil couché, et devaient en repartir à minuit pour se trouver avec les troupeaux au moment du passage, qui ordinairement avait lieu avant le point du jour.

Le marquis, chargé du soin de faire le men-

[1] Ce n'est pas le Rastadt où furent assassinés les plénipotentiaires, celui-ci n'est qu'un bourg.

songe dit à l'hôtesse, que, voulant *surprendre* sa sœur, qu'ils allaient rejoindre, sa femme (madame Smith) voulait s'habiller en paysans... en bergers... et qu'ils la chargeaient du soin d'acheter les deux habits. Il lui remit plusieurs pièces d'or, et la bonne hôtesse s'en fut acheter les habits chez un homme nouvellement établi à Rastadt... Par un de ces hasards, qui ne sont au reste que trop ordinaires quand on est malheureux, ainsi que le savent tous ceux qui ont eu des carrières orageuses, cet homme était attaché à la police de la petite ville de Sainte-Marie, à deux lieues de là... Les occasions de rapports étaient rares, comme on peut l'imaginer à Rastadt. Le pauvre malheureux était peut-être au moment de donner sa démission, lorsque la maîtresse de l'auberge vint acheter les deux habits de bergers chez lui... Il la questionna; la femme répondit la vérité, et cette vérité était suffisante pour faire arrêter toute une ville... Il ne lui dit rien... lui vendit les deux habits, puis, quand elle eut les talons tournés, il fit seller son cheval, et s'en fut à Sainte-Marie faire cette fois un rapport, qui transporta de joie le chef en sous-ordre lui-même... Il faut dire qu'à cette époque l'affaire de Drake avait compromis une foule de personnes, et que le Wurtemberg, la Bavière, et même l'Autriche, livraient au premier mot de l'empereur Napoléon celles qui étaient suspectes. Ce mois de mai où se passaient toutes ces choses, était celui qui suivit Austerlitz... Nous étions grands alors... et on nous craignait.

Le déguisement se fit sans difficulté, et au milieu de rires joyeux... La pauvre fugitive avait un de ces momens de bien-être qui précèdent quelquefois, quoi qu'on en dise, les momens malheureux, et les font paraître plus amers et plus lourds à porter ensuite... A minuit, après avoir payé largement leur bonne hôtesse, ils lui dirent adieu, et se disposaient à monter dans leur chariot pour gagner la frontière styrienne, lorsqu'en traversant un corridor obscur qui conduisait de la salle basse à la cour, le marquis sentit la pointe de deux baïonnettes lui serrer les côtés, tandis que madame Smith, brutalement saisie par deux soldats, était ramenée dans la salle basse devant un commissaire de police, qui, pour cette grande affaire, était venue de Sainte-Marie. Il était assis, et regarda long-temps la comtesse avec insolence.

— Votre nom ? lui demanda-t-il enfin...

— Madame Spencer Smith, fille du baron Herbert, internonce d'Autriche à Constantinople, et femme de l'ambassadeur d'Angleterre à Stuttgard.

Madame Smith avait raison, elle ne pouvait se sauver ainsi que son compagnon qu'en disant la vérité... Elle était maintenant sur le territoire autrichien. Le gouvernement pouvait n'être pas assez fort pour la sauver... Mais les subalternes pouvaient se laisser imposer par son ton d'autorité, et la laisser aller... En effet le rustre fut un moment stupéfait à cette litanie de grands noms. Mais il sourit et se dit : Elle ment.

Et, au fait, la comtesse devait un peu compter sur l'incrédulité.

— Et pourquoi ce costume ?..

— Parce qu'il m'amuse de le porter... Cela ne vous regarde pas.

— Hum !.. Et où alliez-vous ?..

— Chez ma sœur, la comtesse Strassoldo... à Gratz en Styrie.

— Quel est cet homme qui est avec vous ?...

— Mon valet de chambre...

L'homme noir se mit à rire... mais ne dit rien.

— Je ne puis rien décider sur vous, dit-il enfin. Il faut me suivre à Sainte-Marie... *là*, nous verrons...

Pendant ce temps le marquis était gardé à vue dans la chambre voisine. Mais il avait entendu les demandes et les réponses ; et cela suffit pour le guider dans son interrogatoire, lorsque l'homme noir le lui fit subir... Le lendemain matin ils partirent tous pour Sainte-Marie, madame Smith en voiture, et le marquis à pied entre deux soldats.

Sainte-Marie est une ville très petite du Tyrol, et cependant un lieu de garnison. L'homme noir fut conter son affaire à un officier supérieur qui était dans la ville comme première autorité. Sa première pensée fut que cette femme était une aventurière; il se rendit au lieu où elle était, et l'interrogea lui-même assez cavalièrement.

Les femmes ont seules cette finesse et cette délicatesse de souvenir, cette pensée qui, bien que fugitive et sans intérêt, laisse des traces dans leur imagination, si ce n'est dans leur âme.. L'année précédente, madame Smith avait été à Inspruck avec son mari... Ils avait donné un bal, l'emplacement était petit, et ils furent obligés de refuser plusieurs demandes... Ceci était nécessaire à savoir pour l'explication de ce qui va suivre.

L'officier de cavalerie qui était en ce moment le juge d'instruction de la comtesse, fut poli envers elle, comme on l'est envers une femme qui vous paraît jolie; mais il était aisé de voir que la considération ne suivait pas le salut qu'il lui fit lorsqu'elle se nomma et déclina le nom de madame Spencer Smith.

—Vous prenez là un nom respectable, madame, lui dit-il, et il pourrait vous en arriver malheur; *vous n'êtes pas madame Spencer Smith...* Dites-moi la vérité, et peut-être pourrai-je vous sauver.

J'ai déjà dit, je crois, que madame Smith avait la vue très basse. Elle ne fit donc pas d'abord attention à cet officier, qui ne lui paraissait qu'un homme grossier de plus... Mais à mesure qu'il parlait, ses idées se classaient autour d'un souvenir, et bientôt elle fut sûre de son fait.

—Je ne suis pas madame Spencer Smith, monsieur, lui dit-elle en souriant... Vraiment!... avez-vous donc la mémoire si légère?... Avez-vous oublié, monsieur, que, lorsque l'ambassadeur d'Angleterre à Stuttgard, sir Spencer Smith enfin, vint l'année dernière à Inspruck, sa femme qui était avec lui, donna un bal, où furent invités plusieurs officiers; quelques uns cependant ne purent l'être en raison de la petitesse du local. L'un de ces messieurs.. le baron de.. (vous, monsieur), parent d'une dame d'Inspruck, se fit recommander par elle, et obtint ce que n'eurent pas ses camarades. . . . .

—Madame, madame, s'écria le baron en se mettant à genoux devant madame Smith et lui baisant la main, car cette gracieuse figure venait de se révéler à lui, et il retrouvait en effet dans *l'aventurière* la belle fée dont la magie leur avait fait passer de si agréables heures à Inspruck, madame, pouvez-vous me pardonner!... Je suis un malheureux!... Daignez être aussi indulgente que vous êtes aimable et belle, ou je suis un homme perdu.

Madame Smith le releva en riant, et l'assura que tout était oublié...

— Mais je suis bien pressée d'arriver chez ma sœur, dit-elle, et la journée s'avance. J'espère que j'aurai la permission d'achever mon voyage, ajouta-t-elle en souriant.

—Comment! s'écria le baron, je voudrais bien que quelqu'un s'y opposât!... Je suis maintenant votre champion.

Il sortit aussitôt, et fut trouver le commissaire de police à qui il certifia, sur sa parole d'honneur, que cette dame était madame Spencer Smith.

—Ma foi, tant pis pour elle alors, dit le commissaire de police. Je n'avais fait jusqu'à présent aucune attention à cette gazette de Trente, que vient de me donner mon secrétaire; lisez ce paragraphe.

Et le baron lut ce que le marquis avait lu à

l'auberge du lac de Zell... Il fut embarrassé... La France était alors une personne qui avait les bras si longs, qu'elle atteignait partout où l'on se sauvait.

— Il ne faut pas nous mêler de cette affaire, dit le commissaire de police... Il faut conduire la comtesse et *son valet de chambre* à Salzbourg; et, comme il ne faut se faire d'ennemis nulle part, vous l'y conduirez comme pour lui faire honneur.

—Ma foi non! dit le baron.. Je ne veux pas faire le gendarme avec une femme de sa sorte... et puis si jolie, si aimable!...

— Aimez-vous mieux que je lui donne quatre soldats et un caporal pour escorte ?

— Non pas certainement.

— Eh bien, vous, ou eux... il n'y a pas de choix... Je vais aller lui signifier l'obligation où nous sommes de ne pas prendre cette responsabilité sur nous... En vérité, les dames de notre noblesse allemande devraient bien ne pas courir les champs comme Angélique ou Bradamante; voilà la princesse de F.....g, voilà... Que Dieu leur soit en aide !

Madame Smith fut troublée en apprenant cette décision : non pas pour elle, mais pour le malheureux marquis. Son sort lui faisait peur... Ils partirent donc pour Salzbourg, qui, par le dernier traité de Presbourg, appartenait à l'Autriche; le marquis monta sur le siége, et pendant la route, qui dura un jour et demi, il servit à table comme aurait dû nécessairement le faire un valet de chambre.

En arrivant à Salzbourg, la prisonnière, car elle l'était toujours, fut conduite dans la première auberge de la ville, et le baron fut aussitôt avertir les autorités, en ayant soin de poser deux sentinelles à la porte de madame Smith, qui venait de retrouver dans la fille de l'auberge, une enfant élevée par sa mère, la baronne Herbert, grande maîtresse de la grande duchesse de Wurtzbourg. Elle fut donc aussitôt entourée de soins. Mais son inquiétude ne pouvait en recevoir de soulagement. Elle apprit d'elle toutefois des choses qui lui furent utiles.

Pour éclaircir ce qui va être dit, il faut savoir que, bien que Napoléon ne fût pas alors empereur d'Autriche par le droit, il l'était par le fait, et que tout ce qui était disposé à faire de la soumission à tous prix, comme cela se voit, mon dieu! même dans notre belle France, était trop heureux de lui montrer du zèle pour son service, même du dévouement. L'affaire de Dracke avait fait un grand bruit en Europe, et tout ce qui se rattachait à cette conspiration était pour l'empereur Napoléon d'un haut intérêt. La comtesse Smith était fort instruite, à ce que croyait l'empereur, de toute cette affaire; elle avait même été influente en cela, par les siens et ses amis, elle était donc à ses yeux une personne importante. C'était pour cette raison qu'elle était persécutée, et non par cette stupidité, parce qu'*elle s'appelait Smith;* c'est absurde plus qu'on ne le peut dire, et n'a même pas besoin de réfutation.

Le directeur-général de la police à Salzbourg était un homme de beaucoup de talens, fort actif, voyant juste, et trouvant peut-être ridicule, comme cela l'était en effet, qu'une femme se mêlât d'affaires politiques, et, quoique fort poli, il mit un peu d'ironie dans son interrogatoire.

— Monsieur, lui dit madame Smith, émue jusqu'aux larmes par sa position, dont le danger était surmonté par le ridicule depuis qu'elle était sous la domination autrichienne, quoi qu'il en fût de son affaire... monsieur, je suis dans ma patrie, et vous me devez protection... Au lieu de cela vous m'insultez!... Je m'en plaindrai, monsieur!... Je vous prie de faire remettre un billet de ma part au général comte O'Donnell, et au fils du prince Parr... Je réclame leur protection, et je la réclame contre vous!...

C'était la jeune fille de l'auberge qui lui avait dit que le prince Parr et le général Odonnell étaient dans la ville.

Le directeur de la police savait qu'une femme dans le cas où se trouvait madame Smith ne peut être qu'irritée... Il ne répondit donc pas aux injures, et continua son interrogatoire.

— Quel est l'homme qui est avec vous, madame?

— Mon valet de chambre.

— Son nom ?

— Francesco Raimondo.

— Combien y a-t-il de temps que vous l'avez?

— Trois mois.

— Ah !

Et le directeur-général sortit de l'appartement en saluant très bas, mais il était évident que son respect était quelque peu ironique.

Le marquis était gardé à vue dans l'une des chambres de la maison ; on le mena à l'hôtel de la police, et là commença un interrogatoire qui, pour lui, pouvait être grave dans ses résultats; il le savait bien, mais il était jeune, et puis il était soutenu par un sentiment noble et généreux : il y a de grandes ressources dans de pareils soutiens.

La salle dans laquelle ils étaient, le directeur-général et lui, donnait sur la Saar, qui coule au pied du château et entoure la ville de Salzbourg;

vis-à-vis étaient de belles collines, et toutes revêtues de la plus admirable végétation. Le marquis, après avoir répondu comme il devait le faire, et s'être encore une fois *parjuré* en faisant un mensonge, se mit à regarder les collines, le fleuve... la campagne... puis il s'écria tout-à-coup :

— Quelle admirable nature ! Ah ! c'est presque aussi beau que l'Italie !....

Le directeur se mit à sourire... Il ne fit plus de questions, mais il sonna... il entra un grand vieillard maigre, que son trousseau de clefs faisait reconnaître pour geôlier ; on lui remit le marquis, et dix minutes après il était dans une chambre ou plutôt un cabinet, de dix pieds de long sur sept de large, sous les toits du donjon du château, à deux cents pieds du sol. On lui porta une soupe, du pain, de l'eau, et on le laissa rêver tout à son aise.

Vers le soir, un homme assez bien vêtu entra dans sa prison et lui dit *en latin*.

— Votre maîtresse est sauvée, mon ami, elle est partie pour Lintz.

— Est-il vrai ! s'écria le marquis... O mon Dieu, soyez béni !...

—Vraiment, dit l'homme au latin en souriant de la facilité avec laquelle le prisonnier l'entendait, vous êtes un serviteur bien attaché... bien dévoué; mais, vous-même, qui vous sauvera, mon ami?

— Dieu, répondit le marquis en faisant allusion à la devise de sa maison [1].

—C'est sans doute un bon protecteur s'il voulait s'en mêler... mais souvent nous avons le libre arbitre de notre destinée... vous feriez mieux de parler.

Le marquis ne répondit pas... quelques instans après on le fit descendre dans le cabinet du directeur.

—Connaissez-vous le marquis de Salvo? lui demanda-t-il brusquement.

— Vraiment, je le crois bien; c'est mon maître, dit le marquis sans se troubler.

— Pourquoi l'avez-vous quitté?

—Par son ordre, pour suivre madame Smith, et tâcher de la sauver en route, ce que j'ai fait; mon seul regret est de n'avoir pas entièrement réussi.

—Dans quelle ville avez-vous laissé votre maître?

— A Venise.

Ils demeurèrent en silence pendant quelque temps, puis le directeur sonna d'une façon particulière, comme la première fois; et il vint un homme dont la figure ne valait pas mieux que celle de son camarade le geôlier du donjon.

[1] *In Deo salus* : devise de la famille de Salvo et l'origine de son nom.

Il conduisit le marquis dans un cachot dans lequel on entrait par une porte basse qui formait *guichet*... à peine y voyait-on pour se conduire dans ce cloaque infect où deux bancs de pierre, une voûte humide, un peu de paille, étaient là, comme pour rappeler au prisonnier qu'il ne devait sortir d'un tel lieu que pour aller à la mort.

M. de Salvo était accablé; pour la première fois depuis sa généreuse entreprise il n'avait plus de force et de courage; à la vérité, madame Smith était sauvée!... mais lui, qu'allait-il devenir maintenant? Il s'assit sur un banc de pierre, et mettant sa tête dans ses mains, il se plaignit... Tout-à-coup une sorte de grognement, qui pourtant venait d'une voix humaine, se fit entendre du milieu de la paille pourrie qui couvrait la terre dans le coin opposé du cachot.

— Ne peux-tu te taire et me laisser dormir, camarade? dit enfin une voix rauque avec un ou deux blasphèmes pour se faire mieux comprendre: tu te plains comme si tu souffrais seul! Eh! pardieu, si comme moi tu avais la potence en perspective, à la bonne heure encore!...

Le marquis fut d'abord effrayé... puis ensuite, stupéfait en voyant s'agiter sur cette paille noirâtre une créature humaine, un homme couvert de haillons tombant en lambeaux, dont la figure sinistre recevait une teinte de plus de scélératesse d'une barbe longue et noire, accompagnant des cheveux hérissés, dont les mèches laineuses étaient mêlées de la fange et de la paille dans laquelle il s'était roulé; cette vision infernale attachait sur le nouveau venu un œil qui semblait chercher jusqu'au fond du cœur s'il était une victime, ou un scélérat comme lui[1].

—Qui donc êtes-vous? dit enfin le marquis, et comment se fait-il que vous soyez dans mon cachot?

— C'est plutôt à moi à vous demander pour quelle raison vous êtes dans le *mien*, dit l'homme... voilà sept mois que je l'habite...

— Et pourquoi êtes-vous enfermé ?

— Ah! pourquoi !... Ils disent comme cela... que j'ai... eh bien! pour en finir, je suis accusé d'avoir assassiné le cocher du prince de Schwartzenberg... Moi, je leur dis qu'ils en ont menti... c'est tout simple... Et puis, après tout... quand

[1] Sans parler du système de législation qui est absurde dans notre siècle, dans tout ce qui regarde la prévention, je dirai seulement que le *secret* et le *cachot*, c'est-à-dire un cloaque fort malsain, humide, où la santé s'altère, est une chose infâme à appliquer comme *punition* à un homme qui peut être innocent, et qui l'est plus souvent qu'il n'est coupable; vous le mettez dans la même *partie que le meurtrier*, l'incendiaire. Et puis vous croyez beaucoup faire ensuite en lui disant : Allez en paix.—Il fallait l'y laisser.

un brave homme est offensé, il doit commencer par se faire justice... l'autre est trop longue.

Le marquis recula avec horreur devant cet homme qui s'applaudissait avec ses mains teintes de sang... Il ferma les yeux, feignit de dormir, et finit par tomber réellement dans un profond sommeil... Il dormait depuis long-temps, lorsque le cachot s'ouvrit bruyamment, et le geôlier, suivi d'un porte-clef, vint *respectueusement* prier le marquis de le suivre chez le directeur. A peine éveillé, il ne remarqua pas d'abord la politesse du geôlier; mais, à mesure qu'il montait et traversait les nombreux corridors, il s'aperçut d'une singulière différence dans l'accueil qui lui était fait. Ce fut bien autre chose lorsqu'il fut chez le directeur: celui-ci fut à lui et l'embrassa étroitement.

— Eh quoi! mon cher marquis, vous m'avez contraint à user d'une telle sévérité envers vous!... Comment, vous me mettez dans le cas de vous offenser, de vous maltraiter!... Oh! ce n'est pas bien!

Le marquis craignant que ce fût un piége, nia d'abord que ce fût *lui* qui fût *lui*-même... Mais le directeur lui montra une lettre de madame Smith, qui était partie pour Lintz, où elle devait rester jusqu'à la réponse du comte de Stadion[1], et où le marquis la devait joindre ; c'était ce qui pouvait lui arriver de plus heureux ; car pour n'avoir pas fait de l'eau claire dans cette affaire il aurait pu advenir que le marquis payât pour tous, d'autant qu'il était réclamé par la police de Venise et celle de Milan. Son signalement était affiché dans tous les carrefours, et les peines les plus sévères prononcées non seulement contre lui, mais contre ceux qui le cacheraient. Le directeur savait dès le premier moment que c'était lui, à ce qu'il paraît... Le résultat ne fut pas malheureux, mais grâce à l'intervention de madame Smith et de ses amis.

— J'espère que vous me ferez l'honneur de dîner avec moi, dit-il au marquis.

Le marquis le remercia sans accepter. Il partit pour Lintz, rejoignit madame Smith, et, après quelques semaines d'attente, ils reçurent enfin la réponse de Vienne. Madame Smith devait prendre le nom de madame *Muller*, et aller s'embarquer dans un port du nord ; elle s'en fut à Gratz, chez sa sœur la comtesse Strassoldo, et là se passa une scène qui rappelle un peu le moyen âge.

[1] Il était alors ministre des affaires étrangères et premier ministre, mais non pas chancelier de cour et d'Etat, comme l'est M. de Metternich.

On se souvient qu'à Venise, lorsque la comtesse rejeta d'abord les offres du marquis de Salvo, il lui dit que sa détermination était si désintéressée, qu'une heure après l'avoir remise à sa famille, il la quitterait, sans même lui demander comme récompense le bonheur de rester près d'elle... A peine étaient-ils à Gratz, et comme elle était encore dans les embrassemens de l'arrivée, le marquis prit une chaise de poste et s'en fut chercher les enfans, Édouard et Sidney, qui étaient je ne sais où, et revenant auprès de madame Smith avec ses deux fils, il lui dit :

— Voilà vos enfans, voilà votre sœur; vous êtes maintenant en sûreté sous le toit de votre famille... A présent, adieu !... Je vous laisse, en vous prouvant, je l'espère, qu'un cœur d'homme d'honneur peut concevoir et exécuter une généreuse action sans vouloir une récompense.

Madame Smith lui tendit la main, et, tout émue de sa reconnaissance qu'elle sentait encore mieux depuis qu'elle était au milieu de ce qu'elle aurait été forcée de quitter, elle lui demanda à son tour, comme récompense de l'amitié qu'elle lui vouait, de demeurer avec elle, et de ne pas aller surtout chercher des dangers que son dévouement pour elle lui avait fait courir. Ils partirent peu de temps après pour la Russie, et madame Smith fut obligée d'aller s'embarquer, je crois, à Riga, pour retourner en Angleterre. Le marquis de Salvo étant à Wilna, envoya un cartel au directeur de la police de Salzbourg, tout simplement pour lui apprendre à être plus poli envers les étrangers. La chose n'eut pas de suite.

Et voilà comment Napoléon traitait les femmes qui avaient le malheur d'écouter une vocation un peu virile... Il fallait être *nulle* avec lui pour passer en dehors ou en dedans de l'investigation de son regard.

J'ai raconté cette aventure dans tous ses détails, parce que, concernant une femme jeune, noble et grande dame, elle donne une couleur de l'époque au grand tableau que je fais. Elle vient, avec l'exil de madame de Staël, de madame Récamier, de madame de Chevreuse, mon voyage en Espagne, et les malheurs de bien d'autres femmes. C'était une des conséquences du temps d'alors plus que de la volonté de Napoléon.

Arrivé à Londres, M. de Salvo reçut les remerciemens de la famille de madame Smith, et la reine (femme de Georges III) lui en témoigna publiquement sa satisfaction.

CHAPITRE III.

Campagne de Russie. — M. de Caulaincourt. — Erreurs funestes. — *La retraite est difficile.* — Conséquences de la bataille de la Moskowa. — Kutuzow. — *Rostopchin.* — *La Ville Sainte.* — Incendie de Moscow. — Bulletins de l'armée. — Police de Paris. — Conspiration de Malet. — MM. le duc d'Otrante, prince de Talleyrand et général Servant, consuls de la future république. — Projet d'enlèvement. — L'abbé Lafond. — Caractère de Malet. — Sa bravoure militaire. — Développement de la conspiration. — Les premiers 100,000 francs, et les premiers 1,000 hommes. — M. Frochot. — Les généraux Guidal et Lahorie. — Savary. — Frayeur. — Etre fantastique. — L'EMPEREUR EST MORT. — Le petit sergent. — Allocution toute militaire. — MM. Pasquier et de Rovigo à la Force. — Visite au général Hulin. — Coup de pistolet. — M. Doucet, chef d'état-major. — Laborde, adjudant de place; et Pasques, inspecteur de police. — Arrestation de Malet. — MM. Pasquier et de Rovigo réintégrés dans leurs fonctions. — Commission militaire. — Condamnation à mort. — Exécution.

Nous voici arrivés à l'affaire du général Malet.

Pour comprendre ce *phénomène*, il faut remonter un peu plus haut dans les affaires de Russie... J'ai déjà parlé, je crois, de la fatale crédulité de M. le duc de Vicence relativement aux troupes dont l'empereur Alexandre niait l'existence... Comme M. de Caulaincourt était de bonne foi dans sa croyance, cette croyance devait être funeste dans ses effets, parce que l'empereur devait nécessairement être un peu faible pour résister à la parole d'un homme qui ne cesse de vous répéter :

—Sire, l'empereur ne veut pas faire la guerre!..

M. de Lauriston fut moins crédule; mais il apporta dans ce dédale inextricable, dans lequel nous étions prêts à nous plonger, une obscurité qui ne pouvait qu'ajouter à la confusion. Il fut crédule dans un moment où il aurait fallu de la résolution, et nullement de la patience. Enfin c'était sûrement ainsi que Dieu l'avait décrété... La campagne de Russie s'ouvrit enfin, et les malheurs de Napoléon surgirent audessus de sa gloire et de son étoile heureuse.

Cette étoile domina pendant les premières semaines de la campagne. L'empereur fut victorieux des Russes; mais il devait voir que ces hommes, dont la nature est évidemment différente de la nôtre, ne devaient pas être jugés d'après des observations faites comme pour les peuples du reste de l'Europe... Napoléon, en faisant la guerre en Russie, a aussi peu connu son peuple que son climat. Ainsi, loin de se laisser aveugler par ces succès de bataille évidemment incomplets, puisqu'en avançant il ne laissait derrière lui qu'un pays ravagé, ce qui faisait dire à l'empereur Alexandre, comme M. de Malsaigne à son adversaire :

— Monsieur, la retraite est difficile[1] !... L'empereur Napoléon devait agir, en 1812, bien plus prudemment qu'il ne l'avait fait lorsque, moins aveuglé par la fortune, il se trouvait, en décembre 1806, en présence des Russes qui fuyaient devant lui, en évitant le combat. Alors il s'arrêta et sut prendre sur la Vistule une formidable position, se disposa pour la campagne prochaine, fit des camps retranchés à Thorn et à Praga, ainsi que des têtes de pont sur la Vistule, le Bug et la Narew... Aussi Friedland amena-t-il le traité de Tilsitt... Je sais bien qu'on peut objecter que l'armée était tout entière arrivée en 1812 près de Moscow le 7 septembre, époque où le froid n'est pas rigoureux ; mais Moscow, peuplée de 400,000 habitans, ne devait donc pas se défendre ? Tout devenait faute...

Cependant la bataille de la Moscowa, gagnée par la bravoure et le talent du maréchal Ney, nous fut aussi fatale dans sa victoire qu'une dé-

[1] M. de Malsaigne se battait fort souvent ; un jour il eut une querelle si violente avec un autre officier, qu'ils résolurent de se battre dans la chambre même. Après quelques coups donnés, l'adversaire de M. de Malsaigne le pressa de son fer, et finit par le lui enfoncer dans le côté droit du cou et l'encloua à la porte.

— *C'est fort bien, monsieur,* lui dit M. de Malsaigne, *mais la retraite est difficile !*

faite. Quelle liste funèbre se déroula après la nouvelle de cette bataille!... Le Scythe Kutuzow, qui eut la hardiesse de dire qu'il avait été vainqueur, qui fut récompensé par le titre, si rarement donné en Russie, de feld-maréchal, Kutuzow dut en effet croire qu'il avait vaincu l'ennemi à qui ses pertes étaient bien plus douloureuses que ne pouvaient l'être les siennes... Quel carnage dans cette affreuse journée!... On m'a assuré que le nombre des coups de canon qui avaient été tirés dans cette bataille était de plus de cent trente mille... Mais si nous fûmes vainqueurs, ce fut seulement pour le vain honneur d'être les maîtres d'un champ de bataille jonché de cadavres, de coucher sur une terre trempée de sang!... « Cette nuit, me dit Junot, est une des plus horribles que j'aie passées de ma vie!... Pas de vivres!... une pluie froide et continuelle!.. pas de bois!... et des gémissemens, des cris d'agonie de tous côtés!... »

Les Russes se retirèrent sur Moscow... C'est là qu'était un homme, dont la capacité était cachée sous l'enveloppe d'un bouffon; car en Russie il n'était connu que sous cette dénomination à la cour de Paul Ier, qu'il amusait et faisait rire par des histoires grotesques qu'il accompagnait de pasquinades et de plaisanteries ridicules. *Rostopchin* était un homme d'une haute portée... et lorsqu'il fit brûler Moscow, il savait bien que la cour de Pétersbourg lui voterait de doubles remerciemens... il savait que depuis long-temps *la Ville Sainte*, toujours rivale de Pétersbourg, était l'objet de bien des conseils secrets et de plans que jamais le gouvernement n'avait osé ou pu mettre à exécution. L'autocrate de toutes les Russies avait trop la volonté de commander sur toutes ses provinces pour ne pas voir avec ennui la première ville de l'empire lui résister souvent, parce que ces vieux boyards moscowites, qui depuis Pierre-le-Grand défendent leurs priviléges comme leurs pères les ont défendus, ne peuvent être réduits dans leurs palais, au milieu de leurs nombreux esclaves. Rostopchin, en étendant les mesures de destruction déjà adoptées dans le commencement de la campagne, ne fit que son devoir apparent; mais il avait dans la pensée une intention plus profonde, et le cabinet de Pétersbourg, sans être d'accord avec lui, le comprit, et l'en remercia du fond du cœur.

Après l'admirable relation de M. de Ségur, il n'y a rien à dire. J'ai eu aussi bien des relations, mais rien de comparable à cela[1]; aussi que pour-

[1] Ce que je dois réfuter dans ce volume et qui est relatif à mon mari est personnel, et nullement de la faute de M. de Ségur; il a écrit sur les Bulletins.

rais-je ajouter ?... Je me bornerai à répéter que dans cet incendie de Moscow on ne peut y retrouver que la férocité de ces hordes sauvages, de ces Scythes d'autrefois, qui ravageaient les pays qu'ils quittaient... Ceux-ci plus civilisés n'ont pas une rage moins imbécile... ils sont toujours les mêmes que du temps des Romains. Potemkin les a retrouvés tout aussi féroces à Ismaéloff... C'est une démence barbare, ou plutôt Rostopchin, comme je l'ai dit plus haut, exploita la barbare fureur de ses compatriotes pour amener à leur consommation les projets formés depuis long-temps de brûler Moscow, et de ruiner ainsi des hommes puissans que la cour de Pétersbourg n'aimait pas, et redoutait... Je ne sais plus par qui j'ai entendu faire un jour la comparaison de Rostopchin et de Christophe-le-Mulâtre ; l'un brûlant le Cap, ravageant les Antilles, et le Scythe, fou et féroce, brûlant *la Ville Sainte*[1] !...

Cependant nous entrâmes dans Moscow !... Nous y entrâmes... et, pourra-t-on le croire, mon

[1] Cette dévastation de territoire est un aveu bien humiliant, il me semble, de la faiblesse d'un peuple ; car enfin il dit par là : *Je n'ai pas la force de t'empêcher de prendre ma maison autrement qu'en la ruinant* ! Les Ottomans firent de même au déclin de leur puissance. C'est l'impéritie d'un peuple et son insuffisance militaire à son plus haut degré.

Dieu!.. on y a ri!.. on y a dansé!... on y a joué la comédie!...

Pendant ce temps l'armée russe de Finlande débarquait à Riga... L'armée de Moldavie gagnait Brese sur le Bug... cette dernière armée menaçait de couper nos communications avec Varsovie... Nous commencions alors à nous réveiller de notre sommeil de bonheur; le réveil devait être terrible.

Malgré toutes les précautions prises par l'empereur pour que les nouvelles désastreuses n'arrivassent pas à Paris, on recevait des lettres. Il passait des messages; et ces nouvelles incertaines, nous le dîmes un soir avec l'archichancelier, étaient beaucoup plus nuisibles que des bulletins qui eussent été francs et vrais... hélas! comme le premier après la retraite de Moscow!... Il y avait alors à Paris des mécontens parce qu'il y en a toujours... La police avait l'œil sur eux, mais depuis quelque temps elle semblait engourdie. Cet œil toujours ouvert se fermait quelquefois, et, pour parler avec vérité, depuis la retraite du comte Dubois, la police de Paris était excessivement mal ordonnée. Ce qui arriva à cette époque en est une preuve sans réplique.

Lorsqu'on lira dans notre histoire qu'un jour, dans Paris, sans que rien ait pu le faire présumer, du moins ostensiblement, un homme, *à lui seul*, a été au moment de renverser le gouvernement et d'établir un nouvel ordre de choses que personne ne demandait, que personne n'appelait, certainement jamais on ne le pourra croire; et lorsqu'on ajoutera que cet homme a été arrêter *lui-même* le ministre et le lieutenant de police, c'est au point de faire dire par des petits-enfans à leur aïeule :

— Grand'mère, vous radotez.

Ce que je viens de dire est pourtant arrivé le 23 octobre 1812... Il faut, pour que la chose soit mieux comprise, la reprendre de plus haut.

Lorsque l'empereur était à Bayonne au château de Marac[1], Dubois, toujours attentif aux agitations de Paris, veillait encore avec plus de soin en l'absence de l'empereur. Fouché était cependant au ministère à cette époque... Tout-à-coup on annonce au préfet de police qu'une conspiration se forme, et qu'elle est même assez avancée pour donner de l'inquiétude. C'étaient des généraux qui en étaient les chefs, et des généraux de l'armée du Rhin. C'étaient le général Malet, le général Laborie, ancien aide-de-camp de Moreau, et un autre tout aussi obscur, qui se chargeaient de bouleverser la France, sans être les

[1] En 1808 et 1809.

mandataires même de la plus chétive commune... Mais il y avait un mobile caché, et l'habileté de Dubois sut bientôt le trouver... Il y avait alors fort peu de troupes dans Paris et dans les environs; les affaires d'Espagne commençaient, et la garde elle-même se dirigeait vers les Pyrénées. L'empereur avait eu de tous temps, comme on le sait, une sorte de méfiance pour ce qu'il appelait *la queue de Robespierre*, et chargeait surtout tous ceux qui avaient en main la sûreté de Paris, de surveiller cette partie de sa population... Le comte Dubois, qui avait l'habileté la plus remarquable, et qui a laissé bien loin tous les lieutenans de police ses devanciers, parce qu'il raisonnait son affaire, pensa avec raison que Malet n'était pas seul le chef de cette entreprise. On voulait rétablir la république, avec trois consuls et trois vice-consuls. Quels devaient être les *six rois* que nous donnait cette république? voilà ce qu'on ne sut que très imparfaitement. Cependant l'un des consuls était, disait-on, le duc d'Otrante, M. de Talleyrand devait être son second, et le troisième *premier consul* était le général *Servan*, ancien ministre de la guerre, et qu'on appelait à bon droit le marquis de Servan avant la révolution, parce qu'il était *le marquis de Servan*. Comme il ne voulait pas être seulement un *marquis* et que le titre de *dictateur* ou de *premier consul* lui convenait mieux, il avait fait le plan de jeter à bas l'idole de la France, et de se mettre à sa place. C'est un projet comme un autre... S'il eût réussi, le général Servan était un habile homme, mais comme il n'en est rien, il n'était qu'un sot. Cependant il ne le fut pas entièrement, car il sut se retirer à temps. Il avait voulu mettre son plan en activité lors de la première campagne de Russie, mais les victoires de Friedland l'en avaient empêché... Cette seconde tentative, au moment d'éclater, n'attendait pour se dévoiler que le départ de six mille grenadiers de la vieille garde qui allaient à Bayonne. Ce fut alors que le comte Dubois surprit toute l'affaire, déjà très avancée. Elle fut mise sous les yeux de l'empereur avec le nom des complices. L'un de ces noms avait une fatale célébrité... c'était *Eve Démaillot*, secrétaire de Robespierre. L'empereur, en l'apprenant, ordonna que le procès n'eût pas lieu en son absence; et lorsqu'il fut à Paris, il biffa de sa main tout ce qui pouvait ressembler à une condamnation. Cependant il était évident qu'on voulait le tuer ; car dans cette première affaire de Malet, il s'agissait d'*enlever* l'empereur dans l'un de ses voyages à la Malmaison... et l'on peut présumer ce que signifie l'*enlève-*

ment de Napoléon... Il pardonna donc, et les coupables furent seulement dirigés sur le midi de la France et en Italie[1]. Quant au général Malet et au général Lahorie, ils furent mis dans une maison de santé. Malet était chez un nommé Dubuisson, dont ce fut certes le malheur d'avoir un tel homme sous son toit.

Le 22 octobre au soir, il jouait aux échecs avec un prêtre dont l'opinion était totalement étrangère à la sienne; mais lorsqu'il s'agit de se mettre en guerre contre une puissance qui nous est mutuellement ennemie, alors toutes ces nuances s'effacent devant la couleur fortement tranchée d'une grande résolution, et cela se conçoit. Si le feu prend à la maison et que mes bras soient nécessaires pour porter de l'eau, que m'importe à moi que cette maison soit à mon ennemi?... Je loge dedans, mon enfant sera brûlé si je n'y porte pas secours; aussi le fais-je... Eh bien! dans l'opinion du général Malet, il pensait sauver la France, et ce prêtre, qu'on appelait *l'abbé Lafond*, le pensait aussi. Ce fut le motif de la confiance, ou plutôt de la demi-confidence du général Malet. Il expliqua à l'abbé Lafond comment, le lendemain matin, il allait, *lui* prison-

[1] Et voilà cet homme *si féroce*, si despote!... ceci et l'affaire de Moreau en sont en effet de belles preuves!...

nier assez obscur, changer la face des affaires de l'Europe... Mais il abusa également le prêtre, et lui dit que l'empereur était mort, et que la nouvelle lui en était parvenue dans la soirée; que le prince archichancelier tiendrait cette nouvelle secrète aussi long-temps qu'il le pourrait, mais que cependant le Sénat et le Corps-Législatif étaient convoqués pour le 25; et Malet pensait, ajoutait-il d'un air très naturel, que c'était pour faire reconnaître l'empereur Napoléon II.

— Voilà pourquoi, disait-il, il faut nous hâter. Ce qu'il faut au peuple français, c'est son libre arbitre... il faut qu'il puisse dire: Je veux cet enfant, ou je ne le veux pas...

L'abbé Lafond, qui avait aussi ses projets, approuva d'autant plus le général Malet, qu'il le prit pour un fou, et se dit à lui-même: C'est un insensé qui va frayer la route. Comme il m'est égal de marcher sur son cadavre pour arriver là où je veux aller, laissons-le faire, quitte à le faire enfermer après comme fou, si les autres ne l'ont pas tué.

Malet est un homme assez extraordinaire pour donner de lui un portrait un peu détaillé; sa vie et sa mort sont également dignes d'attention, et toutes deux sont des matériaux précieux pour l'histoire.

Malet (Charles-François) était d'une famille noble de Dôle, en Franche-Comté, et destiné à l'état militaire ; car il était de noblesse d'épée. Il était né le 28 juin 1754. On voit par cette date, qu'à l'époque de sa conspiration il n'était pas jeune ; il avait commencé sa carrière militaire par les mousquetaires, où il était entré à l'âge de seize ans, et n'en sortit qu'à la réforme du corps. Quoique jeune à cette époque, il n'entra pas au service actif, il reçut un brevet de capitaine de cavalerie et se retira à Dôle, où il demeura jusqu'au moment de la révolution. A cette époque, les idées philosophiques avaient fait de grands progrès en France ; elle était alors digne sœur de l'Allemagne, et sa jeunesse comprenait la noble mission de l'homme.

Malet prit avec chaleur parti pour le nouvel ordre de choses ; aussi fut-il nommé un des premiers pour commander un des bataillons de volontaires qui furent la tige immortelle de notre belle armée... Il se conduisit bien, et fit preuve non seulement de bravoure, mais de talens militaires, et lorsque l'empereur rappela auprès de lui plusieurs généraux *opposans*, Malet fut du nombre... Il avait fait la campagne de Naples avec Championnet, il y retourna avec Masséna, et je crois être sûre que Masséna le cite dans plus d'un rapport... il lui donna même un poste de confiance, le commandement de la place de Pavie... Mais comme son opinion était plus républicaine que l'empereur ne voulait qu'on le fût dans l'armée, et Malet ayant manifesté des croyances, non seulement républicaines, mais exagérées, même dans ce temps... il fut mis à la retraite sans emploi... C'est ainsi qu'il atteignit 1809 et entra dans cette conspiration dont Servan avait donné la première idée... Alors il fut arrêté... il y en avait assez pour le faire fusiller; mais l'empereur était clément, malgré toutes les sottises qu'on a dites à ce sujet, et jamais il n'a fait mourir quand il a pu faire grâce... Malet fut seulement enfermé.

Ce fut pendant cette détention qu'il retrouva le général Lahorie, ancien chef d'état-major[1] de Moreau, et le général Guidal, également connu pour ses opinions républicaines. Malet se rapprocha d'eux par la double attraction de la conformité de pensées et de celle du malheur... ils étaient tous trois à la Force.

Maintenant, voici qui place Malet dans une position à nulle autre semblable. Jamais on ne verra certainement un homme rêver du fond

[1] Il fut aussi son aide-de-camp.

d'un cachot qu'il va renverser le trône du souverain le plus élevé en puissance, de l'homme le plus grand par son génie... lui, homme obscur, inconnu!... Oh! que cette heure a dû être marquée d'un terrible sceau aux yeux de Napoléon, lorsqu'elle lui apparut sonnant ainsi la possibilité de sa ruine, au moment où rien ne proclamait les dangers qui l'entourèrent ensuite... Car alors, rien n'était encore arrivé de malheureux à nos aigles... ils planaient toujours triomphans sur les destinées de la France... Et dans ce même temps un homme se réveille de sa léthargie dans le coin d'un cachot, et son souffle fait presque disparaître un empire.

Le 22 octobre, Malet était dans une maison de santé, sous la direction de M. Dubuisson, et située rue Charonne, au faubourg Saint-Antoine. Il passa la soirée à jouer aux échecs avec un prêtre nommé l'abbé Lafond, dont certes les opinions n'étaient pas en harmonie avec les siennes, ainsi que je l'ai dit plus haut. Il était rêveur, et en effet il devait l'être, car son plan était fait, et il devait le mettre à exécution dès la même nuit... Aussitôt que tout le monde fut retiré dans la maison, le général Malet descendit dans le jardin, il escalada le mur, et se trouva libre enfin et pouvant agir. Mais il était seul encore... SEUL!... et il partait de ce point pour détruire l'homme dont le nom seul, aussi à lui, faisait trembler le plus puissant souverain de l'Europe....

Le premier soin de Malet fut de se procurer des troupes ; il savait qu'avec des troupes on a de l'argent, ensuite qu'avec de l'argent on a des troupes, puis avec des troupes encore de l'argent, et ainsi de suite ; le difficile est d'avoir les premiers cent mille francs ou les premiers mille hommes... Quant à Malet, il fut trouver le commandant [1] ou le colonel d'un des deux régimens de la garde parisienne, et lui persuada que l'empereur était mort devant Moscow, le 7 du mois d'octobre; il le crut un peu vite. Puis de là Malet courut à la caserne de la dixième cohorte, où il trouva le chef de bataillon Soullier, à qui il montra un faux décret du sénat qui prononçait la dissolution de l'empire, et nommait le général Malet commandant de Paris. M. Soullier avait probablement aussi grande envie de croire cette parade ridicule, car il fit aussitôt prendre les armes à sa troupe, et s'en fut de sa personne à l'hôtel-de-ville, dont il s'empara sans aucune résistance. Frochot était à la campagne, dont

[1] Je ne sais lequel, et je ne veux pas le savoir, cela est par trop pénible. C'est d'ailleurs un nom dont il est inutile de perpétuer l'existence... qu'il soit frappé d'oubli...

il ne revint que vers dix heures du matin, et trouva tous les préparatifs en train pour recevoir le gouvernement provisoire. Comme cela était presque achevé, le pauvre Frochot jugea que ce qu'il avait de mieux à faire était de diriger les travaux!... Pauvre Frochot!... pauvre Frochot!... ne devait-il pas se dire: Mais si l'empereur est mort, qu'est-ce donc qu'il peut y avoir à faire si ce n'est de dire :

–Vive Napoléon II!!...

Mais il n'y pensa pas, et j'en ai été fâchée pour lui, car il avait à répondre à quelqu'un qui pardonnait peu ces sortes d'offenses.

Aussitôt que Malet eut des troupes, il fit sortir de prison le général Lahorie, le général Guidal, et leur distribua leurs différens rôles... le sien n'était pas le plus facile.

Le général Guidal fut à la Préfecture de Police, et le général Lahorie au ministère de la police.

Parmi les défauts de Savary, qui alors était ministre, on ne peut pas lui reprocher d'être paresseux et de laisser languir le travail. Il passait souvent la nuit à faire les dépêches pour l'empereur, et la nuit de ce même jour, le 23 octobre, il avait écrit jusqu'au jour. Il venait de se mettre au lit, je crois même qu'il n'était pas couché, lorsque son valet de chambre entra chez lui pâle et tremblant :

— Ah! monseigneur, lui dit-il... on vient vous arrêter !...

— M'arrêter !... s'écria le duc.

— La cour est remplie de soldats... il y a un officier-général à leur tête, et ils disent qu'ils viennent pour vous prendre, monseigneur... Ils montent par le grand escalier.... moi, je suis accouru... parce que... vous avez peut-être des papiers...

Le pauvre garçon était essoufflé et pâle comme un mort... Je vis le même jour le pauvre duc, et je puis dire que, même douze heures après, il l'était tout autant.

En apprenant qu'on venait l'arrêter, le duc de Rovigo ne pensa pas que ce pût être d'après un autre ordre que celui émané de l'empereur ; il ne se disposa donc à aucune défense et ne chercha même pas à fuir... mais il fut accablé sous le coup qui le frappait. Dans ce moment un bruit affreux se fit entendre dans la pièce voisine ; on vint à la porte de sa chambre dont on demanda l'entrée AU NOM DE LA LOI, et tout aussitôt la porte fut enfoncée à coups de crosse de fusil. Le panneau d'en-bas fut le premier brisé, et ce fut par cette *chatière* que les soldats entrèrent chez le duc de Rovigo... Aussitôt que la porte fut ouverte, il vit devant lui un homme qui dut lui paraître un être fantastique: c'était le général Lahorie, qu'il savait sous les verrous de la Force... et qu'il voyait là, l'épée au côté, et en uniforme d'officier-général... L'effet produit sur Rovigo par tout ce qui venait de se passer était comme le contre-coup d'une machine électrique: il voyait sans voir, et entendait sans entendre...

— Comment, diable! dit Lahorie en jurant, ta chambre est comme une forteresse... eh bien!... tu es étonné de me voir, n'est-ce pas?...

Etonné n'était pas le mot. Il n'y en avait pas pour exprimer ce qui se succédait dans la tête du duc de Rovigo; il venait de reconnaître Lahorie qu'il avait fait lui-même mettre en prison... et il le voyait *là*, en mesure de commander à des soldats, et venant pour l'arrêter, *lui*[1]!

— L'empereur est mort, dit Lahorie, et le peuple va enfin nommer ses magistrats.

Il faut ici rendre justice à qui elle est due. En entendant cette nouvelle... en apprenant ainsi LA MORT DE L'EMPEREUR, Savary tomba presque sans connaissance sur une chaise qui était près de lui,

[1] Je crois me rappeler (sans en être sûre) que Rovigo, qui ne connaissait pas Guidal, par exemple, le vit le premier, et ce ne fut qu'après lui que Lahorie arriva.

et pendant quelques instans il ne vit et n'entendit rien... Savary aimait vraiment l'empereur...

Mais à mesure que ses idées reprenaient leur cours, il se faisait en lui une autre révolution. Il voyait, sans en être sûr, qu'il y avait une affaire mal montée, mais qui s'exécutait et pouvait être funeste dans ses résultats. L'empereur pouvait être mort dans la retraite de Russie, mais était-ce donc ainsi que les ministres devaient l'apprendre? Cette remarque, très judicieuse au fond, lui fit douter de tout, et il le dit à Lahorie avec fermeté... Le général Guidal s'approcha alors, et dit quelques mots tout bas au général Lahorie, auxquels celui-ci ne parut pas faire grande attention. Ce général Guidal, qui du reste avait une assez mauvaise figure, se tourna vers les soldats, et dit à haute voix :

— Mais où est donc *le petit sergent* ?... qu'on fasse monter *le petit sergent*...

Ce petit sergent, à ce que m'a assuré le duc de Rovigo, et il disait en cela la vérité, était chargé, à ce qu'il paraît, *de l'expédier* plus promptement que de toute autre manière : il n'arriva que quelque temps après... En voyant ce général Guidal, avec sa physionomie de sinistre augure, le duc s'approcha de Lahorie, et lui dit :

— Lahorie, nous avons bivouaqué ensemble,

et nous avons senti tous deux la fumée de la poudre aux mêmes batailles ; j'espère que tu ne l'oublieras pas, et que tu ne me laisseras pas assassiner comme un chien quand je suis un brave soldat.

Au mot *assassiner*, Lahorie tressaillit, car c'était un honnête homme.

— Qui parle de mort ? lui dit-il fort ému.

— Personne, ET TOUT autour de moi, répondit le duc en le fixant avec une sévérité qui força l'autre de baisser les yeux... Au reste, ajouta le duc de Rovigo, je t'ai sauvé la vie lors de l'affaire de Moreau, Lahorie; j'espère que tu ne l'oublieras pas...

Lahorie ne répondit rien... mais il s'avança rapidement vers Savary, et lui prenant la main, il la lui serra presque convulsivement... En vérité ils étaient tous comme dans un rêve fiévreux. Enfin le duc de Rovigo fut jeté dans un cabriolet de place et conduit à la Force, où son étonnement fut grand de trouver M. Pasquier, qui, tout aussi ignorant que le ministre de la police de ce qui avait amené cette inconcevable aventure, mais plus excusable que le duc de Rovigo, avait été également mis dans une voiture de place et conduit à la Force. Ce qui est bien le complément du burlesque de cette histoire, c'est que le concierge de la prison ne voulut jamais les recevoir comme prisonniers... Il était le plus sage de tous, lui, et ne pouvait dire à volonté :

— Allons, mettons-nous à rêver...

Pendant que ces messieurs faisaient ce que les Parisiens ne manquèrent pas d'appeler, dès le même jour, *un tour de force*, Malet s'en était allé chez le général Hulin, qui commandait la place de Paris et la première division, en l'absence de Junot, qui alors était gouverneur de Paris, mais qui se trouvait en Russie. Le général Hulin ne connaissait pas le général Malet ; le général Malet fut le trouver directement; et sous la protection de son habit et de ses épaulettes, il parvint jusque dans la chambre voisine de celle où le général Hulin était au lit avec sa femme. En apprenant qu'un officier-général le demandait, Hulin se leva, et, sans autre vêtement qu'une robe de chambre, il passa dans la pièce où était Malet, qui tout aussitôt entrant en matière, lui *annonça* la mort de l'empereur et l'établissement d'un autre gouvernement. Hulin regarda un seul instant le général Malet, et vit aussitôt que c'était une fourberie... mais il était seul dans son appartement intérieur... personne dans le moment... Malet *parlait de troupes* qu'il avait *là* avec lui... Son parti fut pris à l'instant même, et il fut ce qu'il devait être, parce que Hulin était un homme de tête et d'exécution. Seulement il aurait dû ne s'en rapporter qu'à *ses poings* et à sa force [1], mais il voulut imposer à cet homme, et, après avoir eu l'air d'examiner le sénatus-consulte et la nomination de Malet [2], il feignit d'aller à son bureau pour confronter une signature, mais effectivement pour prendre une paire de pistolets chargés qui étaient dans un des tiroirs. Malheureusement Malet l'aperçut par l'effet de la glace qui était auprès de lui, et faisant deux pas vers le pauvre Hulin, il lui tira un coup de pistolet, presque à bout portant, qui lui mit une balle dans la joue gauche... il tomba... Malet crut l'avoir tué, et descendant rapidement, il sortit de l'état-major, qui alors était place Vendôme, et s'en fut, toujours courant, en donnant l'ordre à ses soldats de ne laisser sortir personne,

[1] Le général Hulin était un homme de six pieds, et fort en proportion de sa grandeur. Malet était un petit homme qu'il aurait facilement terrassé.

[2] Dans la Biographie des contemporains, il y a une foule d'erreurs pour celle de Malet. Comme je n'ai pas l'intention d'en faire la critique, car j'aime fort ses auteurs, je ne les citerai pas ici, je parlerai seulement du lieu de l'arrestation de Malet; il ne fut pas arrêté chez Hulin, ce fut chez Doucet; il fut arrêté par Laborde, adjudant de place, et Pasques, inspecteur de police.

de l'hôtel de la première division militaire, chez le commandant Doucet, chef d'état-major de la place de Paris, et en possession de cet emploi depuis sa formation, c'est-à-dire depuis 1792... C'est un homme aussi excellent sous bien des rapports, que capable de remplir la place qu'il a si long-temps occupée; il connaissait Malet, *comme sa mère*, comme aurait dit Figaro, et pour toute réponse au fatras qu'il voulut lui débiter, de la mort de l'empereur et du sénatus-consulte, il lui demanda par quelle autorité il avait été *libéré*, et qu'il eût à reprendre, et cela à l'instant même, le chemin de sa geôle.

Tandis que le commandant Doucet parlait comme M. Pasquier et M. de Rovigo auraient dû le faire, Malet pensait qu'il fallait utiliser, sur la tête de Doucet le second pistolet qu'il avait en poche. Il y mit donc la main; mais, en même temps que lui, étaient entrés deux hommes qui se connaissaient en expéditions de ce genre, et qui s'étaient approchés doucement du prisonnier fugitif, tandis qu'il parlait au chef d'état-major. Ils n'eurent besoin que d'un léger signe de celui-ci, pour empêcher le général Malet de faire un seul mouvement. Ces deux hommes étaient le vieux Laborde, adjudant de la place de Paris, connu et redouté de tout ce qui avait peur *du fouet*, et bien capable en effet de donner de la crainte, car il était bien habile pour dépister un malfaiteur ou un conspirateur ; l'autre était un inspecteur de police, nommé *Pasques*. Ce fut lui qui, sur un signe de Doucet, saisit le général Malet par les deux coudes, et les tirant à lui, il le terrassa de cette manière sans que l'autre pût mettre la main sur son pistolet. Il fut aussitôt lié et garrotté, car il était méchant... et Doucet, se hâtant d'aller à la première division, apprit là seulement tout ce qui s'était passé. La blessure d'Hulin était fort grave en apparence, et elle donna d'abord des inquiétudes ; mais il fut promptement guéri, et put se convaincre, dans le peu de temps que dura *sa cure*, combien était général et vrai l'intérêt qu'il avait inspiré...

On a voulu depuis donner un corps à cette ombre d'une conspiration, et on a prétendu que Malet avait de grandes relations dans l'étranger ; je ne le crois pas. Son silence pendant le procès ne prouve qu'une chose : c'est qu'il n'avait rien à dire, voilà tout. Il a abrité ses vastes desseins *dans son silence*. Au fait, c'est déjà bien honnête d'avoir empaqueté un ministre et l'avoir envoyé dans un cabriolet de place... A LA FORCE... d'avoir emballé, et fait porter à la même adresse, un lieutenant de police ; d'avoir cassé la mâchoire à un lieutenant-général qui valait mieux que lui, et tout cela, par sa propre pensée et sa seule impulsion... puis en finir par avoir les bras tournés par un inspecteur de police, qui s'est conduit de manière à obtenir le ministère de la police, ou tout au moins la préfecture... Si j'avais été l'empereur, je l'aurais fait.

A peine Malet fut-il lié, comme un vrai fou qu'il était, que toute son affaire s'évanouit comme ces créations[1] de fées, qu'elles s'amusent, dans leur folie, à jeter sur quelque île déserte, puis que leur souffle emporte... Les soldats comprirent très bien que l'empereur n'était pas mort... Quant à M. Soullier, on lui dit comme dans *les Héritiers*, en se moquant de lui[2] :

Le défunt n'est pas mort!...

Doucet commença alors une promenade de ministère, pour remettre chacun à sa place. L'archichancelier n'avait pas même été inquiété, et cela se comprend ; Malet était toujours sûr de Cambacérès. Ce qu'il lui fallait, c'était le gouvernail.

[1] Une jolie production, presque aussi brillante qu'une création de sylphide, c'est la légende de Ploërmel, par M. d'Anglemont, sous le titre de Morgane, dans la dernière édition de ses légendes françaises. Au milieu de beaucoup de légendes pleines d'intérêt, celle-là est remarquable; c'est une belle rose dans une fraîche couronne.

[2] Jolie petite pièce de M. Alexandre Duval.

On s'en fut chercher M. Pasquier... M. le duc de Rovigo... on les réintégra chacun dans leur hôtel, et ce même jour ils déjeûnèrent chez eux.

Ce même 23 octobre, il était onze heures du matin ; je venais d'entrer dans ma salle de bains lorsque j'entends un colloque assez bruyant entre M. Fissont[1], secrétaire de mon mari, et madame Lallemand... La salle de bains avait seulement une pièce entre la cour et elle... madame Lallemand ouvrit la porte et me dit :

— Chère amie, comprenez-vous ce que dit M. Fissont? quant à moi, je n'y entends non plus qu'à de l'arabe.

— Qu'est-ce donc? dis-je aussitôt en fermant mon livre; serait-ce une nouvelle de l'armée ?

— C'est une nouvelle, dit madame Lallemand, mais pas de l'armée, et puis elle n'a rien de bien lugubre celle-là, au contraire...

... Et la voilà qui rit comme l'enfant le plus joyeux... puis elle ouvrit la porte et dit à M. Fissont de parler d'où il était, et se plaça pour bien juger de l'effet qu'il allait produire sur moi.

—J'ai dit à madame Lallemand, madame, dit

[1] Il ne l'avait pas emmené en Russie avec lui. M. Fissont venait de se marier. Il est aujourd'hui secrétaire-général de l'intendance civile en Alger.

alors M. Fissont tout amusé de son récit, *que M. le duc de Rovigo a été conduit à la Force ce matin à sept heures, en même temps que M. le baron Pasquier;* que c'est le général Mallet qui les y a conduits; et maintenant il est lui-même à l'Abbaye, au Temple, je ne sais où, et le général Hulin a reçu une balle dans le visage.

— Ah çà! que me contez-vous là? m'écriai-je, car je ne pensai pas que ce fût autre chose qu'une plaisanterie, dont je ne voyais pas le sens, et je n'avais rien compris à cette histoire, parce que pour moi le ministre de la police à la Force c'était aussi trop absurde... Mais quand je ne pus douter que la chose venait réellement de se passer, j'avoue que je fus plongée dans le plus profond des étonnemens... Cette stupéfaction fut générale; tout Paris fut accablé sous le poids de cette étonnante aventure, excepté pourtant les deux héros de l'affaire. Ils n'en étaient que plus charmans et plus aimables. M. de Rovigo était bien un peu inquiet, et M. le baron Pasquier de même; toutefois il n'y paraissait pas; et en vérité ils avaient raison, car au retour de l'empereur il ne déplaça personne, si ce n'est ce bon Frochot, qui n'avait eu d'autre tort que de croire un peu trop vite qu'un empereur est mortel comme un autre homme... Mais pour qui connaissait bien tout ce pays de la cour et des intrigues, il était bien visible que le duc de Rovigo n'était plus aussi en faveur ; et quant à M. le baron Pasquier, il se trouva plus que jamais éloigné de la toge rouge que son esprit, ses talens comme magistrat, son nom je puis dire même, tout enfin l'appelait plus que personne à porter.

Je suis fâchée après cela d'avoir à faire la remarque, qu'il y a des lettres dans le *Journal des Débats*[1] qui prouveraient qu'une injustice blesse profondément et qu'un ressentiment n'est pas une de ces futilités que le vent de l'adversité d'autrui dissipe ou rejette à l'oubli.

Quant au général Malet, sa fin fut tellement douloureuse, qu'en vérité en la voyant, surtout entourée de cette auréole que place toujours la témérité autour d'une tête aventureuse, on ne peut s'empêcher de le plaindre. Sa folie n'est plus que de l'audace, et on est seulement fâché de ne pas l'avoir plus utilement employée. Une commission militaire fut assemblée ; elle jugea

[1] Voyez le *Journal des Débats* du 1er et du 5 avril 1814 ; il y avait bien peu de temps que Napoléon était tombé.

sans désemparer, et Malet, Guidal et Lahorie furent condamnés à mort à l'unanimité. La procédure dura trois nuits et deux jours. Pendant tout ce temps Malet fut très courageux et ne dit et ne fit rien qui fût répréhensible.

— J'ai voulu détruire la puissance despotique que Napoléon exerce sur le monde entier, dit-il à ses juges. Je l'avoue ; pourquoi tous ces débats ? Vous voulez me trouver des complices ?... je vous répète que je n'en ai pas...

Il fut condamné à être fusillé, ainsi que *ses complices*. On les conduisit dans la plaine de Grenelle, le 27 octobre, à trois heures après midi. Malet marchait d'un pas très ferme vers le lieu où le peloton les attendait.

— Ils sont bien jeunes, dit-il en regardant les pauvres conscrits qui allaient lui donner la mort.

Les condamnés furent placés à côté les uns des autres, sur un même rang, et le peloton devait faire feu sur tous en même temps... Après la première décharge, le général Malet demeurait toujours debout !... il était blessé, mais pas à mort !... A la seconde il tomba !... il ne pouvait, le malheureux, il ne pouvait mourir !... enfin les soldats furent obligés de l'achever... Je sais qu'à cette époque on parla de coups de crosse de fusil, de coups de baïonnette qu'il aurait reçus pour accomplir l'œuvre de punition ou plutôt de vengeance ; mais ce tableau est si hideux qu'on ne peut s'y arrêter sans éprouver de la souffrance.

CHAPITRE IV.

La conspiration. — L'impératrice Joséphine. — La comtesse de Thalouet. — M. Hervé. — Les diamans donnés. — L'archichancelier. — La campagne de Belleville. — *Le monstre.* — Découverte. — Exil de M. Hervé. — L'empereur en rit. — Mystification du comte R. de S. et de M. de Nisas. — Le voyage à Fontainebleau. — Colère de l'empereur. — Ordre au préfet de police. — Les experts jurés. — M. Aubusson. — M. de Lavalette. — *Il est innocent!!!* — Le prince et la princesse Louis. — Le duc de Bassano. — Asker-Kan. — *Le narguilé.* — La part du malheur. — La promenade. — La lettre. — La mère et le fils. — Le protecteur inconnu. — Les degrés de noblesse. — Mot remarquable de Junot. — *Nous sommes des aïeux!* — Diplomatie du *Moniteur.* — Waterloo. — Le maréchal Grouchy. — Souvenir de 1811. — L'homme *Soufflet.* — Le grand maréchal. — L'homme Soufflet n'est qu'un fou. — Qui en fait un assassin?...

Puisque nous venons de parler si long-temps du ministère de la police et de la préfecture, il faut que je place ici une anecdote assez comique, que j'ai oubliée en 1809. Mais avec des mémoires, s'il est presque défendu d'anticiper sur les temps, il est toujours permis de revenir.

On était à la Malmaison; et l'empereur était

à Vienne ; c'était pendant la campagne de Wagram. L'impératrice avait beaucoup de monde autour d'elle, et, toujours bonne et désireuse qu'on s'amusât, elle ne voulait pas voir de visage triste et chagrin. Un jour elle avisa madame la comtesse de Thalouet ayant un air tellement tragique, qu'elle fut à elle, vivement alarmée, et lui demanda ce qu'elle avait. Madame la comtesse de Thalouet répondit, avec une voix troublée, que la chose était de nature à n'être confiée qu'à Sa Majesté SEULE. L'impératrice, fort inquiète, passe dans son appartement, et là, madame la comtesse de Thalouet lui apprend qu'elle était certaine à ne pouvoir en douter qu'une affreuse, une épouvantable conspiration est au moment d'éclater. Elle doit, dit-on, frapper à la fois sur toute la famille impériale... L'impératrice poussa de grands cris, et certes on crierait à moins, car madame de Thalouet annonçait que cette terrible conspiration avait tout combiné pour que la mort *fût certaine*, et que le poison d'abord, puis le fer, le feu, devaient être les auxiliaires les uns des autres pour que la famille entière fût détruite. La pauvre comtesse de Thalouet, *sommée* de déclarer qui lui avait donné ces détails, dit, tout naturellement, qu'elle les tenait d'un M. Hervé, de Morlaix, homme très recommandable, qui était riche, bien vu dans le monde, et qui se trouvait heureux de pouvoir sauver ses souverains d'un péril aussi imminent. Ce M. Hervé était le bailleur de fonds et la caution de l'entrepreneur-général des illuminations de Paris et des palais impériaux. Il était de la même province que la comtesse de Thalouet, et il avait pensé avec raison qu'elle serait une excellente introductrice auprès de la bonne Joséphine, qui, toujours craintive autant que bienveillante, devait accueillir une pareille histoire. Mais la chose fut plus loin que peut-être ne l'avait pensé M. Hervé. La comtesse de Thalouet l'introduisit auprès de l'impératrice Joséphine; mais, d'après ce qu'on sut plus tard, il est évident qu'il n'avait pas compté sur tant d'honneur; pourtant il fit bonne contenance, enchérit encore sur ce qu'il avait dit à madame de Thalouet, et il en dit tant, que l'impératrice, vraiment alarmée, résolut d'en parler à l'archichancelier, puisque M. Hervé mettait pour condition expresse de ne rien faire savoir à la police.

— Si le ministre de la police et le préfet de police sont instruits de cette affaire par Votre Majesté, madame, lui dit M. Hervé, ils ne me pardonneront pas d'avoir été plus habile qu'ils ne le sont tous deux, pour veiller au salut de la famille impériale, et ils feront manquer la réussite de la découverte entière, que je suis au moment de faire à moi seul... Mais l'homme, ou plutôt *le monstre*, qui médite un crime si affreux, a quelque confiance en moi parce que je lui promets l'argent nécessaire pour mettre à fin son entreprise. Votre Majesté se doute bien que je ne le lui donnerai qu'avec certitude de le prendre au piége, mais encore pour cela faut-il avoir des fonds disponibles, et, quoique fort riche, mes capitaux sont placés, et je ne puis disposer de dix mille francs, tandis qu'il m'en faudrait quatre cent ou tout au moins trois cent mille.

L'impératrice aurait plutôt trouvé, je ne saurais dire quelle rareté, que trois cent mille francs dans sa caisse, au mois de juillet où l'on était alors. Son inquiétude était pourtant extrême, et le moyen de la dissiper difficile, parce que l'impératrice était fort gênée pour se procurer de l'argent, et que l'empereur mettait toujours des obstacles à ce qu'elle pût faire des emprunts. Elle tint conseil avec les dames du palais de service, et le résultat fut que ces dames apportèrent leurs diamans à l'impératrice pour qu'elle en fît ce qu'elle voudrait. Elle fut touchée de ce dévouement, et réfléchissant qu'il fallait de la prudence pour employer des valeurs doublement précieuses puisqu'elles étaient données par l'attachement, elle résolut de parler de cette affaire à l'archichancelier. Cambacérès fut dans un grand étonnement, et quoiqu'il n'aimât pas Fouché, il le disculpa néanmoins du défaut de négligence, et il témoigna des doutes sur la véracité du dénonciateur. Cependant, quand il apprit le nom de M. Hervé, il ne sut que dire, et, pour concilier toutes choses, il résolut d'aller lui-même à Belleville où M. Hervé avait une maison, et dans laquelle se rendait *le monstre*, assassin de la famille impériale tout entière. Il le dit à l'impératrice pour qu'elle en prévînt M. Hervé, qui, bien loin d'en paraître mécontent, fut charmé que l'archichancelier prît, dit-il, connaissance des choses et des lieux; quant *aux choses*, l'archichancelier n'en apprit pas davantage; quant aux lieux, on lui montra un jardin au bout duquel était une petit porte donnant sur la campagne, et par laquelle entrait *le conspirateur*. . . M. Hervé expliquait toute l'affaire en homme habile, mais celui qui l'écoutait était encore plus fin que lui. Tout cela lui parut louche, et cette aventure avait d'ailleurs un mauvais côté, quel que fût celui par lequel on l'envisageât; si elle était vraie, il fallait que l'autorité intervînt au plus tôt; si elle était fausse, la dignité de l'impératrice se trouvait compromise par tous ces mystères peu convenables pour elle. L'archichancelier avait l'esprit des convenances à un point remarquable; tout ce qui blessait même les plus ordinaires le frappait aussitôt... Il ne dit rien à M. Hervé, mais, en rentrant dans Paris, il fit dire au comte Dubois ce qu'il en était... La maison de Belleville fut entourée, et M. Hervé surveillé de très près. On sut bientôt qu'il jouait à la Bourse; on sut également qu'il y avait perdu des sommes immenses qui lui faisaient craindre sa ruine; il connaissait la bonté de l'impératrice Joséphine; il calcula d'après cette bonté, tant il est vrai que l'excès même en bien est quelquefois nuisible. — M. Hervé était un second M. de Latude[1]; il avait spéculé sur les inquiétudes plus ou moins vives qu'il pouvait donner à l'impératrice, relativement à l'empereur d'abord, qui était ce qu'elle avait de plus cher,

[1] On sait que M. de Latude, n'ayant aucune fortune, conçut le projet de gagner la faveur de madame de Pompadour, en lui écrivant que le hasard lui avait fait découvrir une affreuse conspiration contre le roi, elle-même, et la famille royale. Une caisse de *confitures empoisonnées* devait arriver à Versailles comme venant de Naples ou d'Espagne, et cette caisse devait donner la mort à *tout Versailles*. La lettre donna de vives alarmes. La caisse arriva en effet; le lieutenant de police, menacé de perdre sa place, devint fu-

puis sur elle-même et sur toute la famille. La comtesse de Thalouet qui était de sa province, lui parut propre à faire réussir ses projets. Elle aimait beaucoup l'impératrice, et devait être ravie de lui rendre service, et un service de cette nature; tout marchait comme il le voulait, lorsque l'impératrice eut l'idée de faire intervenir l'archichancelier. Sa pensée fut heureuse. Cela lui évita une remontrance sévère de l'empereur, tandis qu'il ne fit que se moquer d'elle, à son retour de Wagram, lorsqu'il apprit l'histoire. En effet, le préfet de police fit faire une descente chez M. Hervé qui avait eu la sottise de garder des brouillons de sa main qui n'étaient autres que les lettres écrites par le *conspirateur* et que M. Hervé faisait copier par un jeune secrétaire à lui qui ignorait ce qu'il faisait. On trouva dans son bureau d'autres papiers qui constataient sa ruine financière, et d'ailleurs il convint de tout. M. Hervé fut mis en prison, où il demeura

rieux contre cet inconnu qui arrivait du fond du Limousin pour faire la police de Paris et de la cour. Il fit prendre des informations, le pauvre Latude eut cent limiers à sa piste; c'était trop de quatre-vingt-dix-neuf, le premier sut toute la chose. On ne devait qu'une réprimande à l'étourdi jeune homme! l'infortuné jeté dans les cachots de Bicêtre, de Vincennes, de la Bastille, a subi une détention de *trente-cinq ans*. Je l'ai vu souvent... Il vivait encore en 1801. Il était fort ennuyeux.

jusqu'au retour de l'empereur, qui, ainsi que je l'ai dit, rit beaucoup de cette affaire, qu'il appelait une mystification pour la gravité *du prince archichancelier de l'empire.* On remit monsieur Hervé en liberté. Mais il fut envoyé à Morlax, chez lui, avec défense de revenir à Paris.

Il arriva un peu plus tard une aventure, qui montre également combien il faut peu se fier aux choses qui peuvent paraître le plus positives, dès qu'il est question de juger un homme et de lui infliger une peine.

Le comte R. de S., et M. Carrion de Nisas, reçoivent un jour une lettre du chambellan de service auprès de l'empereur, pour se rendre, aussitôt la lettre reçue, à Fontainebleau où la cour était alors. Le comte R. de S. était à sa terre. Il part aussitôt dans une calèche attelée de six chevaux, brûle le pavé... crie à tous les postillons que l'empereur l'attend, et dans le fait la chose pouvait être vraie. Mais, quelque hâte qu'il fît, il ne put arriver cependant qu'après Carrion de Nisas, qui lui raconta son affaire à la descente de voiture, ce qui ralentit un peu son empressement.

Carrion de Nisas, étant à Paris, avait eu la possibilité de partir plus tôt que le comte R. Il était donc arrivé à Fontainebleau à neuf heures du soir, tout essoufflé, et ayant payé quatre francs de guide aux postillons... Il s'était empressé d'aller au salon de service, avec d'autant plus de hâte, qu'il avait vu un certain mouvement dans le château, qui lui avait donné fort à penser. Le chambellan de service ne sut d'abord s'il lui parlait grec, et lui demanda enfin très sérieusement ce qu'il voulait?

— Eh parbleu! ce que je veux? dit M. de Nisas... je veux voir l'empereur!...

— Je comprends cela, mais c'est impossible.

— Mais il veut me voir, lui!...

— Vous!... C'est une chose que je comprends encore que l'empereur veuille vous voir, mais c'est encore une chose impossible, parce que vous n'êtes pas sur la liste.

— Mais vous m'avez écrit.

— Allons donc, vous rêvez.

— Tenez plutôt.

Et Carrion de Nisas montre au chambellan la lettre d'avis qu'il a reçue le matin même, et en vertu de laquelle il était accouru. Le chambellan eut à peine jeté les yeux sur l'écriture, qu'il dit à M. de Nisas :

— Vous avez été mystifié... Cette lettre ne vient pas de moi.

Il n'eut pas de peine à le convaincre de la chose.

Le comte R... de S... arriva au même instant, et compliqua l'affaire, loin d'ajouter au moyen de l'expliquer.

— Mais je voudrais au moins faire ma cour à sa majesté, dit le comte... C'est un droit que je suis toujours bien heureux d'exercer.

— Je le conçois, dit le chambellan, qui était M. de Tournon ; mais il y a à cela encore un empêchement... C'est que l'empereur est parti ce matin à quatre heures.

— Parti ! s'écrièrent en même temps les deux mystifiés...

— Oui, parti... Pourquoi cet air étonné?

— Et pour quel pays, s'est-il donc ainsi dérobé à nous? s'écria M. de Nisas qui avait toujours conservé sa spirituelle gaieté au milieu du sérieux que donne toujours une mystification.

— Pour l'Italie...

Carrion de Nisas se retourna alors vers son compagnon d'infortune, et prenant une attitude de circonstance, il lui dit :

— En ce moment, cher comte, il n'est pas deux partis.
Allons prendre la poste et dîner à Paris.

Ils s'en retournèrent en effet comme ils étaient venus, et la chose en resta là pour quelques jours. Mais l'empereur ayant appris par le rapport de chaque jour, qu'il recevait par estafette, ce qui était arrivé *sous son nom*, prit la chose au sérieux et se fâcha très haut. Le préfet de police reçut les ordres les plus sévères pour trouver la personne qui avait joué ce tour à un grand officier civil de la couronne, et l'empereur demandait aussi aux personnes de sa maison comment il se pouvait faire que le papier de son service particulier eût pu servir pour une mystification.

C'était vrai; le papier qui avait servi pour écrire la lettre était d'une fabrication particulière. Il avait un signe qui se mettait dans le papier même lorsqu'il était en pâte, et ce papier, aux mains d'une personne étrangère, paraissait un fait sur lequel il fallait au moins que l'autorité portât son attention.

Ceci compliquait la chose. Il paraissait aussi que ce papier dérobé dans le cabinet de l'empereur, ou dans le salon de service, ne pouvait donc l'avoir été que par une personne attachée au service d'honneur ou bien au service privé. Pour arriver à la connaissance du fait, l'autorité fit venir le papetier de l'empereur. Il reconnut que le papier des deux lettres était bien sorti de ses magasins... On lui ordonna de remettre toutes les lettres qu'il avait reçues pour les fournitures de la cour, et, nantie de ces pièces, la police fit venir les cinq experts-écrivains jurés près la cour criminelle, leur remit toutes les lettres produites par le papetier, ainsi que les deux lettres du comte R... de S... et de M. Carrion de Nisas, que l'empereur avait renvoyées de Milan, et avait jointes à son ordre d'arrestation... Les experts demeurèrent enfermés pendant plusieurs heures... Le résultat de leurs longues délibérations et de leur *examen scrupuleux*, disaient-ils, fut de prononcer que parmi les lettres qui leur avaient été remises, il en était une qui s'accordait avec les deux lettres de mystification, et ils la produisirent. L'auteur des deux lettres comparées était M. Aubusson, chef de division au conseil-d'état, et qui, en l'absence de M. le duc de Bassano[1], devait tenir la plume au conseil-d'état présidé par le prince archichancelier, et qui envoyait à Milan la copie des procès-verbaux des séances. Les experts ayant fait un rapport *authentiquement* signé *de tous*, M. Aubusson fut conduit à la préfecture de police.

M. Aubusson était un vieillard respectable, ayant l'aspect tout patriarchal. En se voyant arrêté, il fut frappé au cœur. Mais lorsqu'il en-

[1] M. le duc de Bassano était alors fort malade, et n'avait pas accompagné l'Empereur en Italie. Il était demeuré à Paris.

tendit ce dont il était accusé, il fut aussi surpris qu'indigné. Il montra ses cheveux blancs et demanda si à son âge il pouvait être jugé capable d'un tour de page... On lui montra le procès-verbal des experts, les lettres des mystifiés et enfin les siennes, signées de lui, et d'après lesquelles les experts avaient prononcé qu'il était coupable, et puis l'ordre formel de l'empereur... M. Aubusson fut confondu, mais comme il était innocent, il ne put que gémir d'une telle erreur, et attendre que justice lui fût rendue.

Cependant l'arrestation d'un homme aussi recommandable que M. Aubusson, ainsi que son bizarre motif, avait fait grand bruit dans Paris. Il avait beaucoup d'amis qui vinrent aussitôt le voir, et qui prirent à sa position le plus vif intérêt. Dans le nombre était cet excellent M. de Lavalette, qui était toujours là où souffraient ses amis. Il fut à la préfecture de police et demanda à parler au comte Dubois.

—Monsieur le comte, lui dit-il, vous vous êtes trompé. Vous avez fait arrêter M. Aubusson, il n'est pas coupable.

Le préfet ouvrit de grands yeux, ou plutôt de grandes oreilles en entendant ces paroles, et il regarda M. de Lavalette, qui à son tour le regarda fixement, et puis alors il s'arrêta tout court.

Il n'était pas heureux, comme on sait, dans ses ambassades, témoin celle de madame Durosnel.

— Mais, monsieur et cher confrère, lui dit le comte Dubois, si M. Aubusson n'est pas le coupable... quel est-il donc ?

—Comment! quel est-il?.. Et comment voulez-vous que je le sache? répondit M. de Lavalette avec un étonnement tout risible...

— Mais puisque vous affirmez avec tant d'assurance que ce n'est pas lui, vous savez donc qui c'est ?

— Eh! non, de par tous les diables! je n'en sais rien ; mais je connais M. Aubusson, et il en est incapable. Je ne puis dire la chose que par conviction personnelle, mais elle est profonde, et j'en suis garant.

— Cependant M. Aubusson va être conduit au Temple, et...

M. de Lavalette fit un bond comme s'il eût marché sur un scorpion...

—Au Temple! s'écria-t-il... au Temple! Mais vous n'y songez pas!... Comment, au Temple!.. Mais vous ne voulez donc pas m'entendre, quand je m'enroue à vous crier qu'il est innocent!...

—Mais vous le crieriez beaucoup plus haut, dit M. le comte Dubois en riant de la colère de l'excellent homme, qu'à moins que vous ne me disiez le nom du coupable cela ne sert qu'à embrouiller la chose... Allons, mon cher comte, vous savez qui a fait cette belle affaire, dites-moi son nom, et M. Aubusson ira dîner avec sa femme.... A-t-il une femme ?

—Eh, je n'en sais rien!... Sûrement qu'il a une femme... Qui est-ce qui n'en a pas ? Mais je vous répète encore une fois que le brave homme est innocent.

—Ah çà ! dit le comte Dubois, je commence à croire que vous ne seriez pas aussi obstiné à le défendre, si vous n'aviez pas la conscience troublée par un remords... C'est vous qui êtes le coupable.

M. de Lavalette fit bien un autre saut en s'entendant accuser lui-même.... mais ce soupçon le fit rire.

—Enfin puisque vous savez le nom du coupable, vous l'êtes maintenant de ne le pas nommer, dit le préfet.

M. de Lavalette parut réfléchir.

—Eh bien! donnez-moi deux heures, dit-il au comte Dubois, et je vais me faire autoriser à le dire, car le secret n'est pas à moi seul.

Il partit en courant, après avoir reçu du comte Dubois l'assurance qu'avant deux heures il ne serait rien changé au sort actuel de M. Aubusson. Les deux heures n'étaient pas encore écoulées, que le comte de Lavalette revint, et rapporta l'autorisation pleine et entière de nommer les coupables.

Ces coupables, bien qu'ils fussent presque assurés de l'impunité, ne l'étaient pas de la colère de l'empereur, parce que les personnes de sa famille n'étaient pas plus que d'autres exemptes de son mécontentement en pareille circonstance.

C'étaient la princesse et le prince Louis qui avaient fait la mystification. Ils étaient à la Comédie-Française, dans la petite loge carrée qui est à l'avant-scène : en face d'eux étaient, le même soir, le comte R... de S... et M. Carrion de Nisas. Tous d'eux riaient beaucoup. Le prince et la princesse eurent la pensée de rire eux-mêmes à leurs dépens, en leur faisant faire la route de Fontainebleau. Comme l'empereur était parti depuis le matin, ils espéraient être à l'abri de toute chose, et que cette affaire tomberait dans l'oubli, parce qu'ils comptaient arriver à temps à Fontainebleau pour recommander au chambellan de service de ne pas garder la lettre et de la brûler. L'affaire fut plus sérieuse, et le fut surtout pour un homme respectable, qui se vit conduit à la préfecture de police, avec ses cheveux blancs et son caractère digne et recommandable... Le comte Dubois le fit aussitôt reconduire chez lui, et accorda même à M. de Lavalette de suspendre son rapport à l'empereur qui devait le recevoir par l'estafette, jusqu'à ce que le prince et la princesse eussent le temps de se disculper auprès de l'empereur ; car sa colère était terrible pour ces sortes de choses, et surtout quand son nom y était mêlé.

Les lettres dont on ignore les auteurs, n'ont pas toujours une aussi funeste influence. Voici une histoire qui m'a été contée par le principal acteur[1], avec cette grâce charmante qu'il met à conter, et que je ne pourrai imiter que difficilement.

L'empereur était en Pologne, à Varsowie même. Il venait de recevoir Askerkan, ambassadeur de Perse, et le traité qu'il avait apporté se discutait chaque jour, et chaque jour le Persan apportait une nouvelle difficulté. Le duc de Bassano, ennuyé de cette continuelle finesse, qui ne consistait que dans des puérilités, était au bout de sa

[1] Le duc de Bassano. J'ai déjà parlé de son talent pour conter. Jamais je n'en ai rencontré de plus aimable. L'autre jour il était avec moi et mon fils, et nous racontait sa captivité en Autriche... Il était sept heures et demie quand nous pensâmes à dîner, tant le charme était puissant.

patience; il y avait quinze jours qu'il n'était sorti, car ses conférences commençaient au matin, et ne finissaient que le soir. Ce fut le quinzième jour. M. Amédée Jaubert, qui était auprès de l'ambassadeur persan comme interprète, accourut chez le ministre secrétaire d'état, comme l'ambassadeur entrait dans son hôtel.

— Monsieur le duc, lui dit-il, vous pouvez conclure ce matin même; l'ambassadeur ne sera plus exigeant. Tout à l'heure dans votre antichambre, l'un de ses esclaves a cassé son *narguilé*[1]. *La part du malheur* est faite, et vous pouvez aller en avant avec sécurité sans crainte de trouver un obstacle.

Il ne se trompait pas, le traité fut signé le jour même.

M. le duc de Bassano, libre enfin de quelques heures de son temps, sortit pour faire une promenade dans un bois qui était en face du château occupé par l'empereur, et dans lequel il logeait lui-même. La jeune garde avait bivouaqué la nuit précédente dans cet endroit, et des restes de feux mal éteints étaient encore épars sur l'herbe et aux pieds des beaux arbres du bois. Le Duc fut frappé en y entrant de cet aspect d'une

[1] Son équipage de pipe.

solitude à demi animée, ou plutôt d'un monde animé et maintenant abandonné. Il se promenait pensif au milieu de ces vestiges que des peuples si différens semaient ainsi sur la terre d'un autre peuple, lorsqu'un papier qui se trouvait à terre le frappa. C'était une lettre; elle était ouverte, et quelques expressions très tendres, qui s'offrirent au Duc malgré lui, car la lettre était ouverte entièrement, lui donnèrent la curiosité de l'ouvrir et de la lire. Il s'en repentit presque aussitôt; il éprouva presque un mouvement d'envie en voyant combien l'homme à qui cette lettre était adressée était aimé : c'étaient des mots si tendres! un amour si vrai, si pur, une abnégation si entière, si complète; et cela devait être, car c'était une mère qui l'écrivait.

Oui c'était une mère qui écrivait à son fils... le duc le vit dans les dernières lignes de la lettre :

« Adieu, mon enfant, lui disait la pauvre mère, » adieu! quand je songe que tu es isolé, sans » appui, au milieu de toutes les peines qui déjà » sont si vives dans ton état, je me prends » à pleurer, et je prie Dieu qu'il te fasse trouver » un protecteur qui se rappelle encore le nom » de ton père.

» Julie Desmaisons. »

Le duc a une âme faite pour comprendre tout ce qui est noble et généreux... Pauvre enfant !... pauvre mère ! dit-il en lisant la lettre !.. Eh bien! je serai ce protecteur que tu demandes à Dieu, si ton fils en est digne !... Il prit la lettre et rentra au château. Mais, au lieu d'aller chez lui, il fut chez le maréchal Bessières qui commandait la jeune garde.

Vous avez dans les vélites de la garde, lui dit-il, un jeune homme nommé D........s, je voudrais avoir des renseignemens sur son compte.

—Le maréchal Bessières fit appeler le colonel César de la Ville, et lui demanda les notes du jeune vélite que le duc de Bassano venait de lui nommer. Les notes vinrent, elles étaient parfaites. Le duc de Bassano demanda aussitôt au maréchal s'il y avait une place d'officier vacante, et il sut avec plaisir qu'il y en avait une... Le même jour, dans son travail avec l'empereur, il lui parla de son aventure... L'empereur en rit d'abord, et puis elle le toucha... Des informations plus sérieuses furent prises, car le jeune homme... non seulement avait une bonne conduite, mais il était bien élevé, et pouvait alors parvenir à tout, car le régime de l'empire était bien celui où le mérite prenait ses degrés de noblesse.

Ce mot me rappelle une chose dite un jour par mon mari à M. de Montmorency duc de Laval... On parlait beaucoup des *ancêtres* et de l'ancienne noblesse. Cela pouvait être plein de justesse, mais maladroit devant un homme dont les parchemins étaient dans la poignée de son sabre. Junot le comprit au reste plutôt qu'il ne le sentit, car il savait bien qu'il n'y avait rien d'hostile dans la phrase qui lui était adressée: cependant il ne put s'empêcher d'y répondre, mais il le fit comme il le devait, avec son esprit fin et plein d'aperçus très remarquables.

—Monsieur, dit-il au duc de Montmorency... sans doute c'est une belle chose qu'une illustration comme celle que vous pouvez invoquer... Après tout, la différence qu'il y a entre nous, c'est que vous *avez des aïeux*, et que nous, *nous sommes des aïeux.*

Je trouve ce mot très beau, et d'une juste simplicité...

Ecrire des Mémoires, c'est feuilleter ses souvenirs: c'est mettre en ordre une foule d'incidens plus ou moins curieux, qui se pressent en foule autour de notre pensée. Mais souvent aussi on saute à pieds joints sur toute une époque, parce que une autre époque nous réclame à plus de titres, et nous impose presque l'obligation de la raconter. Mais il est convenu que l'on peut toujours revenir, et que rien n'est pèrdu quand le souvenir le retrace. Voici une histoire assez plaisante qui arriva en 1811 (dans l'hiver de 1810 à 1811), et qui fut peu connue parce que l'empereur n'en permit pas beaucoup la relation; on sait que lorsque son nom était quelque part, il était fort difficile sur la publication des choses...

On sait aussi que sa diplomatie s'exprimait quelquefois par des notes trés sévères mises dans le *Moniteur;* notes toujours concises, serrées, et pour ainsi dire *en style lapidaire.* Il n'épargnait pas même les siens, ni les rois ni les reines; et c'étaient au fait toujours ces terribles notes que ses généraux redoutaient le plus comme réprimande... Peut-être qu'à Waterloo le maréchal Grouchy aurait marché en entendant le canon de la bataille gronder en l'appelant, s'il n'avait redouté ce stygmate effrayant dont la main de Napoléon frappait quelquefois très inconsidérément... Hélas! qui le sait mieux que moi!... moi qui ai vu l'âme la plus dévouée à sa fortune et à sa destinée heureuse ou malheureuse, frappée de mort par deux articles du *Moniteur*!... O mon Dieu! ce souvenir ne devait-il pas arrêter sa main lorsque plus tard il en faisait un nouveau!... Le souvenir de ce qu'il souffrit à Dresde en apprenant qu'il venait de perdre un de ses plus fidèles amis, un de ceux qui lui auraient été colonne de fer pour soutenir son trône... eh bien! le chagrin le tua dans le plus lumineux de sa vie... Et ce fut une parole amère qui lui donna la mort...

Ah! n'abordons pas encore de tels momens... ce n'est pas surtout sur eux qu'il faut anticiper.

Il y avait eu un jour grand cercle aux Tuileries. On s'était retiré à une heure à peu près, ainsi que cela arrivait lorsqu'on soupait dans la galerie de Diane. L'empereur après le cercle monta en voiture, et fut coucher à l'Elysée Napoléon. Les valets de pied, en éteignant les lumières et les feux, trouvèrent dans le cabinet même de l'empereur un homme caché derrière les rideaux de la fenêtre. Cette rencontre causa d'abord un grand émoi parmi tout le peuple frotteur et éteigneur. Mais au bout d'un instant l'étonnement succéda à l'épouvante, en voyant cet homme occupé à chercher quelque chose avec une grande attention.

Un valet de pied s'approcha de lui... Il tenait une lumière à la main... L'homme s'élance non pas sur le valet de pied, mais sur la lumière et la souffle... Une autre était plus loin, il y court et la souffle encore... On les rallume, et l'homme toujours de souffler ; ensuite sa manie devint plus hostile, et il cracha assez impoliment au nez de ceux qui l'approchèrent pour le prendre. On fit avertir le grand-maréchal... Il vint aussitôt et s'approcha comme les autres de l'homme soufflet ; mais il eut aussi son tour comme les autres, et l'homme lui cracha au nez le mieux du monde... Cet homme fut arrêté, et la chose fut d'autant plus facile, qu'on vit que ses armes n'étaient pas bien redoutables ; on en était quitte pour se laver la figure... On l'interrogea, cet homme était un fou... Il l'était depuis peu de temps, et depuis la mort de son père, qui était fumiste, et avec qui il était venu plusieurs fois éteindre des feux de cheminée au château... dans sa monomanie il s'était figuré qu'il retrouverait l'âme de son père aux Tuileries, dans les feux ou les lumières. On le mit à Charenton, et ce fut fini.

Mais ce ne fut pas tout pour le corps diplomatique ; on s'empara de cette aventure dans les faits les plus apparens qui parvinrent au public, et l'un des ambassadeurs le plus en crédit à Paris écrivit à sa cour que l'empereur avait été au moment d'être assassiné par un homme qui était caché dans sa chambre à coucher. Celui qui écrivait cette aventure à sa cour, concluait de là, comme M. Canning dans le parlement d'Angleterre, que l'existence de l'empereur ne tenait qu'à un fil, et que les guerres avec la France n'étaient que des *guerres viagères* sur la tête d'un seul homme. L'empereur sut cette méprise ainsi que le mot *guerre viagère;* il s'en vengea dans une note sanglante inserée au *Moniteur* du mois de février de cette même année, et dont bien sûrement celui qu'elle frappait s'est non seulement vengé en 1814, mais j'ai lieu de le croire, et j'ajouterai de le craindre par estime pour son beau caractère, jusque sur le rocher de Sainte-Hélène[1]...

[1] Je n'ai même pas besoin de mettre une initiale, cela est inutile pour ceux qui ne savent pas l'histoire; pour ceux qui la connaissent, cela l'est encore plus.

CHAPITRE V.

Tristesse et souvenirs. — La robe noire à l'Opéra. — Mes vrais amis. — Le brisement de cœur. — Les regrets. — Marie-Louise. — La fille de l'empereur d'Autriche. — L'archichancelier. — Le régicide. — Encore le général Malet. — Le roi de Rome. — *Le tour de force* et M. Pasquier. — Rostopchin et Christo.he. — Moscow et ses flammes. — La retraite. — La guerre *éternelle*. — JAMAIS et TOUJOURS. — Départ de l'empereur. — Arrivée à *Ochsmiana*. — Auguste de Caulaincourt. — Sa mort. — Son mariage. — Bulletin du 19 décembre à Paris. — Son effet. — Arrivée de Napoléon à Wilna. — Le duc de Bassano. — Arrivée à Warsovie. — L'hôtel garni. — L'abbé de P adt. — L'homme d'esprit ridicule. — Le petit salon. — Promenade de l'empereur. — Le général Moreau. — Sa bière. — Le même salon. — Arrivée de l'empereur à Paris. — IL EST MINUIT. — Bonheur du retour. — Le roi de Rome. — Encore Marie-Louise. — L'archichancelier Frochot. — Instruction criminelle. — Le traître. — Conversation de Junot et de Napoléon. — La belle pensée de l'empereur. — *Si j'étais mort!* — Affection de Junot. — Souvenirs d'Henri IV. — Le cardinal Maury. — Position de l'empereur expliquée par lui. — Le *figuier* et les *pommes*. — Les hommes de la révolution. — Mécontentement de Junot. — Ma maladie. — Je suis fort mal.

Il est des souvenirs sur lesquels il est affreux d'être obligée de revenir. C'est une nouvelle agonie... une nouvelle mort... et pour des yeux fatigués de pleurs, pour une âme lasse de souffrance, n'ai-je pas raison de dire que c'est une peine amère que de réveiller de leur long sommeil de terribles pensées auxquelles se rattachent l'humiliation d'un grand peuple... l'écroulement d'un grand empire... le bouleversement de votre existence, mais surtout et voilà la plaie douloureuse même dans la cicatrice que toujours forme le temps... la perte par la mort de tout ce que vous aimiez.

Oh! que j'ai long-temps souffert!... bien souffert, mon Dieu!... Je ne portais pas le deuil ostensiblement en ayant une élégante robe noire un jour de première représentation à l'opéra, et disant : *c'est pour l'anniversaire du* 5 *mai* 1821!... mais lorsque me promenant dans les bois solitaires qui entouraient la demeure que j'avais choisie en quittant un monde qui avait l'impudeur de ne plus venir entourer de flatteries celle qui ne pouvait plus lui offrir les mêmes joies dans sa maison, lorsque je me demandais à moi-même ce qu'étaient devenus tant d'amis [1] véri-

[1] Je serais ingrate envers le sort, si je ne reconnaissais pas que Dieu a été grandement bon en me conservant de vrais et bons amis, qui ont adouci l'amertume de ces premiers instans. Il en est surtout que rien n'a rebutés; ils bravaient, pour venir me consoler, la glace de l'hiver comme le soleil de la canicule; ils m'ont appris que le cœur de l'homme pouvait être aussi bon qu'il peut être méchant et vicieux... mais surtout ingrat!...

tables, et que la réponse me venait du tombeau... oh! c'est alors que mon âme se brisait, et que je pleurais avec un déchirement de cœur qui m'a fait concevoir qu'on pouvait mourir d'une peine profonde. — Je devais souffrir amèrement de celles que Dieu m'avait envoyées dans sa colère, car je suis faite pour l'amitié et ses douces et saintes affections. C'est le souffle qui fait vivre : privée de cette animation de tous les jours, de tous les instans, il faut ne plus exister, car c'est ne pas vivre, que vivre isolée de tant d'intérêts qui firent le charme de notre vie pendant bien des années... La perte de M. le comte Louis de Narbonne surtout fut un coup terrible pour moi... J'ai assez parlé de mon affection filiale pour lui pour que mon chagrin soit compris. Mais avant cette peine il m'en fallait subir de bien douloureuses aussi, et qui, dans le temps, me rendirent facile sur les coups qui me frappèrent ensuite, et me familiarisèrent avec la souffrance!... Je ne parle pas ici du brisement de mon existence... du total renversement de ma fortune... Sans affecter une philosophie qu'il m'est au reste indifférent de voir ou non recevoir à croyance, je dirai que jamais les pertes de ce genre n'ont eu le pouvoir de me faire jeter une larme. Sans doute j'ai été vivement affectée de la perte d'une fortune conquise à mes enfans par l'épée de leur père, et payée de son sang ; mais lorsque ma pensée, en se reportant sur cette époque de désastre, m'a rappelé que cette fortune était le seul bien qu'ils eussent, parce que leur père n'en avait pas PRIS d'autre, et qu'il n'avait que la récompense du brave... ce qui avait payé vingt blessures et vingt ans de travaux... alors j'ai été consolée et même fière de ma position et de la leur : — bien sûre qu'un jour ils ne me désavoueraient pas, et que leur pauvreté leur serait un honneur. Mais revenons à 1813.

Cette affaire de Malet avait fait un effet terrible, dont la secousse avait ébranlé les provinces les plus éloignées. Pendant ce temps, Marie-Louise était à Saint-Cloud, très peu effarouchée, n'en trottant pas moins à cheval pour courir le même jour dans les bois environnans, où pouvaient se trouver des attroupemens de conspirateurs, puisque le général Malet et ses deux complices étaient seuls arrêtés, et que dans le premier instant on dut croire qu'une telle démarche n'avait pas été faite par lui sans des relations étendues au loin et qui pouvaient encore éclater... Ce n'était pas courage de la part de Marie-Louise... c'était à la fois ennui de s'occuper de la chose (qu'elle n'a jamais bien comprise) et une suite de son caractère.

Qu'auraient-ils pu me faire? dit-elle avec une sorte de hauteur à l'archichancelier, lorsqu'il fut à Saint-Cloud pour lui rendre compte de l'affaire du matin. Il semblait qu'elle lui disait : Je voudrais bien savoir ce qu'ils auraient pu faire à la fille de l'empereur d'Autriche! Mais l'archichancelier n'était pas homme à se laisser fort imposer par de grands airs appuyés sur du vent; il avait pour sa part jugé un roi. — Je ne dis pas cela pour montrer de lui une chose en bien, car c'est la plus mauvaise action de sa vie; mais enfin, il l'avait faite; et puis ce même François II, cet empereur d'Autriche avait été deux fois obligé de fuir devant nos armes : tout cela abat le prestige qui se forme autour des trônes; la mort et la fuite sont deux évènemens qui montrent l'homme tel qu'il est, car on le voit subissant la loi commune et ne pouvant commander à ce qui régit le dernier misérable de son royaume. — Aussi Cambacérès, sortant un peu de ce calme solennel qui jamais ne le quittait, répondit assez aigrement et même avec une parole un peu prompte, ce qui était bien plus inusité chez lui :

— Ma foi, madame, Votre Majesté est bien

heureuse de voir les évènemens d'un œil aussi philosophique, car elle sait sans doute que le projet du général Malet était de *remettre le roi de Rome à la pitié publique*, c'est-à-dire aux Enfans-Trouvés, et, quant à Votre Majesté, on *devait décider la chose plus tard*[1].

Hélas! pouvons-nous nous étonner que Marie-Louise, une étrangère parmi nous, qui n'avait pris à aucune des mille racines que sa jeune âme avait jetées dans cette terre qui était devenue sa patrie, fût aussi insouciante à l'évènement que je viens de rapporter, quand j'ai vu des Français plaisanter sur toutes ses conséquences, et ne trouver que des jeux de mots à faire dans une circonstance aussi terrible que celle où nous nous trouvions alors, circonstance qui, pourtant, offrait un immense intérêt de morale,

[1] On trouva dans la poche de Malet un plan fort bien fait et rédigé seulement par lui, qui réglait ainsi le sort de chacun; celui du roi de Rome était fixé comme je viens de le dire.

On n'*a jamais* dit à Marie-Louise quelle était cette décision; elle était déjà arrêtée et bien loin d'être satisfaisante pour l'orgueil de la fille des Césars.

M. de Montgaillard a dit dans son Histoire de France, que c'était grâce *aux soins* de Cambacérès que Savary avait été délivré, ainsi que M. Pasquier; il n'en est rien, la chose s'est passée comme je l'ai dit plus haut.

même à l'être le plus éloigné de celui de la patrie, en montrant l'insuffisance des seuls moyens répressifs, quand la force de défense consiste précisément dans ces mêmes moyens ?

Quelque temps après l'affaire de Malet, l'impératrice Joséphine revint de Prégny[1], où elle était allée après avoir quitté Aix en Savoie, et vint à la Malmaison... M. le baron Pasquier fut la voir et fit une partie de billard à la russe avec M. de Beaumont, chambellan de l'impératrice. M. de Beaumont fit les quarante points sans remettre la queue; M. Pasquier s'écria comme le duc de Rovigo chez lui[2] :

— Parbleu, voilà un fameux tour de force!

Nous eûmes toutes envie de rire... mais le sérieux de l'impératrice nous donna l'exemple.

Ce qui nous parvenait des nouvelles de l'armée de Russie était aussi rare qu'il était affreux. Les lettres ne passaient pas ; nous étions privées même de cette consolation si impossible à ôter à l'absence, car alors il faut mourir. Je ne

[1] Charmante propriété qu'elle avait achetée sur les bords du lac de Genève. Elle appartient aujourd'hui à un Genevois qui ne l'habite que rarement, étant en Angleterre.

[2] J'ai dit, je crois, que M. de Rovigo jouant au billard, dit le même mot que M. Pasquier; le rapprochement est plaisant.

parle pas ici avec une expression exagérée, je parle de la douleur de craindre pour le père de ses enfans, pour celui qui doit toujours être votre meilleur, votre plus sûr ami, et dont les jours importent à ceux de toute une famille. Ces craintes-là sont anxieuses et vous tuent lorsqu'elles se prolongent. Voilà pourtant comme nous étions presque toutes en 1812 et 1813.

Ce fut alors que parvint à Paris le premier bruit de l'incendie de Moscow, cette horreur que la rage envieuse qui animait alors toute l'Europe contre Napoléon, fit qualifier de sublime action... et qui eût été frappée d'anathème s'il l'eût ordonnée à son peuple... Tout ce qu'on en peut dire, c'est que *Rostopchin* a mérité, en incendiant Moscou, *comme il l'a fait*, de subir le parallèle très juste du Scythe féroce et insensé brûlant et ravageant sa patrie, avec le nègre sauvage Cristophe, brûlant la ville du Cap aux Antilles, et massacrant les blancs.

Les détails de ce désastre sont trop admirablement retracés dans l'ouvrage de M. le comte de Ségur pour que je les renouvelle ici... Je dirai seulement que les relations très rares qui nous parvenaient, parlaient bien de Moscow brûlé et dévasté; mais sur peut-être une vingtaine de lettres que j'ai pu lire et qui contenaient des détails très circonstanciés sur ce terrible drame, pas une n'était semblable à l'autre dans l'explication : tant il est vrai de dire que le rayon visuel de notre intelligence est tout aussi différent de celui qui est près de nous, que le regard *matériel* (si je puis parler ainsi) l'est parmi les hommes entre eux. La lettre de M. de Narbonne est celle qui, selon moi, contenait le plus de vérité, d'après ce que me dirent tous mes autres amis; quant à Junot, il n'entra pas dans Moscow, et demeura à quelques lieues pour veiller sur les ambulances, qui chaque jour se remplissaient de blessés et de malades qui se repliaient sur les derrières de l'armée. Le froid commençait à faire ressentir son terrible effet dans cette contrée de glace, et cet effet doublait, centuplait l'effroi qui déjà privait l'armée de son courage et de cette résolution dont elle avait tant besoin... Il ne s'agissait plus de combattre des hommes... de les combattre chez eux au milieu de leurs ressources, ce qui déjà était un avantage immense pour eux et contre nous... c'était un ennemi, dont la force inconnue apportait la mort aussitôt que son souffle vous frappait au visage.

Lorsque le froid succéda à la chaleur des flammes de Moscow, de ces flammes dont les langues dévorantes se promenèrent dans la ville aux quarante fois quarante coupoles ; lorsque la plus grande partie de cette armée, surprise au sein d'une sécurité presque commandée par son chef, put juger que le retour était presque fermé vers la patrie, alors il se répandit un découragement de mort sur tous ces braves, qui avaient tant de fois affronté les plus grands, les plus terribles hasards. Je les ai entendus au moment du retour, lorsque les peines étaient encore tellement vives et fraîchement incisées dans le souvenir, que le front cicatrisé du plus brave de tous pâlissait encore en parlaut seulement de ces terribles heures!... L'empereur put alors juger que sa volonté n'était pas assez forte pour lutter contre Dieu, lorsque Dieu avait dit en formant un homme: *Je te doue de ces facultés, et tu n'iras pas au-delà*... Napoléon voulut exiger de ses généraux ce qu'ils ne pouvaient plus lui donner. Aussitôt que cette vérité fut reconnue, il y eut un effet terrible qui se manifesta parmi toute cette troupe, lorsqu'elle put voir enfin que pour elle il n'était plus de trêve ni de paix avec les dangers et la mort. Ils se demandèrent à eux-mêmes pourquoi ces récompenses que Napoléon leur avait données, mais qu'ils avaient eux-mêmes au reste noblement payées d'avance, par les flots de leur sang versé en

Italie, en Egypte, en Espagne, en Allemagne et même en Amérique.. car le monde entier nous a vus parcourir ses routes... les cadavres de nos soldats engraissent le champ du nègre des Antilles, comme celui du Bohême et du Hongrois, et les stepps de la Russie recevaient alors les corps des malheureux qui mouraient dans leurs neiges des suites d'une blessure reçue sous les orangers de Grenade!...

Cette conviction d'une guerre éternelle produisit une sensation qui bouleversa toutes les pensées... Alors (et je parle d'après beaucoup de voix qui révélèrent leurs souffrances dans ces jours de mort) on se demanda pourquoi ces titres, pourquoi ces majorats, pourquoi ces cordons, ces ordres, tout ce faste de récompenses, si JAMAIS, JAMAIS on n'en pouvait jouir en repos!... Toujours loin de tout ce qu'on aimait, on finissait par devenir étranger à sa famille... Les plus doux, les plus chers des liens devenaient eux-mêmes une simple impression raisonnée... Les enfans grandissaient loin de leur père, et il se formait ainsi dans une famille des liens d'affection séparés, qui plus tard portaient le trouble et le malheur dans une maison... A prendre ensuite la vie plus matériellement, la souffrance du regret était peut-être encore plus vive dans le moment même, parce que ce souvenir venait retracer à l'homme privé de tout, sur la route glacée où il retombait à chaque pas sur la neige, manquant quelquefois de pain et de vêtemens, qu'il avait une maison parfaitement pourvue de toutes choses, chaude et commode, et lui offrant en foule tous ces riens que la fortune donne, et que les gens de bon goût savent si bien rassembler autour d'eux !... Alors une sorte de rage s'emparait de ces malheureux affamés et transis, et de jour en jour leur voix s'élevait plus menaçante et plus ferme en répétant : Eh quoi !... JAMAIS !... JAMAIS DE REPOS !

Bientôt les revers commencèrent à montrer le malheur sous un aspect plus terrible encore. Ce fut en vain que l'empereur voulut lui-même en imposer à tout ce qui l'entourait par une feinte sécurité, et à la France par des décrets sur les théâtres, datés de Moscow, qui devaient montrer à quel point son esprit était libre... Rien n'empêchait que la vérité parvînt à l'armée, rien n'empêchait aussi qu'elle nous vînt éclairer de sa triste lumière, malgré la distance qui nous séparait des lieux où se jouait ce drame effrayant et terrible.

Kutuzow voulant empêcher la jonction du maréchal Victor, attaqua le roi de Naples à

Winskowo[1], et le battit malgré son opiniâtre et courageuse défense....

Ce fut alors que Napoléon se détermina à faire sa retraite... Ainsi donc, toute l'Europe en armes, plus d'un million d'hommes s'égorgeant, une capitale brûlée et ravagée, tant de veuves en deuil, d'enfans orphelins, tant de bières qui s'ouvraient déjà pour recevoir les morts, qui devaient tomber en touchant de la main le sol de la patrie... tant de malheurs affreux, IRRÉPARABLES!... toute cette tragédie enfin dont nous étions tous acteurs, au moins par le brisement de nos âmes, tout se termina par une malheureuse retraite!... Après quarante jours d'occupation, Napoléon abandonne Moscow... Moscow qu'il s'attendait à voir dans toute sa pompe moscovite et gothique, avec ses richesses orientales, ses jardins, ses coupoles et ses toits d'or... ses palais, ses boyards, et dont il ne trouva que le cadavre presque enseveli sous un linceul de cendres.

Le maréchal Mortier demeuré à l'arrière-garde fit sauter le Kremlin et l'Arsenal... Le Kremlin, première résidence des ducs de Moscovie... et qui, tout accoutumé qu'il était à voir des scènes de mort et de sang, apprit en tombant

[1] Vingt lieues ouest de Moscow.

que nous étions plus barbares que les premiers Scythes... Et en vérité ses vieilles murailles ne devaient pas s'attendre au sacrilége d'être renversées par une main française, qui devait les respecter, au moins comme monument des plus curieux... C'est en général un aspect fort étrange que cette partie du caractère de Napoléon, qui s'offre ainsi à nous soumis à des puérilités inconcevables... On ne peut même se l'expliquer dans un homme doué de si éminentes facultés [1]!

Au moment de quitter Moscow, l'empereur suspendit son départ, et cependant les subsistances n'y arrivaient plus que difficilement. Mais abusé par les souvenirs d'Erfurt, et croyant, au reste, avec raison, pouvoir compter sur l'attachement de l'empereur Alexandre, il lui proposa un nouveau traité. Les campagnes de 1805 et de 1809 avaient été terminées ainsi, et Napoléon jugeait que celle de 1812 ne pouvait l'être autrement... En vérité il autoriserait à le croire... Mais combien les circonstances étaient différentes!... L'Autriche, dont le système est tout paternel et conservateur, n'hésita jamais à sacrifier son territoire pour sauver des hommes; tandis que

1 On m'a assuré que rien n'était moins nécessaire que la destruction du Kremlin; mais l'empereur le voulut comme une trace qui devait marquer à jamais son passage.

celui de la Russie était tout autre... non pas qu'elle fût encore dans cette route suivie par ses anciens souverains, et de laquelle ils ne voyaient leurs sujets qu'en esclaves... mais parce que la localité, le changement de mœurs et soutout de langage, tout était disposé pour qu'en effet les combinaisons fussent différentes. Napoléon ne connaissait pas assez la Russie et le caractère d'Alexandre; il le jugea faible et incapable, parce qu'il l'avait rallié à lui, lors de Tilsitt, sans éprouver de difficultés... Il crut en conséquence que les propositions faites par le général Lauriston seraient peut-être discutées, mais du moins acceptées... Il n'en fut rien... Cinq semaines furent perdues en négociations inutiles, que les premiers jours devaient montrer telles qu'elles étaient, et le 23 octobre 1812 commença la fameuse retraite, par l'évacuation de Moscow... cette retraite, dans laquelle le maréchal Ney fut sublime comme soldat, comme général en chef, comme tout ce qui jamais ceignit l'épée.

Junot me disait à son retour de Russie :

—Je n'ai, dans toute ma vie, rien vu d'aussi admirable que Ney pendant la retraite de Moscow. C'est fabuleux de bravoure, de talent, et de tout ce que l'homme peut demander et obtenir de Dieu, quand il commande une armée[1].

Maintenant la parole va changer d'expression. C'est la plainte amère d'un cœur brisé, d'une âme ulcérée... d'une mère, d'une veuve, dont le devoir est de faire connaître de grandes vérités... Sans doute c'est un devoir pénible... J'aurai de vives blessures à dévoiler... bien profondes... car il me faut plonger dans la nuit du tombeau, et en évoquer ces mêmes vérités que je dois mettre au jour.

Les courriers étaient enfin parvenus à passer, et le 29e bulletin daté de *Malodeczno*[2], le 3 décembre, arriva à Paris le 18... Alors cessa pour toujours l'enchantement qui nous fascinait... Nous vîmes tout-à-coup nos malheurs, nous les vîmes avec une cruelle prévision. Rien ne nous fut celé dans l'avenir... Il semblait que nous dussions expier, nous, pauvres innocens, toute la gloire passée de notre belle nation !... Les conjectures avaient, au reste, une teinte sombre et sinistre, depuis que les bulletins ne nous arrivaient plus qu'à de longs intervalles, et que les

[1] Avec la même vérité que j'ai répété les jugemens de ses nombreux *frères d'armes* pour le Portugal, je rends ici témoignage au talent du maréchal Ney.

[2] Vingt lieues ouest de Borisow, quinze lieues nord-ouest de Minsk.

lettres étaient interceptées. Cette fois l'empereur avait été d'une cruelle franchise avec nous... Néanmoins tout était préférable à l'incertitude... et puis il fut noblement vrai... Il mit entièrement à découvert l'état des pertes de la France... Il lui parlait de son deuil avec cette voix qui était puissante quand elle parlait la langue du cœur, comme, lorsqu'elle appelait à la bataille, haute et sonore comme un clairon... Plusieurs critiques se sont élevés contre ce 29e bulletin. Les gens qui en ont parlé sont les mêmes qui ont voulu raisonner sur ce qu'ils ignoraient. Le style de l'empereur était dans ce bulletin ce qu'il devait être. Il n'était pas seulement écrit pour les Français assis au coin de leur feu, il devait aussi être lu par les soldats de la grande-armée... par une foule de vieilles moustaches retirées dans leurs villages, et presque tous oncles, pères ou aïeux des jeunes conscrits de la retraite. Ainsi donc, lorsque l'empereur Napoléon compare les Bédouins aux Cosaques, il n'a pas tort... Un auteur, que j'estime fort du reste, paraît surtout très offensé de ce que Napoléon ose comparer les *hideux Bédouins* aux Cosaques... Je ne sais, en vérité, s'ils ne doivent prétendre à ce surnom-là, bien plus que les voleurs déguenillés de l'Orient... C'est ainsi que la prévention juge tout avec cette âpre injustice qui compromet les meilleures causes... Cet homme va jusqu'à reprocher à l'empereur[1] de terminer son bulletin en disant :

« Ma santé n'a jamais été meilleure... »

Eh quoi! lorsque la conspiration Malet avait été au moment de réussir, en s'appuyant sur le fait de la mort de l'empereur, lorsque rien ne l'avait seulement fait présumer, on trouve étrange que Napoléon, en rentrant presque en fugitif dans son empire, fasse connaître que non seulement il vit, mais que sa santé n'est pas même altérée!... Voilà, je le répète, comment il arrive que la prévention n'attaque jamais avec succès... elle dépasse toujours le but... C'est ainsi qu'il est stupide de reprocher à l'empereur d'avoir quitté l'armée dans sa retraite... Qu'aurait il fait pour son bien?... Ce qu'il avait à faire, c'était de venir à Paris chercher des secours, et c'est ce qu'il fit... Sans doute il pouvait mourir... et peut-être cela eût-il été plus heureux pour lui, pour éviter une agonie de six années sur le

[1] *Revue chronologique de l'histoire de France*, par M. de Montgaillard ; ouvrage excellent du reste, mais qu'il est impossible de lire, tant il est prévenu contre Napoléon et même contre tout le monde. Les ennemis de Napoléon ne trouvent pas même grâce devant lui. — (5e période, page 541).

roc de feu de Sainte-Hélène... Mais que seraient devenues la France et l'armée ?... était-ce donc au milieu d'un pareil désastre, lorsque pas une main n'était de force à soulever ni son épée, ni son sceptre, qu'il fallait désirer le voir couché dans sa bière ? Celui qui parle ainsi, n'est même pas Français.

L'arrivée de l'empereur à Paris, où il rentra le 20 décembre, suivit immédiatement le bulletin qui avait paru la veille... Napoléon avait arrêté son retour en France au milieu des désastres de la retraite; il en parla d'abord à Duroc... Si vous l'aviez entendu, me disait le duc de Frioul en me racontant cette conversation, vous l'auriez admiré plus que dans toute autre circonstance de sa vie... Il en parla ensuite au duc de Vicence, qui avait perdu son frère dans cette mortalité exercée par tous les fléaux, et qui désirait revenir en France pour consoler sa mère [1]. Napoléon lui dit qu'il voyagerait sous son nom... Berthier fut également instruit... Ils furent d'abord les seuls que

[1] Auguste de Caulaincourt, frère cadet du duc de Vicence. Il était fort inférieur à son frère sous tous les rapports ; il avait épousé la fille de M. d'Aubusson de la Feuillade, chambellan de l'empereur. Mademoiselle d'Aubusson était au couvent, lorsque son mari partit pour l'armée, et ne le quitta même pas pour la noce. Elle se maria comme cela se faisait jadis, avant l'âge permis pour l'habitation commune.

l'empereur mit dans son secret... Le 5 décembre il partit de Smorgony après avoir long-temps conféré avec le général Hogendorp, gouverneur de Wilna, qu'il avait mandé pour s'assurer que tout ce qu'il était possible de rassembler de vivres et de munitions serait réuni dans cette dernière ville. Cette conférence avec le général Hogendorp prouve combien Napoléon se fiait peu au roi de Naples pour ce qui concernait l'administration.

— Je *pèserai* plus sur mon trône aux Tuileries, qu'à la tête de l'armée, dit-il au peu de personnes qui l'entouraient au moment de son départ.

Et il avait bien raison.

Dans la nuit qui suivit, il courut un fort grand danger à *Ochsmiana*; c'était une ville assez petite, à moitié fortifiée, dans laquelle était une partie des troupes de Kœnisberg... Au moment où l'empereur y arrivait, les Cosaques qui pénétraient partout, et qui étaient entrés dans la place par une surprise, chose fort inexcusable [1] à la guerre, comme on sait, venaient d'en être repoussés... il ne tint à rien que l'empereur ne fût pris. Arrivé à Wilna, il s'arrêta quelques momens dans le faubourg pour voir le duc de Bassano, pour qui son amitié et son estime étaient entières, et qui

[1] Le grand Condé disait : « Etre battu, c'est un malheur qui peut arriver au plus habile général ; être surpris, jamais. »

pouvait lui donner sur la situation morale de Wilna, alors le point le plus important de l'armée, les plus sûrs et les plus clairs renseignemens. A Varsovie, où il arriva une heure après midi, il ne voulut descendre dans aucune maison particulière. Il alla à un hôtel garni, l'hôtel d'Angleterre, et ce fut de là qu'il envoya chercher M. de Pradt, cet homme qui a trouvé le moyen, avec de l'esprit et une intelligence assez supérieure, d'après ce qu'on répète au moins, ce qui n'est pas toujours une raison, d'être à jamais souverainement et sottement ridicule, avec un vernis d'odieux qui donne à son ridicule une couleur infâme pour la manière dont il a osé parler de Napoléon.. Il fut mandé par lui à Varsovie, pour des renseignemens que l'empereur voulait avoir, et qu'il savait... Il demeura quelque temps avec l'empereur dans un petit salon au rez-de-chaussée de l'hôtel d'Angleterre, l'empereur n'ayant pas voulu qu'on lui préparât un autre appartement... Ce petit salon dans lequel il demeura et dîna ce même jour de sa venue à Varsovie, fut le théâtre d'une autre scène bien différente, lorsque le corps de Moreau, le corps du transfuge, du traître infidèle, fut transporté dans le pays de ceux pour qui sa main perfide pointa le canon sur ses frères d'armes et ses compatriotes; il passa dans sa bière par la ville de Varsovie... Le convoi fit station, et ceux qui menaient le deuil s'arrêtèrent dans ce même hôtel d'Angleterre où Napoléon avait passé quelques mois avant; on déposa la bière dans la maison, tandis que les conducteurs allaient manger et boire en riant, car celui qui meurt en ennemi de sa patrie, sur la terre étrangère, ne doit pas s'attendre que son drap mortuaire sera mouillé d'aucune larme... Le cercueil fut donc porté dans l'intérieur de la maison, et ce fut dans ce même petit salon où l'empereur avait révélé tant de grandes pensées, que le corps de Moreau demeura solitaire, en attendant le bon plaisir de ses conducteurs... Nul appareil n'entourait son cercueil... c'était une moralité tristement offerte à l'expérience des hommes.

Neuf jours après son départ de Smorgony, Napoléon était à Dresde, où il vit quelques momens le roi de Saxe... Il parcourait cette route avec la rapidité d'une flèche lancée par ces anciens Scythes qu'il laissait derrière lui. De Dresde il fut à Erfurth. Ce fut là qu'il quitta son traîneau pour prendre la voiture de voyage de M. de Saint-Aignan, notre ministre près le duc de Weymar, et beau-frère de M. le duc de Vicence. Il traversa seulement ensuite toutes les villes des frontières, même Mayence; et le 19 décembre, à minuit un quart, l'empereur arriva devant la première grille des Tuileries. Depuis l'affaire de Malet, on redoublait de sévérité dans tout ce qui regardait la police intérieure et la sûreté du château. L'impératrice venait de se coucher, lorsque la calèche où était l'empereur s'arrêta à la grille. Il fut d'abord très difficile de le faire reconnaître dans cette petite voiture dans laquelle il était seul avec le duc de Vicence, qui, après un tête-à-tête de quatorze jours et quatorze nuits, le déposa enfin à la porte de la chambre de l'impératrice, et s'en fut lui-même chercher un repos dont il avait grand besoin.

Il est impossible de rendre l'excès de sensibilité auquel l'empereur fut entraîné lorsqu'il embrassa Marie-Louise et surtout son fils!.. L'enfant, réveillé à une heure inaccoutumée, fut au moment de pleurer... Puis il reconnut son père dont le portrait lui était montré chaque jour, et il ne dit plus rien. Combien Napoléon a dû souffrir à Sainte-Hélène, en se rappelant cette heure si douce, que l'avenir devait rendre ensuite si amère!... Et Marie-Louise!.. Que de bonheur il avait à lui dire qu'il l'aimait!... qu'il était aussi heureux de la revoir que de rentrer dans sa capitale... Elle les a bien entendues toutes ces paroles d'amour, mais son oreille seule les a recueillies.

Son cœur fut muet sous la main qui le pressait. Il demeura insensible... Et pourtant, à la honte de l'humanité et de notre sexe, ce cœur devait parler un jour!...

Le lendemain matin, vingt décembre, le canon des Invalides gronda presque avant le jour, pour annoncer à Paris que l'empereur était revenu... J'étais alors trop malade pour aller au château. J'y envoyai mon frère... Je voulais avoir des nouvelles de Junot... Albert y fut, et il me dit à son retour que jamais le lever de l'empereur n'avait été aussi beau ni aussi nombreux... Quant à lui, il était parfait. Il comprenait toutes les inquiétudes et rassurait de la plus touchante, de la plus gracieuse manière les pères, les frères qui venaient à lui pour avoir des nouvelles. Sa position était tout autre que le jour de son départ pour la campagne de 1812. Alors il était le grand TOUT... l'unique lumière... Il n'avait pas de comptes à régler avec une nation tout entière... Si parfois il s'élevait quelques murmures, les victoires répondaient et les murmures se dissipaient... Maintenant il n'en allait plus ainsi... La France se plaçait devant Napoléon; et lorsqu'elle parlait de ses fils engloutis par milliers sous les eaux glacées de la Béresina et dans les neiges de Borisow; massacrés aussi par milliers par les Cosaques, périssant TOUJOURS PAR

MILLIERS dans les déserts de la Sibérie ; lorsque la France demandait d'une voix sérieuse et plaintive où donc étaient tant de bataillons de beaux soldats, cette armée enfin qui devait conquérir le reste de l'Europe, alors Napoléon comprenait qu'il était également placé, LUI, en face de la nation... Il devait compte à cette même nation de son salut et de sa gloire... Mais il avait en même temps le sentiment que LUI SEUL pouvait combattre le danger qui s'avançait à pas de géant... Cette confiance en sa force était juste... Nous l'avions comme lui... Notre malheur est venu de perdre cette même confiance.

Je vis l'archichancelier quelques jours après le retour de l'empereur... Il me dit que la chose qui avait le plus occupé Napoléon depuis son retour, était l'affaire du général Malet... Mais vous ne croiriez pas, me dit Cambacérès, que ce n'est pas l'audace de cet homme qui a le plus frappé l'empereur, c'est la conduite de ce malheureux Frochot... Il ne peut lui pardonner, et dès qu'on lui prononce son nom, il entre dans l'une de ses plus belles colères...

—Mais, lui demandai-je, pour quelle raison est-il plus irrité contre Frochot que contre Savary et contre Pasquier ?

— Je n'en sais rien... Mais cela n'en est pas

moins vrai ; il a ordonné une instruction, et je crains pour Frochot, à vous parler vrai...

Je fus très attristée de ce que me dit l'archichancelier, parce que j'aimais beaucoup le comte Frochot, et que je savais que Junot l'aimait aussi très sincèrement. Il était Bourguignon, et depuis que Junot avait le gouvernement de Paris, tous nos liens d'amitié s'étaient resserrés... Je craignis donc pour lui d'après l'opinion du chef de notre magistrature. Il ne se trompait pas. Après l'instruction, l'empereur exigea des membres du conseil-d'état, un vote individuel... Il fut terrible contre Frochot, car enfin il était coupable... Eh bien! que fit l'empereur, cet homme qu'on veut toujours représenter comme un fondateur de *bastilles*, un inventeur de supplices?... Il se contenta d'éloigner Frochot des affaires, mais sans avoir eu un seul instant la pensée de lui appliquer la peine des traîtres... Et pourtant, d'après ce que je sais, *il le considérait comme tel.* Il dit un jour à Junot, lorsque celui-ci revint de Russie et qu'il voulut parler en faveur de Frochot:

— Ne me parlez jamais de cet homme... Son nom me fait mal à entendre prononcer... S'il n'est pas traître, il en a tous les semblans... Comment! au premier mot que lui dit un homme inconnu au nom de ce Malet, il dispose la salle des conférences de l'hôtel-de-ville!... Mais si j'eusse été mort en effet, où était la place du préfet de Paris?... Auprès de la régente et de l'empereur Napoléon II... Qu'aurais-tu fait, toi?

Junot regarda l'empereur et ne lui répondit pas. L'empereur répéta sa question; Junot ne répondit pas davantage. Napoléon le regarda à son tour, et le vit tellement pâle, qu'il fut presque effrayé... Mais il le comprit; et lui prenant la main :

—C'est *une supposition* que je fais, mon vieil ami. Va... Le ciel m'accordera encore de longs jours. J'en ai besoin pour mettre à fin tout ce que je veux faire... Mais Dieu est juste... Il sait que ce n'est que pour la gloire et le bonheur de la France et du monde que je lui demande une longue vie... Oh! la France!.. la France!.. Que je la voie prospère et riche comme je la rêve dans mes songes aujourd'hui... Que je la voie ainsi, et puis tout est fini!..

— Et votre fils, sire? lui dit Junot...

L'empereur tressaillit.

—Mon fils!.. Oh! oui... Je veux aussi vivre assez long-temps pour le voir ce que je veux qu'il soit, le premier prince de son temps...

Et s'appuyant contre la fenêtre qui regarde sur le jardin, il tomba dans une rêverie profonde dont Junot ne chercha pas à le tirer... Il souriait quelquefois, et sa physionomie recevait l'éclat intérieur d'une vive lumière qui s'échappait de l'âme... Cette lumière venait se concentrer dans ses yeux, et alors ils lançaient des flammes... Il demeura ainsi quelques minutes, puis reprenant la conversation où il l'avait laissée, il reparla encore de Frochot :

— Est-ce donc ainsi, disait-il, que les magistrats se sont conduits à la mort d'Henri IV ?.. Voyez M. de Sillery qui alors était chancelier ; ce fut au Louvre qu'il courut... Il fut se ranger auprès de la régente et de celui qui devenait roi par la mort de son père, puisque les lois du royaume l'avaient ainsi décidé... Mon fils doit me succéder, d'après les constitutions de l'empire... Frochot est un homme que jamais je ne punirai, en souvenir de sa fidélité passée et de sa probité ; mais aussi jamais je ne l'emploierai.

Junot me raconta cette conversation le jour où elle eut lieu entre lui et l'empereur. Le cardinal Maury dînait ce jour-là chez moi, ainsi que cela était souvent [1]. Nous parlâmes en confiance de cette affaire. Le cardinal se mit à côté de ma chaise longue, et faisant signe à Junot d'approcher, il nous dit :

[1] Pendant six ans et même sept, JE L'AI VU TOUS LES JOURS.

— Soyez bien persuadés tous deux que l'enquête faite contre le comte Frochot, l'a été bien plutôt pour la position de l'empereur et de sa famille en France, et par suite en Europe... L'empereur a dû être fortement frappé, soyez-en sûrs, de cette *légèreté*, si je puis dire le mot, dans la conduite de Frochot. Elle lui est preuve d'une vérité peut-être triste, c'est que la révolution qu'il a cru anéantir est toujours vivante. Il a mis encore trop de ces gens de 92 dans son conseil d'état; son conseil ne devait être composé que d'hommes dont il était sûr.... *Que voulez-vous demander à un figuier?*[1] *Des pommes ou des poires?* Il ne vous en donnera pas et ne produira jamais que des figues... Ainsi *un révolutionnaire* ne sera jamais *que révolutionnaire*. Frochot l'a été après tout.

—Mais il est honnête homme, dit sèchement Junot. Je suis sa caution... Jamais il n'a songé à trahir l'empereur... C'est un malheureux vertige qui lui a brouillé le jugement le jour de l'affaire de Malet... Pardieu! le duc de Rovigo s'est bien laissé, comme un misérable enfant, conduire à la Force, et M. Pasquier aussi!... Allons donc,

[1] C'était là comparaison dont le cardinal se servait très souvent... Il aimait les figures en parlant, et employait volontiers cette manière de faire effet.

il faut aussi être juste; et puis, après tout, M. le cardinal, les hommes de la révolution dont je me fais gloire de faire partie, ont de l'honneur et beaucoup de respect pour leur parole. Quand une fois ils ont prêté serment, ils le tiennent...

En apprenant l'arrivée de l'empereur aux Tuileries, je poussai un cri de joie. Sans doute que les chefs de corps allaient le suivre de près. J'avais envoyé mon frère au château le lendemain, mais la foule était trop grande, il ne put voir l'empereur. J'attendis quelques jours; mais n'entendant aucune nouvelle... ne recevant RIEN, je m'alarmai, et j'écrivis à l'empereur. Il m'était impossible d'aller au château; j'étais alors mourante d'une maladie nerveuse des plus terribles, et je ne pouvais passer d'une chambre à l'autre que portée sur une sangle par deux domestiques... Les inquiétudes que j'avais éprouvées depuis un an m'avaient donné un coup qui devait être mortel... Le pylore commençait à s'attaquer, et j'étais très mal.

En écrivant à l'empereur, je lui parlai de Junot avec une expression profondément triste, car je l'étais moi-même de la pensée de ne plus le revoir peut-être... J'étais si mal!... Et puis ses lettres étaient si mélancoliques, que je ne pouvais retenir mes larmes en les lisant. Je voyais que cette âme si noble, si pure, si dévouée, avait été profondément malheureuse par un fait que j'ignorais, mais dont l'existence m'était révélée par les paroles pleines de douleur que renfermaient ses lettres. Le lendemain même du jour où j'écrivis à l'empereur, je vis arriver mon bon Duroc, mon frère, mon ami... Je l'avais déjà vu à son arrivée.

—Cette fois ce n'est pas pour moi, me dit-il.

Et il me fit, à l'instant même, part de la réponse de l'empereur.

Il me faisait dire d'être parfaitement tranquille, et que Junot se *portait bien*.

—Mais je sais le contraire, répondis-je à Duroc en le regardant très fixement; et vous aussi, mon cher duc, vous le savez bien.

Duroc baissa les yeux, et ne répondit pas.

—Duroc, lui dis-je en lui prenant la main, je suis bien malade, peut-être ne verrai-je pas reverdir ces arbres-là (et je lui montrais ceux de mon jardin); dites-moi la vérité... qu'est-ce donc qu'il y a eu entre l'empereur et Junot?...

—Mais rien de nouveau, me répondit-il...

Il n'avait aucun tort de me répondre ainsi; il croyait que je connaissais les deux bulletins, mais on me les avait cachés pour ne pas augmenter mes inquiétudes déjà si vives... Une lettre de Junot qui avait été retardée en route, et que je transcris ici, venait seulement de m'être remise[1]... Malgré le ton de gaieté qu'il voulait lui donner, j'avais démêlé une vive souffrance, et j'en voulais connaître la cause. Qu'est-ce que ce bulletin, du 23? de quel mois?... Je demandai tout cela à Duroc... Il me répondit sans aucune suite, et me laissa beaucoup plus inquiète que je ne puis le dire. Rien n'est affreux comme du vague dans l'inquiétude.

Le lendemain, je reçus une nouvelle lettre de Junot, par laquelle il me demandait de solliciter une audience de l'empereur, et de demander pour lui un congé, car il souffrait d'horribles douleurs. Dans la première il me parlait de ce bulletin du 23... Je mets ici quelques unes de ces lettres... Je les y place même en *fac-simile*, pour que Junot puisse être enfin connu et apprécié comme il doit l'être... Voici la lettre et le *fac-simile*.

1 Les estafettes ne passaient qu'avec de grandes difficultés, et je suis assez fondée à croire que nos lettres étaient tout autant retardées à la poste de France qu'à celle de l'étranger; l'empereur craignait les *lectures mal faites* des lettres venant de Russie, et le danger des nouvelles mal répandues. J'ai entendu un homme qui pourtant était le plus loyal et le plus brave des hommes parler de cela avec une telle assurance de bien faire, qu'il en était comique.

N° XXXVI de la Correspondance de Russie.

« Mojaïsk, le 15 novembre 1812.

» Je viens de recevoir, mon aimable amie, ta » première lettre de Paris, en date du 22 septem- » bre. Si tu crois que je te laisse jouir sans jalou- » sie de tout ton bonheur, tu te trompes bien. » J'envie les heures du jour où tu peux voir, soi- » gner et embrasser tes enfans... J'envie les heu- » res de nuit où tu reposes au milieu d'eux !... Je » ne peux me faire à l'idée que tu seras encore » bien long-temps ainsi... sans que ton ami puisse » aller partager ce bonheur avec toi... ce bon- » heur qu'il espère, le seul qu'il chérisse désor- » mais... Je vois toujours avec bien de la peine » que le moindre effet de ton imagination porte » sur ton physique. Ta santé n'est pas encore bien » rétablie; pourtant je te conseille de ne pas te » tourmenter du bulletin du 23. Tu sais bien » que beaucoup de victimes innocentes ONT RES- » SENTI LES FUREURS DU VÉSUVE. C'est un volcan » dangereux. Malheur à celui qu'il veut perdre, » lorsqu'il se trouve à portée de son irruption » Mais Jupiter peut être trompé un moment, et il » sauve ensuite celui qu'il avait un moment aban- » donné... Je te dirai tout cela un jour. Tout ce » que je puis t'en dire maintenant, c'est que si

» le maître m'avait vu ce jour-là, j'aurais été loué » BEAUCOUP... BEAUCOUP... »

. . . .

Voici une autre lettre de la même époque.

N° XXXVIII de la Correspondance de Russie.

« Thorn, le 25 décembre 1812.

» Enfin, ma chère Laure[1], je puis t'écrire longue- » ment, et sans craindre que ma lettre ne passe » pas. Tu auras dû en recevoir une de moi, de » Wilna, dans laquelle je te disais qu'après bien » long-temps sans lettres de toi je venais enfin » d'en recevoir un gros paquet... Effectivement, je » les ai toutes devant moi et j'en compte huit de » toi, trois de Calo la bonne[2], cinq de ma José- » phine, et une de ma chère Constance. Je répon- » drai à toutes... Mais à toi, ma Laure chérie, que » puis-je dire?... Je viens de les relire ces lettres » si terribles, et le cœur de ton ami est au déses- » poir... Te savoir aussi souffrante, et ne pas par- » tager les soins que tes amis te prodiguent, est

[1] Ils étaient, de même que nous, très long-temps sans nouvelles. Il ne fallait pas, disait-on, *démoraliser l'armée.*

[2] Madame la baronne Lallemand. Elle demeurait chez moi depuis la mort de son fils arrivée en 1806. — C'était mon amie la plus intime, le duc l'aimait aussi comme une sœur.

» une peine cruelle pour moi... je crois que je » te guérirais un peu... Ton cœur a besoin de ca- » resses, d'amour, et partager ton mal ce serait » l'affaiblir. Tu dois penser, mon amie, de l'effet » qu'a dû faire sur ton ami une suite si longue » de lettres toujours plus alarmantes!... Jamais » un mot de consolation!... Et quand c'est toi qui » parles de ton état, j'éprouve que, le sentant » mieux qu'une autre, tu le peins d'une manière » plus frappante, et ce que tu dis me fait bien » plus de mal que ce que disent les autres. Oh! » si je peux recevoir la permission que j'ai tant » sollicitée de t'aller voir, que l'espace qui nous » sépare sera bientôt parcouru!... Que je ne pen- » serai guère à mes propres maux!... L'idée de » te soulager, de te soigner, me fera tout oublier, » et rien ne me retiendra un quart d'heure.

» Pauvre Laure! après si long-temps d'absence, » après tant d'évènemens extraordinaires, crain- » dre encore de ne pas te voir! Penser que tu es » si souffrante, et que moi aussi j'ajoute à ton » mal; car je n'en peux douter, tu te seras figuré » ton ami cent fois plus malheureux qu'il ne l'a » été... Privée de ses lettres, tu ne savais à qui » t'en prendre... Tu l'as quelquefois accusé, et » revenant ensuite à la vérité, tu auras gémi » sur son sort; tu as su qu'il souffrait aussi, et

» tes maux en ont augmenté... Tu as su qu'il » avait MANQUÉ DE TOUT, et ton cœur en ressentant ses peines a aggravé les tiennes... Voilà, ma » Laure... voilà une des souffrances de ton ami... » lui, qui voudrait aux dépens de sa vie te rendre la santé et le bonheur, voit avec désespoir » ta jeunesse se consumer dans la douleur, et sa » destinée l'obligeant à s'éloigner de toi, n'être » pas en état de te soulager par l'emploi des sentimens sincères qu'il t'a voués pour sa vie.

» Dans une lettre de ma Joséphine, tu as mis » un *post-scriptum*, malgré ta faiblesse, pour me » parler des envois que tu m'as faits[1]. Eh bien! » mon ange, je te remercie. En passant à Kœnigsberg, il y a quelques jours, j'ai trouvé dix paquets arrivés par nos courriers: il y avait quelque chose de toi : c'était des groseilles de Bar » délicieuses, et des bonbons du Fidèle Berger[2]. Il

[1] C'était notre excellent ami Lavalette qui se chargeait de cela! voilà encore un bien bon ami que la mort a frappé.

[2] C'étaient des gros carrés de sucre à la framboise, à l'amande, — à la groseille, — au citron, — à l'orange, etc. etc.; on en met un carré dans un verre d'eau, et l'on a sur-le-champ un verre d'excellent sirop d'orgeat, ou bien d'orangeade ou de limonade. Comme Junot aimait beaucoup ces sortes de boissons rafraîchissantes, je lui avais envoyé ces bonbons très nouveaux alors. Les meilleurs se faisaient au Fidèle Berger.

» est bien probable que tu m'en auras envoyé d'au-» tres, mais depuis lors je n'ai rien reçu ; plus de » lettres depuis Wilna... aussi je suis vraiment » malheureux : comment peut-on être aussi long-» temps dans la crainte de ce qu'on aime, sans » mourir d'inquiétude !... Pour moi, je t'assure » que je ne dors pas, et que partout ton image » souffrante vient tourmenter mon âme !... le dé-» sir de te revoir est la seule pensée qui m'occupe !... » te revoir !... au milieu de tes enfans !... Ma Laure, » ta maladie est nerveuse, crois-tu qu'une attaque » aussi douce ne fera rien à ce vilain mal qui t'ac-» cable ?... Oh ! moi je crois que si... et enfin par » la moitié de mes jours j'achèterais cet essai.

» Combien je sais gré à Calo des soins qu'elle » prend de toi ! Quelle délicieuse amie !... Pour-» quoi le bonheur n'est-il pas aussi son partage ? » Le ciel n'est pas toujours juste, il dispense sou-» vent en aveugle ses bienfaits, et ils tombent » à côté de la bonne terre qui devrait les récol-» ter...

» Adieu, ma bien-aimée, ma Laure chérie. J'at-» tends avec une bien vive impatience de tes let-» tres... j'espère que la première me dira enfin : » *Je suis mieux !...*

» Embrasse tes enfans pour leur père, et qu'ils » te le rendent mille fois. Rappelle-moi au sou-

» venir de nos amis, et compte à jamais sur le » cœur et le sincère attachement de ton ami, qui » te voue pour la vie tous les sentimens dont son » âme est susceptible.

» Adieu, ma Laure. »

Je transcris ces lettres parce qu'elles ont été écrites *six mois* avant la mort de Junot[1], et que je veux apprendre à le connaître à ceux qui en ont entendu parler à des gens pour qui très probablement il était inconnu, et qui ont *écrit* et *dit* sur lui, relativement à son caractère, à sa vie intérieure, les choses les plus stupides comme les plus mensongères. Junot était un être aussi complètement bon que Dieu peut en avoir créé... Il était homme de capacité et d'esprit, et l'attachement qu'il a conservé pour moi jusqu'à son dernier jour me rend orgueilleuse du peu que je puis valoir; car il fallait bien enfin qu'un attachement aussi sincère, qui n'était plus de la passion, puisqu'il y avait treize ans que nous étions mariés, fût appuyé sur quelques qualités... Voici une lettre qu'il m'écrivit encore de Thorn, cinq jours après celle que je viens de citer.

[1] Dans les Biographies mensongères écrites sur Junot, il n'en est pas de plus absurde que celle des frères Michaud : je vais la réfuter dans ce même volume.

N° XXXIX de la Correspondance de Russie.

« Thorn, le 1er janvier 1813.

» Ma chère Laure, il est quatre heures du ma-
» tin... je ne dors pas, je pense à toi, et je me lève
» pour t'écrire... Quelle année tu viens de passer,
» mon cher ange!... Que celle-ci commence donc
» mieux, et continue toujours mieux!... Que ton
» ami aille te soigner; et qu'au moins cette sa-
» tisfaction diminue un peu ton mal, accru par les
» inquiétudes que je t'ai données, et les peines
» de l'absence, de celui qui vous aime tant, et
» dont la présence au milieu de sa famille est si
» nécessaire pour sa santé, pour ses enfans... Si je
» n'obtiens pas un congé, il m'est impossible de
» me remettre, et d'être en état de recommencer
» une autre campagne[1]... L'empereur pourra-t-il
» me refuser d'aller voir ma Laure dans l'état où
» elle est, quand je suis sûr que ma présence la

[1] Il avait des douleurs rhumatismales qui, jointes à celles de ses nombreuses blessures, le faisaient cruellement souffrir. Sa dernière blessure reçue en Espagne lui causait surtout d'horribles crises de migraine. Cette blessure a eu des suites funestes.

» soulagera; ce climat-ci augmente chaque jour » mes douleurs, et hier il ne m'a pas été possible » de revenir chez moi à pied ; on a dû faire mettre des chevaux à une voiture.

» Ma bonne amie, combien un séjour de quelques mois près de toi me serait nécessaire !... » Comme je chercherai tout ce qui pourra te faire » oublier un moment tes maux !... Pour moi, des » bains me rendront encore, j'espère, la force qu'ils » m'ont rendue à mon retour d'Espagne... Je » crains aussi la goutte, j'éprouve des douleurs » qui y ressemblent... Enfin je suis complètement » hypothéqué[1].

» Je t'ai écrit, ma Laure, que j'avais reçu une » lettre de Fissont, du 16 décembre, mais dans laquelle il n'y avait rien de toi ; hier j'en ai reçu » une de ma chère Joséphine, à la fin de laquelle » tu m'as écrit quelques lignes bien tristes, bien » affligeantes. Je ne voudrais pas pourtant ne » pas les avoir reçues *de toi*. L'idée que tu ne peux » pas écrire me désespère... Juge, mon amie, de » l'image que mon imagination me présente,

[1] C'étaient toujours ces mêmes douleurs rhumatismales qu'il voulait prendre pour la goutte. Il était devenu d'une grande sobriété peu de temps après notre mariage, et dans les six dernières années de sa vie il ne buvait plus qu'un peu de vin de Bordeaux très trempé et mangeait excessivement peu.

» quand je réfléchis que *tu ne peux pas* m'écrire!
» Je sais bien que souvent tu ne peux pas te le-
» ver; quand je t'ai vue ainsi, j'en voyais aussi la
» cause, mais, si loin de toi, je ne puis qu'exagérer
» (s'il est possible) ce que tu souffres; et, hélas!
» pauvre amie, je n'ai pas besoin d'augmenter tes
» maux dans ma pensée, pour être le plus malheu-
» reux des hommes; je connais ton état... je sens
» tes douleurs... elles sont là dans mon cœur...
» Pourquoi ne puis-je pas au moins les partager!

» Pardonne, ange chéri, je t'afflige encore, mais
» que te dirai-je?... que je t'aime!... Oui sans
» doute, je t'aime, et c'est ce qui me fait tant souf-
» frir de tes maux... Comment se peut-il qu'il n'y
» ait pas un médecin qui puisse te soulager?...
» Tous réunis ou séparés, ils ne savent donc rien
» prescrire de salutaire?... Cette pensée me désole.
» Te savoir au milieu de toutes les ressources de
» l'art, et n'en rien obtenir qui améliore ton état:
» cela est affreux à penser, et loin de toi, le mal
» augmente encore, par l'effet de l'imagination
» tourmentée.

» Adieu, ma Laure. Tu peux encore avoir un
» plaisir, c'est d'embrasser tes enfans... Que mes
» étrennes seraient belles si je pouvais me joindre
» à eux pour t'embrasser et te souhaiter de meil-
» leurs jours! Embrasse-les pour leur père, et

» qu'avec toi ils l'aiment comme il vous aime » tous de tout son cœur.

» Bonne année à Calo et à nos amis[1]. »

Quelques jours après, je reçus une autre lettre dont l'expression était si profondément triste, que, malgré ma faiblesse, je résolus de voir l'empereur. J'écrivis, non pas au chambellan de service, mais à Duroc, pour qu'il demandât à l'empereur de m'accorder un moment d'audience. Comme je ne pouvais jamais me lever avant six ou sept heures du soir, il fallait que la demande de l'audience passât par lui pour qu'il pût expliquer à l'empereur l'état où j'étais. L'empereur me fit répondre tout de suite qu'il me recevrait le lendemain à neuf heures.

Cette entrevue me troublait par avance. J'étais faible et je craignais que ma force ne me trahît. J'en avais assez compris par la lettre de Junot et les mots échappés à Duroc ainsi qu'à Berthier, pour savoir enfin que l'empereur avait été très sévère pour Junot. Mon projet était donc d'arriver à son cœur si je pouvais, et de le supplier

[1] C'étaient le cardinal Maury, M. de Cherval, la duchesse de Raguse, la marquise de Bréhan, M. de Lavalette, madame Lallemand, la comtesse de la Marlière, et mon excellent Millin, l'un de mes amis les plus chers... Il est mort aussi !...

de ne pas blesser celui de l'homme du monde qui lui était le plus et le plus fortement dévoué.

Je me rendis à huit heures et demie chez l'empereur; je voulais avoir la possibilité de parler *fermement*, et je ne le pouvais qu'avec du calme. J'attendis près d'une heure, car, bien qu'il eût indiqué celle de neuf, je ne fus appelée qu'à neuf heures et demie.

Je dois lui rendre cette justice, qu'aussitôt qu'il me vit, il fit une exclamation qui témoignait à quel point il était frappé et touché de mon changement.

— Mon dieu! madame Junot, qu'avez-vous donc eu?... Vous êtes bien malade!... C'est vrai cela... Je vois bien que ce ne sont pas des *manières de vapeurs*.

Je souris tristement... A cette époque de ma vie je croyais fermement mourir.

— Ah! poursuivit-il, c'est qu'on m'avait dit que vous *faisiez la malade*.

Je levai les yeux sur lui, et il put voir que leur brillant était dû à la fièvre... C'était en effet l'heure où elle redoublait tous les soirs.

— A-t-on dit à Votre Majesté quelle était la raison qui me faisait jouer une si sotte tragédie?.. car pour le mot *comédie*, il n'y a pas moyen d'y songer.

Et je lui montrai mes mains dont les doigts effilés et amaigris ne pouvaient retenir aucune bague.

— Ma foi, non ! répondit l'empereur avec un naturel et une bonne foi adorables... Seulement je crois avoir entendu dire que c'était pour ne pas faire votre service chez Madame, et avoir eu un prétexte de donner votre démission, et rester dame honoraire.

— Mais il me semble, sire, que je n'avais nul besoin de *prétexte* pour faire une chose aussi simple. La gouvernante de Paris a des devoirs à remplir qui l'empêchent d'avoir aucune place à la cour. Si Votre Majesté veut bien se rappeler ce que j'ai eu l'honneur de lui observer à cet égard, un jour où je fus obligée de laisser *quatre-vingts personnes* à dîner chez moi, les priant de vouloir bien m'excuser comme maîtresse de maison, si je laissais le soin tout entier de leur faire politesse à M. le duc d'Abrantès. C'étaient heureusement les officiers de la garnison, qui se trouvèrent beaucoup plus contens de n'avoir pas de femmes à leur dîner... Mais la chose n'en était pas moins fautive de ma part, sans qu'il y eût pourtant de ma volonté.

L'empereur me regardait toujours attentivement... Nous étions debout tous deux... Je sentis un moment une telle faiblesse, que, m'appuyant sur la table, je respirai des sels... Napoléon s'en aperçut, et me prenant la main, il *me jeta* plutôt qu'il ne me fit asseoir sur un fauteuil, et se plaça près de moi.

—Ah çà, que voulez-vous ?... C'est pour Junot, n'est-ce pas ?... Eh bien! il reviendra... mais en attendant il se plaint beaucoup de moi, n'est-ce pas ?... il se plaint... allons... dites la vérité.

—Non, sire, il ne *se plaint* pas... Jamais il ne me parle de Votre Majesté qu'avec respect et amour...

— Comment, il ne SE PLAINT pas ? répéta-t-il encore.

— Non, sire.

L'empereur me regarda de nouveau, et chercha dans mes yeux si je lui cachais ma pensée; mais je lui avais dit la vérité. Je ne savais rien, et mes amis m'ayant tout caché, j'en étais à tout apprendre, mais ce n'était pas l'empereur qui m'aurait instruite. Il savait alors qu'il était loin d'avoir agi comme il le devait faire avec un ancien ami... et je savais qu'il en avait de la honte intérieure, si ce n'est du remords, bien qu'il fût loin de prévoir la tragédie qui devait suivre... Il jouait avec un gant blanc qui était sur son bureau... Ce gant était extrêmement petit ; je suppose qu'il appartenait à l'impératrice Marie-

Louise... Il gardait le silence ; enfin il le rompit, et me dit :

— Pourquoi ne pas m'avoir apporté les lettres de Junot?... Je suis curieux de voir comment il se plaint de moi... car je vous répète que je suis sûr qu'il se plaint de moi !.. lui aussi !..

Et se levant, il jeta le gant avec une si grande force, qu'il fit résonner la vitre contre laquelle il alla tomber... Et poursuivant avec une colère toujours croissante : — Oui... lui aussi !.. lui se plaint ! Ils se plaignent tous ! Tous ! Je n'ai fait que des ingrats. Dans cette foule d'hommes que j'ai faits ROIS... il n'y en a pas un... non PAS UN SEUL qui soit reconnaissant... pas un qui ait un cœur, une âme... pas UN qui m'aime !..

Dans ce moment il jeta les yeux sur moi, et s'arrêta tout-à-coup comme effrayé... *Je sentis* qu'il devait l'être... *je sentis* qu'il devait croire que j'allais mourir... J'étais en effet presque mourante... Les dures paroles de l'empereur m'avaient saisie à l'âme... Lui entendre dire, à Lui! à Lui Napoléon ! qu'il n'était pas aimé de l'homme qui peut-être n'est mort que de son amitié mal récompensée, mal reconnue !.. Et je savais, moi, quelle était sa force !.. et je savais aussi que Napoléon ne l'ignorait pas... J'étais trop faible pour soutenir en son nom une pareille attaque ; je ne pus que fermer les yeux et retenir mes larmes. Si j'avais dit un mot... si j'avais regardé l'empereur, j'aurais éclaté, et je savais combien les scènes lui déplaisaient. Cependant, Dieu m'est témoin que, dans cet instant, la crainte de lui déplaire était la pensée qui m'occupait le moins... mais je songeais à Junot.

L'empereur, comme je l'ai dit, fut presque effrayé de ma pâleur... Il vint auprès de moi, me prit la main, et me dit avec une sorte de bonté rude qui lui était particulière.

— Allons, allons, à qui diable en avez-vous?... est-ce parce que j'ai dit que j'avais fait des ingrats?... N'en avez-vous pas fait aussi? Quel est celui qui se trouve au-dessus des autres et qui n'en fait pas?

— Votre Majesté devait faire une exemption, lui dis-je en me levant... Elle frappe ainsi sans miséricorde sur tout ce qui l'entoure... Croit-elle donc que ses paroles soient oiseuses?... Elle n'en dit pas une qui ne soit recueillie, accueillie par l'envie et la haine... Sans doute ce n'est pas moi qui répèterai à Junot ce que Votre Majesté vient de dire... mais d'autres oreilles peuvent entendre... et une autre bouche peut le redire... Et savez-vous le mal que vous feriez, sire!... le savez-vous? Ce ne serait pas ici de l'humeur comme le maréchal Lannes, qui, tout en vous aimant, vous traitait comme il n'aurait pas traité un inférieur; ce ne sera pas une *bouderie*, comme vous appelez vous-même ce que fait le maréchal Ney; non, ce ne sera rien de tout cela... ce sera LA MORT pour celui qui vous aime, comme vous ne l'avez jamais été.

Je retombai sur mon fauteuil... j'étais épuisée. Je ne sais d'où me venait tant d'audace, mais dans ce moment j'aurais dit des choses encore plus fortes. Lorsque je parlai du maréchal Lannes, l'empereur se mordit les lèvres et parut visiblement embarrassé. Je lui avais rappelé là de fâcheux souvenirs, car, au fait, Lannes avait avec lui quelquefois des façons étranges. Et puis Lannes n'aimait pas l'empereur comme Junot... Lannes était un officier-général ayant sa réputation faite, il n'était pas l'œuvre de Napoléon, comme Junot. Le maréchal Ney était la même chose. Il y avait même chez lui quelque peu de sentiment approchant de l'éloignement. Il était originairement de l'armée du Rhin, et tout ce qui venait de là était comme infatué d'une sorte de prévention *pour* Moreau, qui devenait tout de suite un effet contraire envers Napoléon. Et puis venait ensuite cette pensée : « *Je suis grand sans lui!* »... J'avais donc frappé juste, aussi fut-il quelque temps à me regarder avec une sorte de mécontentement qu'il voulait taire, mais que son front révélait.

— C'est vraiment inconcevable comme vous ressemblez à votre mère quand vous vous fâchez, me dit-il en souriant à demi... Vous êtes, par dieu, aussi emportée qu'elle!

— Vous n'êtes pas généreux, sire, lui répondis-je d'une voix encore tremblante. Vous savez que je ne puis quitter la place... et cependant il y a déjà bien long-temps... plus de dix ans, sire... que j'ai dit à Votre Majesté que je n'entendrais JAMAIS de sa bouche un mot sur ma mère, s'il n'était pas tel qu'il doit être.

— Eh bien ! dit-il avec une expression fort étrange, et en se rangeant comme pour me faire place... qui vous retient ? qu'attendez-vous ?

— Votre réponse, sire.

— Quelle réponse ?

—Celle que je suis venue vous demander pour Junot. Je ne quitterai pas Votre Majesté que je ne l'aie obtenu, dussé-je beaucoup supporter d'elle.

Il s'arrêta, me regarda quelques instans, puis il dit comme se parlant à lui-même :

—Singulière femme!... Caractère de fer. Ah çà ! comment vous arrangez-vous avec cette mauvaise tête de Junot?

— Le voulez-vous savoir, sire ?

— Oui.

— Eh bien! j'aurai l'honneur de vous envoyer quelques unes de ses lettres. Votre Majesté m'a fait l'honneur de m'en demander d'ailleurs quelques unes tout à l'heure, je lui obéirai.

— Il est donc bien souffrant ?

— Il paraît que oui, sire. Votre Majesté doit se rappeler que sa malheureuse tête est couverte de cicatrices. Il y en a dont l'origine date de bien loin.

— Oui... oui... et cette origine est noble et belle, par dieu! C'était un brave garçon que Junot... il allait au feu comme au bal.

— Il a prouvé à Votre Majesté, sire, il y a peu de temps encore, que le soin de sa vie lui était peu de chose quand il s'agissait *de la servir et de servir son pays*.

Il me regarda comme pour me demander d'expliquer ma pensée; c'était ce que je voulais. Je poursuivis :

— Il est vrai que Votre Majesté a moins trouvé de mémoire pour les faits récens que pour les anciens... mais, je le répète, Junot ne regarde ni à son sang ni à sa vie, quand il s'agit de votre service.

Alors il parut se rappeler... Voici le fait.

Lorsque nous revînmes à Paris dans l'été de 1811, Junot était encore souffrant des suites de la blessure qu'il avait reçue à Rio-Mayor[1] en Portugal. Les traces elles-mêmes en étaient mal effacées, et il est juste de dire que sa physionomie en était légèrement altérée. L'empereur, qui avait un coup-d'œil d'aigle pour la rapidité d'*investigation*, s'aperçut à l'instant même que Junot était changé. A cette époque, l'empereur était d'humeur difficile. Les affaires s'embrouillaient avec la Russie, celles d'Espagne allaient mal, l'Allemagne fermentait. Enfin il souffrait moralement, et cette souffrance débordait souvent en mauvaises paroles.

Le premier dimanche après notre retour, Junot fut à Saint-Cloud pour la messe. Lorsque l'empereur fut devant lui, il s'arrêta, lui dit bonjour, et se mit ensuite à l'examiner avec une grande attention.

— Ah! ah! dit-il enfin... voilà donc cette fameuse blessure *dont les journaux anglais ont tant parlé!* Elle t'a rendu bien laid, monsieur Junot.

Junot me répéta ce mot, et je vis qu'il en était blessé. Dans le fait, on peut trouver une autre

[1] 19 janvier 1811, dans la retraite de Masséna à Rio-Mayor, en Portugal.

parole à dire à l'homme qui, étant général en chef, s'expose comme un capitaine de cavalerie ayant sa fortune à gagner, pour que le service soit plus exactement fait. Il en souffrait donc et vivement.

— Pourquoi ne lui avoir point répondu? dis-je à Junot? Tout cela vient de ce que toi et une foule d'autres vous vous laissez habiller comme des ennemis. Regarde si jamais l'empereur me dit un mot désagréable?... Eh bien! il ne le fait pas, parce qu'il sait que je lui répondrais sérieusement.

Junot me regardait d'un air sombre. Je voulus le déterminer et lui *donner du cœur*; j'insistai et lui parlai long-temps.

— Eh bien! je crois que tu as raison, me dit l'excellent homme. S'il me dit encore quelques uns de ces mots durs qui portent atteinte!... Il ne poursuivit pas, mais je vis qu'il était résolu et je m'en applaudis; car il n'en aimait pas moins l'empereur. Mais ici il était question de ne pas se laisser méconnaître.

Le dimanche suivant, l'empereur, en passant devant le gouverneur de Paris, s'arrête encore; et cette blessure [1] lui apparaissant faute de mieux,

[1] Elle lui avait excessivement gonflé le nez. Cela s'est passé ensuite.

il répéta de nouveau cette phrase terrible : Mon Dieu ! Junot, elle t'a rendu bien laid !

Junot devint pâle, puis très rouge, à ce que me dit ensuite Duroc, mais son émotion fut courte. Il s'inclina très bas, puis il dit à l'empereur avec une expression particulière :

— Je me vois différemment, sire, je trouve même qu'elle m'a embelli, l'ayant reçue pour le service de Votre Majesté.

L'empereur demeura court. Ce lui fut une étrange chose à lui-même, que de s'entendre adresser une sorte de réprimande tacite, enveloppée sous une formule incapable d'être condamnée. Il regarda long-temps Junot, puis il passa outre.

Jamais depuis il ne lui parla de cette blessure. C'était à cela que je faisais allusion. Il se le rappela probablement, car il me lança un de ses regards qu'on n'oubliait pas... mais j'étais invulnérable ce jour-là. J'entre au reste dans tous ces détails, parce qu'ils font parfaitement connaître Napoléon. Toutefois il ne faut pas faire l'application de ce que *je montre* ici pour tous les temps de sa vie. Il faut faire, et faire grandement, la part des exigences du moment. Ainsi, mon mari revenant d'Espagne, blessé, souffrant, rapportant sur ce front toujous riant devant l'empereur, une impression assombrie, malheureuse sur l'avenir. Cette attitude qui lui était commune avec tous ceux qui revenaient de la guerre de la Péninsule, et qui semblait une censure amère de cette même guerre, le vœu jadis de Napoléon, son vœu chéri... son utopie favorite... il y en avait assez peut-être pour qu'il fût un peu sévère pour ceux de ses généraux qui ne cachaient rien de ce qu'ils éprouvaient. Lui aussi montrait une différence; c'est que ce qu'il disait portait coup... et faisait mal. Ce qui est certain aussi, c'est qu'il l'avait senti. Je l'ai compris à ce regard dans lequel se lisaient à la fois du reproche à moi et de la colère contre lui-même... Cependant il ne me dit pas un mot qui eût rapport à cette blessure. Mais comme s'il eût voulu me faire payer le petit triomphe que je venais d'avoir, il me demanda tout-à-coup, avec assez d'aigreur, pourquoi je me rattachais toujours à ses ennemis? Et sans me laisser cette fois le soin de deviner, il me nomma madame Récamier, et ajoutant d'un ton fort impératif :

— Que comptez-vous qu'il vous adviendra en vous obstinant A ME BRAVER ?

— Votre Majesté est bien bonne d'employer de si grands mots pour une chose naturelle. Je me suis arrêtée à Lyon pour y voir madame Récamier, parce qu'elle est l'amie intime de mon mari, qui a pour elle autant d'estime et de vénération que d'attachement. Et puis je l'ai fait pour moi-même, parce que je l'aime, parce qu'elle est malheureuse de son exil, malheureuse à en mourir, comme...

Et au moment de nommer madame de Chevreuse, me voilà retenue par je ne sais quelle raison qui me criait au-dedans de moi qu'elle n'était pas sur la même ligne que madame Récamier. L'une était un ange de perfection... une martyre de l'amitié, et une victime d'autant plus intéressante, qu'elle souffrait d'être frappée par tous les points de l'âme qu'une femme peut avoir vulnérable; tandis que l'autre était une jeune femme intéressante sans doute, mais qui avait voulu sa disgrâce, qui l'avait cherchée, et puis, comme un enfant qui veut un jouet, quand elle avait eu le malheur pour hochet, elle l'avait trouvé si lourd à porter, qu'elle n'en avait plus voulu... Sans doute elle souffrait, mais par sa faute. Tout cela m'apparut en une seule pensée, et je me tus. L'empereur continua pour moi, et ajouta:

—Et madame de Chevreuse, n'est-ce pas?... Par dieu! je vous conseille de la plaindre, celle-là... C'est une folle... une véritable folle... Quant à l'amie de Junot, je n'ai rien à lui dire, si ce n'est que sa maison et celle de son père ont été trop long-temps le rendez-vous, le club, de tout ce que le faubourg Saint-Germain a de plus démoniaque... et puis cela fait un *schisme*. On va la voir à Lyon, comme on allait voir M. de Choiseuil à Chanteloup.

— Sire, il n'y a que soixante lieues de Paris à Chanteloup. Chanteloup était ensuite un lieu admirable. M. le duc de Choiseuil y recevait une grande foule de monde, et faisait même inscrire le nom des arrivans sur une grande colonne qui était dans le parc. Je comprends qu'on alla chez lui, d'autant qu'on était sûr de l'impunité de l'insolence sous le règne de Louis XV. Mais aller voir madame Récamier dans une auberge, où elle est mal établie, souffrant chaque jour de la privation de choses devenues une seconde nature... car elle n'est plus riche, sire, vous le savez sûrement.

—Allons donc, dit Napoléon en levant les épaules... Et il continua son éternelle promenade...

— J'ai l'honneur de vous l'affirmer, sire...

— Mais de quoi se plaint-elle ?... Ne l'ai-je pas envoyée dans sa ville natale?

— Elle ne se plaint de rien, sire... C'est moi qui ai voulu vous intéresser à son sort, et qui vous l'ai montrée telle que je l'ai vue... Je dois même à la vérité de dire qu'elle ne m'a nullement donné mission pour parler à Votre Majesté... Maintenant, sire, que votre majesté considère qu'elle fera une action adorable en rappelant madame Récamier... elle fera une heureuse, et revenue dans sa patrie, elle vous bénira tous les jours... et moi, et Junot aussi, et puis encore tous ses amis... Oh! sire, je vous en conjure!.. Soyez bon pour l'exilée... Faites-la revenir dans son vrai pays, où elle est aimée, recherchée de tous, et où vraiment elle serait heureuse... car la patrie... la patrie, c'est le lieu où se trouvent les affections et les habitudes. Accordez-moi cette grâce, sire... Je ne vous demanderai bientôt plus rien.

Et en effet à cette époque j'étais vraiment bien mal.

— Non, non, dit Napoléon, je serais aussi par trop simple d'appeler auprès de moi une personne qui me hait, et ne voit que des gens qui me haïssent.

— Mais c'est une erreur, et je puis...

— Ah! en voilà certainement plus que je n'en veux entendre pour quelques parties de votre discours... Je vais trancher la difficulté; JE NE VEUX PAS que madame Récamier revienne à Paris. Ecrivez-le lui si vous le voulez, et dites-lui la raison de mon refus.

— Non, sire, je ne ferai ni l'un ni l'autre... La mission d'une femme doit être de consoler, jamais d'augmenter l'affliction... Maintenant, sire, Votre Majesté veut-elle me dire ce qu'il faut faire de cette demande de Junot, pour son retour en France?

— Que je l'accorde, mais seulement pour quatre mois. Ecrivez-le lui vous-même, cela vous fera du bien à tous deux.

Et me congédiant de la main, il me dit par là que mon audience était terminée. Mais s'il avait fini avec moi, moi je n'avais pas fini avec lui, et il existait une chose sur laquelle je voulais obtenir justice à tout prix. C'était le réintégrement de mon frère à Marseille.

Quelques mois avant, un jour, vers le matin, on entendit dans un grand et bel hôtel [1] de la rue Lafitte, appelée alors rue Cerutti, un fort grand bruit. On se battait, on se gourmait fort et ferme, et cependant M. Charles de Fl...t, auteur de tout le vacarme, criait, non pas comme un paon, non pas comme un sourd, mais comme un homme complètement ivre qu'il était... Il criait qu'il voulait les pistolets de M. de Montrond, qu'il voulait tuer cet Auguste Colbert [2], qui était là

[1] L'hôtel aussi s'appelait hôtel Cerutti.

[2] Le général Auguste Colbert tué en Espagne.

comme une immense paire de pincettes... Je veux le tuer, criait Charles de Fl...t, et le duc de Lav... avait mille peines à le retenir... Cette scène fit du bruit et revint aux oreilles de l'empereur... Il demanda où s'était fait le désordre. Quand on lui eût nommé M. de Montrond, il s'emporta, prétendit qu'il résumait en lui tous les *vices* de la régence...

— Je n'aurai jamais de mœurs en France, dit l'empereur, tant que M. de Montrond y restera.

M. de Montrond qui était avant tout un homme d'esprit, et d'esprit supérieur, dans une tout autre portée qu'on l'a jugé long-temps... je veux dire comme homme du monde et de plaisirs, se rit de cette sortie de l'empereur contre ses mœurs, et de son intérêt pour celles de la France. C'était, dans le fait, pousser loin la sollicitude. En résumé, M. de Montrond fut obligé de sortir de France pour obéir à un décret, mesure aussi arbitraire que s'il eût été un ukase du czar de Russie, qui se joue de la liberté de ses sujets comme tous les gouvernemens despotes. Il passa, je crois, en Angleterre, et de là en Sicile.

Un jour le duc de Rovigo écrit à mon frère, alors commissaire-général à Marseille, pour lui donner l'ordre, *au nom de l'empereur directement*, de faire arrêter M. de Montrond, aussitôt qu'il se présentera aux portes de la ville.

« Il a rompu son ban, disait le ministre... Il est revenu en France... à Paris... ET JE N'EN AI RIEN SU !... Mais il est en route pour Marseille, où il doit arriver peu d'heures après ma lettre, pour s'y embarquer. Il est dans une calèche jaune, il a un habit bleu et il bat les postillons en leur donnant cent sous de guides. »

Mon frère donne ses ordres, et attend l'évènement avec une extrême impatience mêlée d'ennui, car cette mission lui donnait de l'humeur... La cause de l'exil de M. de Montrond était si absurde, qu'il en fallait rire pour ne pas prendre de la colère à devenir *canard*, comme disait M. de Torcy.

A sept heures du soir on vient annoncer qu'un homme est entré dans la ville. Il porte un habit bleu, sa calèche est jaune, et il bat les postillons en leur donnant cent sous de guides. Mais cet homme a les yeux noirs, et M. de Montrond les a bleus... Cet homme est gros comme un muid, et M. de Montrond avait alors la tournure la plus élégante de Paris, quoiqu'il ne fût plus de la jeune génération. Cet homme a une crinière noire frisée, et M. de Montrond n'en a d'aucune couleur, puisqu'il porte perruque, et une perruque blonde. Cet homme n'est donc pas M. de Montrond, ou bien il aurait donc été changé, non pas en nourrice, mais dans le chemin. Au surplus, comme la chose en valait la peine, car les ordres de l'empereur ne se déclinaient pas aisément, Albert ordonna de son côté que l'homme fût amené devant lui, quitte à lui demander une ou vingt fois pardon, si ce n'était pas celui qu'on cherchait... On l'amena, et Albert, qui connaissait M. de Montrond, vit aussitôt que ce n'était pas lui. Le monsieur était pâle comme un mort, et ne comprenait rien à son histoire. Il était dans une calèche jaune, parce que le jaune était la couleur alors à la mode pour les voitures ; il avait un habit bleu, parce que cela lui plaisait, ce dont assurément on ne pouvait lui faire un crime, et il donnait cent sous de guides aux postillons, parce qu'il courait après un banqueroutier qui lui emportait trois cent mille francs... Mon frère, au désespoir de cette méprise, demanda, comme il l'avait projeté, vingt fois pardon au monsieur qui s'en fut courir après son banqueroutier. Je ne sais pas s'il l'a attrapé, ces gens-là ont de bonnes jambes... j'en sais quelque chose[1].

Albert attendit un autre habit bleu, une au-

[1] Depuis la mort de Junot, j'ai essuyé CINQ banqueroutes et SIX, en y comprenant la Prusse et le Hanovre qui m'ont payé 180,000 fr. avec 4,000.

tre calèche jaune, un autre prodigue de cent sous de guides, ce qui, soit dit en passant, ne fait pas marcher les postillons un temps de trot plus vite... Mais rien ne vint. Impatienté, il s'informe et apprend que M. de Montrond est bien revenu en France, mais qu'il en est ressorti en se moquant du duc de Rovigo et de ses hommes. Il s'était embarqué à Narbonne, et ceux qui connaissent leur géopraphie, savent que Marseille n'est pas alors le chemin qu'il faut prendre. Voilà du moins ce qu'il répondit au duc de Rovigo, lorsque celui-ci lui écrivit une lettre des plus ridicules et des plus dures, pour lui témoigner le mécontentement de l'empereur sur *sa maladresse.*

Il aurait dû ne pas mettre ce mot-là. En le lisant, Albert sentit courir dans ses veines tout le sang généreux que Dieu lui avait donné. Il répondit une autre lettre que le duc, je crois, n'a jamais montrée, qui contenait, non seulement des vérités dures, mais une demande formelle s'il croyait parler à l'un de ses agens.

— Le jour où j'ai reçu ma commission du gouvernement, disait mon cher, mon noble Albert, j'ai juré à mon propre honneur de l'exercer de manière à ce que ma conscience ne me reprochât jamais RIEN. Jusqu'à présent j'ai rempli mes fonctions comme un honnête administrateur, un homme de l'État, et non pas comme un homme *réprouvé* par les honnêtes gens. Je n'ai point fait arrêter M. de N..., parce que M. de N... n'était pas M. de Montrond, et que n'ayant rien à alléguer contre M. de N..., j'aurais été un agent de l'arbitraire injuste, ce que je ne serai jamais[1]. L'empereur n'exige pas des hommes au-delà de ce qu'ils *peuvent*. Moi, monsieur le duc, je ne puis que le servir en mettant à sa disposition ma vie et tout mon dévouement. Mais ce dévouement s'arrête devant une injustice criante, s'il me faut la remplir... Voilà ma profession de foi, et j'ose dire que Sa Majesté me connaît assez pour n'en pas être étonnée. »

Sans doute, mais Sa Majesté était bien changée depuis l'armée d'Italie... Napoléon avait bien toujours un grand respect pour l'exacte observance des principes sociaux sur lesquels reposent la tranquillité et le bonheur de chaque individu, mais cette manière de voir était subordonnée à ses intérêts, tant il est vrai que les hommes ont

[1] Mon frère a été onze ans à Marseille comme commissaire-général. La ville de Marseille a encore aujourd'hui le souvenir de son administration sage et convenable.... Il y était bien aimé, et, je puis dire, autant estimé, ainsi qu'à Strasbourg et à Lyon. Ces trois villes sont garans de ce que j'avance.

leur rayon visuel dirigé d'après leur volonté momentanée. Ce qui est bien aujourd'hui avec un particulier, sera mal demain avec un roi... Ah! c'est une dure condition que de remplir une place importante sous un gouvernement despotique! Albert s'en aperçut bientôt; il reçut une autre lettre dans laquelle le duc de Rovigo lui demandait sa démission... Albert l'envoya par le retour du courrier... Il m'écrivit en même temps:

« Ma bonne sœur, je vais à Paris, je suis destitué... mais je te prie de n'en avoir aucune peine, c'est pour une cause honorable, et je te connais assez pour savoir que tu ne me blâmeras pas de n'avoir pas hésité un seul instant. L'empereur lui-même reviendra sur une prévention injuste, et sera pour moi ce que je désire qu'il soit, mais je ne demanderai rien au-delà.

» N'est-ce pas que tu voudras bien me donner l'hospitalité?... Cette démission me rendra tout joyeux parce que je vais te voir, comme je l'ai long-temps rêvé...toujours... ma bonne sœur... ma Laure chérie.... mon enfant, ma fille! car tu es à la fois ma sœur et mon enfant... N'est-ce pas moi qui t'ai élevée, n'est-ce pas moi qui ai remplacé notre père près de toi... bonne sœur?... Eh bien! je ne veux plus te quitter... Je serai pour tes filles et tes fils ce que j'ai été pour toi...

Cette pensée me fait du bien à l'âme... je serai aussi près de ce bon Junot, dont le cœur pour moi est celui d'un frère donné par la nature, et non par une alliance ; il m'aime lui, il est honnête homme, il me comprendra.

» Comme nous allons bien arranger notre vie !... nous ferons de la musique... nous peindrons... nous nous occuperons de littérature... Ta maison, déjà le rendez-vous de tant d'artistes, ne sera pas moins joyeuse par l'arrivée d'un méchant troubadour de Provence, qui vient prendre leçon *de la gaie* science auprès de ses maîtres !... Je te conduis aussi, comme tu peux le penser, notre oncle Georges... Je n'ai pu me résoudre à le faire retourner en Corse... C'est le frère de notre mère, ma sœur, et je te connais comme je me connais moi-même, c'est-à-dire pour être certain que tu feras ton devoir dans cette circonstance. Junot n'en sera pas fâché... j'en suis sûr. Je le connais aussi[1]. »

Mon Albert arriva donc à Paris dans l'automne

[1] A la mort de ma grand'mère, madame de Comnène, en 1805, mon frère recueillit chez lui, à Marseille, mes deux oncles le comte Georges et l'abbé de Comnène. A mon retour de Portugal, où j'étais alors comme ambassadrice, je fis venir auprès de moi mon oncle l'abbé de Comnène, et il y est demeuré jusqu'en 1816. Mon oncle, le prince Démétrius, rece-

de 1812, à mon retour des eaux d'Aix ; il ne disait que la vérité. Junot fut au désespoir en apprenant cette nouvelle, il aimait profondément

vait une pension de moi et de Junot, aussi convenable que si un gouvernement la lui eût donnée ; tout ce que je pouvais y ajouter, je le faisais, ne remplissant en cela que mon devoir, puisqu'ils étaient les frères de ma mère. Lorsqu'en 1812 mon frère quitta Marseille, mon oncle Georges vint habiter ma maison, et n'en sortit que lorsque mon oncle l'abbé la quitta. Ils avaient alors une pension du roi.

Albert et moi nous avions été élevés dans un grand respect de nos grands parens. C'était un reste des mœurs antiques dont la Corse a quelques traditions ; et puis lui et moi nous étions les *seuls* qui fussions en position de remplir un devoir envers mes oncles. Il n'existait aucun parent *direct*, et surtout aussi PRÈS qu'Albert et moi ; M. Geouffre, veuf de ma sœur aînée, était devenu même étranger à la famille depuis la mort de sa femme, et l'aurait toujours été sans son enfant qui renoua les liens d'alliance, mais il n'avait alors que dix-huit ans, et n'était d'ailleurs aucunement en mesure de rien faire pour ses grands-oncles ; et puis Albert et moi nous étions d'un degré plus rapproché pour le *droit de donner*. C'était un droit que Junot réclama, et dont il usa largement par le bien qu'il fit à ma famille. M. de Geouffre, emmené par lui en Portugal malgré l'extrême éloignement de l'empereur pour lui comme ami de Lucien, y refit une fortune ; mes cousins furent mis dans son état-major. L'un d'eux, Georges Stephanopoli Saint-Ange, fils d'une Comnène, cousine-germaine de ma mère, fut tué à Sarragosse ; mes autres parens protégés, secourus dans leur infortune. Voilà ce que faisait Junot... voilà ce qui le rendait adorable.

son beau-frère. C'était, disait-il, le plus honnête homme qu'il connût... Il était alors en Russie... C'était aussi de Russie, de Moscow, je crois, qu'étaient datés les ordres de l'empereur.

Mais si Junot était ulcéré profondément, que devais-je éprouver, moi !... D'abord ce fut de la colère... ensuite de la peine... et puis le résumé de toutes ces impressions fut une assez bonne indignation permanente, qui me détermina à parler à l'empereur, ce même jour où j'étais là avec lui dans son cabinet, si malade et si pâle, croyant que j'allais mourir.

Ainsi donc, lorsque l'empereur me fit signe de la main pour me dire adieu, je me retournai vers lui et lui dis :

— Sire, j'ai encore quelque chose à demander à Votre Majesté ?

— Qu'est ce que c'est ?

C'est de rendre à mon frère une bienveillance qu'il n'a jamais mérité de perdre... Je ne le demande pas comme grâce ; car il ignore que je vous en parle, et peut-être même en serai-je blâmée et désapprouvée pour l'avoir fait sans son ordre... mais je le demande comme justice. Le monde n'est pas composé de gens qui voient tout avec un œil droit et juste... Albert est connu pour un homme d'honneur, mais quand Votre

Majesté punit, on doit croire que ce n'est que d'après des causes justes... alors mon frère *aurait tort*... et Votre Majesté sait très bien maintenant *qu'il n'avait pas tort*...

L'empereur ne me répondit rien d'abord... Il faut lui rendre cette justice, qu'il était vraiment équitable; il avait une grande bonté dans l'âme, mais pas dans le cœur, c'est-à-dire qu'il n'avait aucune sensibilité... Il était fâché lorsqu'il commettait une injustice, et quelquefois même il la réparait. Voilà des parties de sa vie où cet homme était hors de la ligne humaine. Il connaissait Albert depuis long-temps; il le *savait par cœur*, et lorsqu'il donna cet ordre au duc de Rovigo, il ignorait comment s'était passée la chose. Albert la lui avait exposée depuis dans une lettre particulière, et il avait été fâché d'avoir puni si vite: en m'écoutant il avait l'air presque *contrit*, et je lui en sus gré.

— Eh! bien sire, que décide Votre Majesté?...

Il me regarda en souriant :

— Comme vous êtes pressée, madame *la gouverneuse*!... Vous croyez donc qu'on fait un magistrat comme vous un de vos bonnets... non, pardieu, pas!...

—Mais, sire, ce n'est pas ma faute; il ne le fallait pas défaire si vite... Cependant que puis-je espérer? Je dis *moi*, car pour Albert je me donnerai bien garde, je le répète, de lui dire que j'ai parlé à Votre Majesté...

— Il faisait très bien son affaire à Marseille, ce diable de Permon, dit l'empereur en se remettant à marcher avec ses mains derrière son dos...

—En vérité, sire, si j'étais de vous, je ne le dirais pas.

— Mais *sa conduite envers moi*, me répondit l'empereur en s'arrêtant pour me jeter un regard qu'il voulait rendre accablant, sa conduite envers moi, madame, n'a rien de commun avec son administration... Il m'a *désobéi*...

— Non, sire, répondis-je avec beaucoup de calme.

— Comment, *non*! s'écria-t-il avec emportement... il ne m'a pas *désobéi*!...

—Non, sire... M. de Rovigo lui a donné l'ordre de faire arrêter M. de Montrond, et non pas un *homme ayant un habit bleu, courant la poste à cent sous de guides, dans une calèche jaune*... Votre Majesté voit que je connais l'affaire.

—Beaucoup trop bien... Je vous ai déjà dit cent fois que vous étiez *femme*, et que les femmes ne devaient pas se mêler des affaires de l'Etat.

—Ma foi, sire, ce n'est pas qu'elles m'amusent, vos affaires, mais quand elles s'attachent à nos affections, à nous autres pauvres femmes, il faut bien que nous nous en occupions, même malgré nous... Il me regarda et marmotta quelques paroles que je ne pus entendre; puis il me dit :

— Eh bien ! que voulez-vous pour votre frère ?

—Vous lui devez une réparation, sire... car un roi doit toujours rendre plus qu'il n'a ôté... Pourquoi ne le feriez-vous pas préfet de police de Paris... ou bien plutôt préfet de Paris?... Croyez-vous qu'il aurait fait...

—Oh non! par exemple, s'écria Napoléon avec une expression naturelle qui me fit presque lui pardonner son injustice envers mon Albert... Il marcha quelque temps, puis il me regarda encore une fois... Cette fois ce fut en souriant de ce bon et charmant sourire qui le faisait tant aimer.

—Eh bien! qu'attendez-vous donc? Croyez-vous emporter *le brevet ?*

— Pourquoi non, sire ?

—Pourquoi *oui* plutôt? Car enfin dans tout cela je ne sais rien que ce que m'a dit une femme, et une femme qui est sœur.

— Votre Majesté veut-elle une preuve que je n'ai avancé que l'exacte vérité ?

— Comment?

— J'aurai l'honneur de lui envoyer la lettre

de M. le duc de Rovigo... Comme je présume qu'il ne se fait pas faute de lui montrer les nôtres, c'est une *restitution*... Votre Majesté y verra qu'il y avait ordre d'arrêter M. de Montrond, *ayant un habit bleu, une calèche jaune, et donnant cent sous de guides.* Mais il n'y avait pas l'ordre d'arrêter un homme en *habit bleu spécialement.* Mon frère, qui connaît M. de Montrond...

— Il le connaît! s'écria Napoléon.

— Oui, sire... beaucoup.

Et je fus tellement surprise de cette interruption et de son air étonné, auquel se mêlait une mauvaise expression, que je ne pus m'empêcher de reprendre :

—Oui, sire, Albert connaît beaucoup M. de Montrond, il ne pouvait donc prendre une autre personne pour lui ; et s'il l'eût reconnu dans l'homme qui lui fut amené dans son cabinet, il l'eût fait conduire au château d'If, ainsi que le portait son ordre, même quand il aurait eu un habit vert, que sa calèche eût été brune, et qu'il n'eût donné que deux francs aux postillons... tandis qu'il a fort bien fait de ne pas arrêter le gros monsieur qui avait un habit bleu et une calèche jaune... Oh! que tout cela est petit !...

—Ne tranchez pas ainsi, madame Junot... vous

apprendrez quelque jour avec plus d'expérience que des petites choses se font les grandes... *En attendant, dites à votre frère que je suis bien fâché de ce qui s'est passé.*

— Je ne lui *dirai rien*, sire ; car, comme j'ai eu l'honneur de vous le dire, je n'avais pas mission de lui pour vous parler... Puis... Enfin je ne lui dirai pas que j'ai parlé à Votre Majesté...

Et je me dirigeai vers la porte... Il me regardait aller sans parler.

—Eh bien! dit-il enfin, nous quittons-nous fâchés?... Mauvaise tête !... mauvaise tête! Savez-vous que vous êtes bonne pour vos amis... mais je crois que vous devez être un vrai démon pour vos ennemis.

—Je n'en ai pas, sire... du moins je ne le crois pas... à moins pourtant que je n'aie pour ennemis les gens qui m'ont fait du mal... et la nature humaine est faite de telle sorte que je n'en serais pas étonnée...

Ma pensée se reportait alors sur une femme qui avait voulu me faire bien du mal, qui avait même cherché à briser ma vie, ce qu'elle avait fait en partie... L'empereur connaissait toute cette histoire, et il me regarda avec une expression toute particulière...

— J'ai été content de vous dans cette affaire-là, madame Junot, me dit-il avec un sérieux dans le regard et dans la parole que je ne puis rendre ici... Je ne puis dire la même chose d'une autre; mais il paraît, au reste, que ceux qui lui tiennent de plus près que vous n'en sont pas mieux traités... Adieu.

Et il retourna à son bureau, où il s'assit; et avant que j'eusse refermé la seconde porte, il était probablement enfoncé dans ces hautes pensées qui régissaient le monde.

Je trouvai une foule d'amis dans le salon de service, qui tous voulaient me donner le bras pour m'aider à descendre l'escalier du pavillon de Flore... Le comte de Courtomer, qui précisément était de service, cherchait à lire sur ma pâle figure si j'avais réussi. Je lui fis un signe de tête affirmatif... Au même moment entra Duroc avec M. de Brigode, encore deux amis... Tous voulurent me servir d'escorte... Je me rappelai le feu d'artifice d'Aix... et, en voyant tous ces uniformes... ces décorations et ces hommes ainsi *masqués*, car j'appelle cela une mascarade, escortant une pauvre jeune femme qui semblait la mort se promenant pour prendre l'air... en vérité il y avait de quoi fâcher l'empereur. Je pris le bras de M. de Courtomer et de Duroc, et je descendis doucement avec eux cet immense escalier du pavillon de Flore, leur racontant sommairement la conversation que j'avais eue avec l'empereur... Aucun d'eux n'aimait le duc de Rovigo, et cette effroyable injustice faite à un homme de bien dans la personne de mon Albert les avait révoltés. Il était évident que mon frère était victime d'une machination profonde et méchante. Je pouvais la combattre, mais, hélas! ne savions-nous pas que le mal, toujours si facile à faire, devient une entreprise effrayante dans son résultat, quand il s'agit de le réparer?

CHAPITRE VI.

Mon danger. — Inquiétude de mon frère et de mes amis — Le docteur Portal — Le bain. — L'évanouissement. — Madame Lallemand. — La robe de crêpe rose. — Les douleurs. — Arrivée de Junot. — Joie de la famille. — Alfred et Napoléon. — Joséphine et Constance. — Joie paternelle. — Albert. — Changement de Junot. — Récits de la retraite de Moscow. — Le maréchal Ney. — Le comte Louis de Narbonne. — *Sa frisure* — Corvisart. — Le duc de Bassano. — Son courage. — Corvisart et Portal. — L'opium et les bains de viande. — Encore madame Lallemand. — Le docteur Kappeler. — Son talent et sa bonté. — Sa ressemblance *médicinale* avec Corvisart. — Junot, garde-malade. — L'insomnie. — La confidence. — Les larmes du brave. — La souffrance. — La lettre et la maîtresse. — Le changement d'adresse. — Noble action méconnue. — Flatterie *courtisanière*. — Le duc de Lafeuillade et Louis XIV. — Mes hommages à M. le dauphin. — La starostie de 1,200,000 fr. de rentes donnée à Davoust. — Fermentation de Paris. — Les calembourgs. — Colère de l'empereur. — Il est mauvais jardinier. — Les *grenadiers et les lauriers*. — Les *plats*. — La colonne. — Le tyran sur l'*échasse*. — Fond à vendre! — La petite armée. — La rue de l'Ouest. — Junot, Malet et Hulin. — Le gouvernement de Paris.

Chaque jour ma maladie prenait un aspect plus sinistre; mon frère, vraiment inquiet, ne quittait presque plus ma chambre. Ma faiblesse était tellement grande, que je m'évanouissais dix fois dans un jour. Enfin j'en vins au point [1] de

[1] C'était une affection nerveuse produite par de violentes secousses. Cette affection avait choisi son siége dans le pylore,

ne pouvoir plus sortir de ma chambre ; c'était alors le docteur Portal qui me soignait. J'avais eu non seulement tous les premiers médecins de Paris, mais même de l'Europe, et sans aucun succès... Un jour on m'avait couvert la poitrine de sangsues, et puis on m'avait mise dans un bain... Il était près de minuit ; ce bain, cette saignée, l'inanition dans laquelle me plongeait l'impossibilité totale d'avaler le moindre aliment, l'épuisement d'une journée de souffrances, me firent tomber dans un évanouissement si profond, que, ne pouvant plus me soutenir dans la baignoire, je poussai un faible gémissement et je coulai dans le bain. Il n'y avait en ce moment auprès de moi que ma bonne Caroline, madame Lallemand, qui passait presque tous ses momens auprès de moi, depuis que j'étais aussi mal... Ce qu'elle fit alors, je ne l'oublierai jamais, parce qu'il fallait une amitié bien forte et bien entière pour en donner la possibilité... On connaît madame la baronne Lallemand ; sa taille de créole, souple et élé-

et un verre d'eau sucrée était une chose qui ne me passait plus à l'époque dont je parle. J'étais presque étique et avec une fièvre continue. Cette horrible maladie dont Corvisart seul a trouvé le moyen de me guérir ne l'a cependant jamais été entièrement. Je l'ai encore, et jamais elle ne sera guérie radicalement ; mon voyage en Espagne en était la cause première.

gante comme un peuplier, mais sans force aucune... ses petites mains si délicates qu'on a peur de les froisser quand on veut les serrer, et ses bras, toute sa personne enfin, qu'on ne juge pas susceptible d'enlever un enfant... eh bien! en me voyant couler dans l'eau, où j'allais étouffer, elle fut prise d'une telle terreur, qu'elle s'élance à moi, plonge ses bras dans la baignoire, me tire de l'eau, où j'étais évanouie, et le corps plus pesant conséquemment que si j'eusse été *éveillée dans la vie*... et sans faire attention à une charmante robe de crêpe rose qu'elle avait, elle m'enlève dans ses bras, et me tire de la baignoire, où j'aurais péri sans elle!... Cet effort fait, elle tomba sans force à côté de moi sur le tapis où j'étais moi-même pâle et mourante. Mes femmes qui étaient dans une pièce voisine accoururent au cri qu'avait poussé madame Lallemand, car son mouvement d'inspiration avait été si prompt, qu'il fut exécuté bien plus vite que je ne puis le raconter.

Je revins à moi, mais ce fut pour sentir combien je souffrais! A cette époque la vie m'était odieuse... Ma jeunesse était remplie par des journées de souffrances et des nuits de tortures, et ma patience ne pouvait plus comprendre le degré supérieur... la résignation.

Ce fut alors que Junot arriva... Oh! ce fut une

déchirante entrevue; lui me revoyait mourante, presque dans la tombe... et y descendant par des douleurs dont la violence était rapide, et dont l'effet, quoiqu'il le fût aussi, n'amenait pourtant la mort que lentement... Moi je le retrouvais non seulement changé, mais changé d'une manière alarmante... Il portait en lui une destruction morale... Je le connaissais si bien!... Je voyais dans son cœur... Je le lisais comme un livre!... Je lisais dans cette âme malade tout ce qu'elle avait souffert... tout ce qu'elle souffrait... tout ce qu'elle devait souffrir!... *tout*!... Oh non!... ma pensée n'allait pas à cette conclusion terrible!

Albert était entre nous deux... nos enfans étaient sur mon lit. Junot revoyait son Napoléon beau comme les amours du Gnide... son Alfred maintenant frais, bien portant, l'honneur de sa mère enfin, en le présentant à son père qui l'avait quitté si débile et si faible... ses deux filles, dont l'une belle comme un ange, annonçait déjà ce qu'elle est devenue depuis, et notre bonne Caroline, cette amie qui faisait alors partie de la famille, tout cela était autour de lui, l'embrassant, lui baisant les mains, lui grimpant sur les épaules, lui donnant de ces joies qui inondent le cœur et le plongent dans d'ineffables voluptés.

Je n'ai jamais connu un être plus fait que Junot

pour apprécier de pareils momens... il les doublait lui-même pour moi, par l'effet que je voyais qu'il en recevait; mais ce n'étaient plus que des éclairs qui jaillissaient de cette âme assombrie... Un poids immense s'était affaissé sur elle, et lui donnait une mort lente et torturée.

Quelques instances que je fisse auprès de lui, je ne pus rien obtenir... il craignait, le pauvre ami, de me donner une peine de plus, il savait si bien que je partageais toutes les siennes! seulement une fois il me questionna avec un intérêt très marqué sur ma dernière conversation avec l'empereur... Je me donnai bien de garde de lui rapporter ce qu'il avait dit de l'ingratitude de ceux qui l'entouraient... mais je lui demandai s'il s'était plaint des malheurs de la campagne...

—Jamais, me dit-il... et pourtant l'exemple ne me manquait pas... Ce pauvre Ney, que tu sais n'être pas facile à vivre dès qu'il s'agit d'obéir, et c'est pour l'empereur comme pour un autre, est celui de nous qui, en supportant la souffrance avec le plus de courage, a témoigné le moins de patience... Au surplus il a peut-être le droit de parler, car indépendamment de sa belle bataille de la Moscowa, il a été sublime dans la retraite... Sa conduite est au-dessus de tout éloge...

Mais une louange qui m'allait au cœur lorsque

Junot me la faisait remarquer, c'était celle que méritait mon ami le comte de Narbonne. Il fit l'admiration de tout le quartier-général pendant la retraite entière. Toujours habillé comme pour aller aux Tuileries, *pas de redingote*, pas de manteau, toujours coiffé, poudré, il était vraiment étonnant ; et puis son charmant esprit aussi vif, aussi aimable, me disait Junot, que s'il eût été dans mon salon ou dans celui de M. de Talleyrand... Junot me disait aussi qu'un homme qui l'avait toujours étonné relativement à ce courage de sang-froid de tous les momens, c'était le duc de Bassano[1] !... Le duc de Bassano n'a quitté l'empereur que rarement pendant tout le temps qu'a duré sa charge de secrétaire d'Etat et de ministre des affaires étrangères, et il était aussi calme au milieu du feu où il se trouvait quelquefois, que s'il eût été devant la table des délibérations au conseil d'Etat...

Corvisart venait de revenir ; Junot, au désespoir de me voir dépérir chaque jour, malgré tous les efforts de l'amitié, de l'amour et de

[1] Le duc de Bassano a prouvé plus récemment encore combien on peut allier les deux qualités d'homme de *sabre* et d'homme d'Etat, lorsqu'il fut attaqué en Suisse dans le château d'Alaman, appartenant à M. le comte de Sellon, dans l'année 1817.

toutes les affections dont j'étais entourée, demanda à Corvisart de me venir voir. Il n'était pas mon médecin... En apprenant que c'était Portal qui me soignait, il fit un mouvement de tête... Il n'aimait pas la manière gothique et surannée avec laquelle il soignait; la médecine avait fait de grands progrès, et les docteurs de l'âge de Portal étaient demeurés stationnaires. Je devais être une nouvelle preuve de la pensée de Corvisart... Comme il avait de l'affection pour moi, aussitôt qu'il apprit que j'étais aussi mal, il vint me voir.

En m'apercevant, il recula... c'était une ombre qu'il avait devant lui... Il était dur habituellement avec ses malades, mais ce jour-là, ce ne fut pas le malade qui reçut l'explosion... ce fut le médecin. Portal était là... c'était une espèce de consultation. On se rappelle la figure hâve, maigre surtout, du docteur Portal; dans le moment dont je parle ici, il était de deux teintes plus livide encore.

— Et je vous prie, monsieur, lui dit Corvisart, qu'attendiez-vous pour faire suivre un traitement quelconque à cette malheureuse femme?... Attendiez-vous, je vous le demande, qu'elle fût cousue dans son drap mortuaire, et couchée dans sa bière?... Ma foi! écoutez donc, il fallait même commencer à ce compte-là... monsieur!... Et sa voix sonore et profonde faisait retentir la chambre... Monsieur!... savez-vous bien que c'est un assassinat!!... et une femme de 26 ans encore... Monsieur! je le répète... c'est une indignité. . . . .

Madame Lallemand voulut le calmer; il lui répondit assez durement, comme à tout le monde au reste... Enfin, après m'avoir questionnée, palpée, secouée, il se mit à hocher la tête et à se promener en silence et l'air soucieux. Tout-à-coup il s'arrêta devant Junot.

— As-tu confiance en moi?

— Comme en Dieu.

— Bien vrai?...

— Sur mon honneur... Corvisart serra la main de Junot... Tu remplaceras ce pauvre Lannes dans mon cœur, dit Corvisart; tu es comme lui un loyal et brave garçon... Oh! pourquoi donc est-il mort....!

Toutes les fois que Corvisart parlait du duc de Montebello, il s'attendrissait... Il était ami de la maison Gheneuc, et avait connu la duchesse et son frère aussi jeunes que nos enfans l'étaient alors, et leur était attaché avec une amitié bien rarement aussi sensible et aussi forte.

— Eh bien! poursuivit-il, puisque tu as confiance en moi, il faut faire exécuter ce que je vais prescrire.

Il ne faut pas que la duchesse mange *du tout*... Quand je dis *du tout*, c'est une diète absolue... Puisque cet estomac ne veut *rien*... eh bien! il ne faut *rien* lui donner[1].

— Ah! mon Dieu! s'écria madame Lallemand, que cette pensée de diète absolue faisait croire à l'anéantissement... à la mort... ah! mon Dieu!... mais elle va mourir!

Corvisart se retourna de son côté, et quand il vit ce joli visage, ces beaux yeux bleus brillans comme deux saphirs au milieu de leurs larmes, et tout l'ensemble gracieux de sa personne, il ne

[1] Cette défense *de rien manger, rien avaler*, consistait dans une rigueur très grande relativement aux alimens. J'en avais l'horreur moi-même, mais Corvisart entendait par RIEN — RIEN en effet. Je demeurai donc *onze jours* sans avaler une cuillerée d'eau sucrée, quelquefois je me sentais MOURIR... Alors la sueur froide inondait mon front, tout mon visage... C'était l'agonie!.. mais une agonie vivante... ah! que j'ai souffert!... Pendant ce temps je prenais des bains de viande, c'est-à-dire qu'on me mettait dans une de ces baignoires de cuivre appelée *Sabot*, dans laquelle on mettait des pieds, des fraises de veau, une foule de viandes mucilagineuses;... tout cela cuisait, et moi l'on me plongeait là-dedans pour que l'épiderme absorbât de la *nourriture*!... C'est ainsi que j'ai parcouru ces onze jours... Oh! que j'ai été patiente dans de pareilles tortures!...

put d'abord lui dire la parole amère qu'il avait sur les lèvres, il sourit même à cette charmante vision... Mais les mouvemens doux lui étaient étrangers, et il ne pouvait long-temps retenir sa mauvaise humeur :

— Etes-vous donc médecin, dit-il avec une intonation de voix inimitable?... Ah! si vous êtes ici pour *faire la bonne femme*, je ne me mêle de rien!...

La bonne Caroline fut d'abord émue de cette algarade si hors de propos... mais ensuite elle savait que cet homme était un dieu parmi les hommes, car il pouvait donner la vie... ou rappeler du dernier degré de péril un malade confié à lui, et certes j'étais bien arrivée à ce dernier degré... Ses ordonnances furent strictement suivies... Le onzième jour, j'essayai de manger de la crème de riz... j'eus un affreux vomissement. Corvisart avait voulu être auprès de moi pour juger de la crise ; il fit une laide grimace quand il vit que tout ce qu'il avait tenté était nul ; il fut à Junot, et lui dit :

— Mon ami, ta femme est très mal... les sources de la vie ne sont pas épuisées, parce qu'en elle il y a les forces vitales d'un homme. Je n'ai jamais rencontré une constitution aussi robuste, aussi saine... Il y a donc espoir... mais en elle...

elle seule. C'est à la nature à conserver ce qu'elle a fait ; la duchesse est constituée de manière à vivre cent ans, si des chagrins trop vifs ne la tuent pas... car, vois-tu, si elle est forte, elle souffre en raison de sa force. Maintenant dans l'état où elle est, il n'y a qu'un parti à prendre pour la sauver... c'est de lui donner de l'opium, non pas de l'opium d'Orient[1], Dieu nous en préserve!... mais de l'opium gommeux, mitigé encore avec de la gomme. De cette manière il est en entier dégagé des portions narcotiques; il n'est pas même somnifère profond... il n'est que calmant... Consens-tu à ce que je lui en donne?...

— Fais tout ce que tu voudras, s'écria Junot, pourvu que tu la sauves.

Le même jour on me donna un quart de grain d'opium gommeux, délaye dans je ne sais plus quoi. Je mangeai... c'est-à-dire que je pris quelques cuillerées de crème de riz... On persista, enfin je fus sauvée... Corvisart était un des hommes les plus habiles dans son art sans aucun doute. Mais où il n'a pas de rivaux, c'est dans ce coup-d'œil

[1] L'opium que prennent les Orientaux est brut, tel qu'on le récolte ; ce sont les parties résineuses qui le chargent qui font tout le mal qu'on en éprouve en Orient. Celui-ci est dépouillé de toutes les parties étrangères à sa nature calmante, et ne produit pas l'effet rêveur de l'opium turc.

d'aigle jeté sur un moribond, et trouvant dans les décombres de sa vie de quoi édifier un nouveau monument... Il redonnait la vie... Quant à moi, je le regarde comme mon libérateur[1].

[1] Il existe pour moi un homme à qui mon attachement et ma reconnaissance sont encore plus acquis qu'à Corvisart. C'est le docteur Kappeler... Je lui dois trois fois la vie... Il est non seulement mon médecin, mais mon ami, et le sera jusqu'au dernier souffle d'une existence qu'il m'a conservée et me conserve encore tous les jours... Son talent, fort remarquable d'ailleurs, a cela de particulier, et je puis dire de commun avec Corvisart, qu'il jette sur le malade un de ces mêmes regards qui vont consulter la mort ou la vie jusque dans vous-même. Le comte Louis de Narbonne me l'avait amené dans mes grandes souffrances, et je n'avais pas eu alors en lui toute la confiance qu'il méritait, parce qu'il était trop jeune. Cependant, me dit le comte Louis, ma mère, la duchesse de Narbonne l'a avec elle, et elle s'en trouve admirablement... Je ne le voulus pas écouter... Plus tard je le revis, c'était en 1828... J'étais alors au couvent, et fort malade, mais excessivement *mal*... M. Kappeler me soigna avec un art admirable... Depuis c'est toujours avec les mêmes soins; mais sa bonté ajoute ceux d'un ami à ceux du médecin. Ma confiance en lui est si grande, que je ne voudrais jamais consentir à une consultation si j'étais très mal; avec son talent d'observation et de profonde science pratique, je suis certaine d'être sauvée. M. Kappeler a une modestie qui ne peut lui faire de tort, parce que jamais elle ne nuit à son malade; mais il pourrait aussi parler et parler très haut... Il est médecin en chef d'un hôpital, l'hôpital Saint-Antoine, et dans le temps de l'épidémie, son courage a égalé sa bonté. J'étais attaquée aussi; il venait quelquefois jusqu'à trois fois et à une heure du

Cependant ma faiblesse était si grande qu'à peine pouvais-je marcher... Deux valets de chambre me portaient sur une sangle, lorsque je voulais passer d'une chambre dans l'autre, car je ne pouvais me tenir sur mes jambes... Je sortais un peu en voiture; mais l'hiver était si rude, et l'air mortel pour un souffle presque éteint.. Je restais donc tranquillement dans mon appartement bien clos, et soignée par mon mari, qui lui-même cependant avait plus besoin de soins minutieux que moi... Toutefois il ne souffrait pas qu'une garde ou une de mes femmes couchât dans ma chambre depuis son retour; il s'était établi dans mon grand lit, tandis que j'étais dans un autre plus petit qui me servait de lit de repos; en sortant du bain c'était lui qui me donnait la gelée de viande que je prenais d'heure en heure, ou le lait glacé que je buvais aussi à des intervalles très rapprochés. . . . .

Une chose caractéristique de la nature de Junot, c'était une grande disposition au sommeil; cela était au point de s'endormir même en lieu qui lui plaisait... Cette disposition n'était pas changée à son départ pour la Russie; aussi lui

. . . .

matin. — C'est mon devoir, me disait-il... si je péris, eh bien, c'est un soldat mourant d'une balle qui lui casse la tête. . . .

dis-je en plaisantant que le métier de garde malade était le plus mauvais qu'il pût choisir... Il me sourit tristement... et la nuit je fus bien surprise lorsque chaque fois que la pendule annonçait l'heure marquée pour mes potions, il se soulevait et demandait doucement :

— Laure, dors-tu?...

Et sa voix était claire, et sans ce timbre voilé que lui donne le sommeil... Les premières fois je ne fus que surprise et touchée, je crus que ma maladie lui donnait une inquiétude qui rendait son sommeil plus léger... mais ensuite je fus alarmée pour lui-même: non seulement il ne dormait plus [1]... mais les heures qu'il passait ainsi veillant étaient terribles... Une nuit, il me croyait endormie, je l'entends soupirer profondément, et ce soupir était douloureux... il venait d'une âme brisée... Il soupira encore... puis encore... enfin il pressa sa tête contre le traversin, et j'entendis un gémissement qui me traversa le cœur, car il fallait que le sien fût bien malheureux... Je l'appelai deux fois sans qu'il me répondît...

— Junot, lui dis-je, tu souffres, et tu souffres dans le cœur... pourquoi ne viens-tu pas à moi?

[1] En effet, il m'écrivait de Thorn, 11 janvier 1813 : Il est quatre heures du matin ; JE NE DORS PAS, et je me relève pour t'écrire.

Il était toujours silencieux ; je me levai et je fus moi-même à son lit... La lampe d'albâtre donnait peu de lumière, mais en m'approchant pour l'embrasser, je sentis son visage couvert de larmes...

— Toi, pleurer ! m'écriai-je... *pleurer*, mon Dieu !... et que peux-tu avoir, mon ami bien-aimé, pour *pleurer* ?

Et je le serrais convulsivement contre moi... Je ne pouvais pas *pleurer* moi... j'étouffais... j'étais tombée à genoux sur l'estrade du lit, et là j'éprouvai une telle douleur, que je crus mourir...

—Voilà ce que je craignais, dit-il en me relevant... Ma pauvre Laure ! et comment veux-tu supporter le poids de mes peines dans l'état où tu es ?... pauvre amie !...

—Mais à présent je sais que tu souffres... je le sais comme jamais je n'aurais cru le savoir, mon Dieu !... Oh ! qu'il faut que la plaie soit douloureuse !... Dis... dis-moi ce que tu as, mon ami...

Hélas ! je le présumais bien ce qu'il avait !... mais je voulais l'entendre de lui...

Il me dit *tout*... Ce fut alors que j'appris pour la première fois l'histoire de Smolensk, celle du retard du corps d'armée, et enfin les terribles bulletins !... Mais tout cela n'était RIEN encore... une dernière blessure plus envenimée que le reste, avait rendu les autres incurables comme elle. Voilà ce qui avait détruit le sommeil... ce qui plaçait le malheureux dans un désert horrible, au milieu de la vie la plus civilisée et la plus élégante ; il était incessamment aux prises avec cet ennemi qu'on lui avait jeté au cœur comme une pâture empoisonnée ; le souvenir de ces bulletins creusait dans l'âme tous les jours davantage, en y versant comme des gouttes d'eau-forte. La souffrance devenait à tous les momens plus insupportable... . . . .

—Et tu ne me parlais pas !... à moi !... ta plus sûre, ta meilleure amie !... . . .

Il me rapprocha de lui, et posant sa tête sur mon épaule, il pleura... Ses larmes étaient brûlantes... on sentait qu'elles devaient corroder ses joues... dessécher ses paupières... Je pleurai avec lui, et il souffrit moins... Je lui demandai s'il avait vu l'empereur en particulier... Il me dit que oui ; que Duroc, dont l'amitié avait été celle d'un frère dans toute cette affaire, avait même parlé à l'empereur du changement de Junot, et de son changement depuis les bulletins... L'empereur n'avait rien répondu, et lorsque Junot l'avait vu, il avait été excellent pour lui... lui avait même parlé avec une sorte de confiance qui était peu en accord avec tout ce qui s'était passé... Junot, en me racontant cette entrevue qui avait eu lieu l'avant-veille, me disait qu'il était lui-même étonné qu'elle ne lui eût fait aucun bien...

— Et sais-tu pourquoi? ajoutait-il avec une expression sombre qui allait maintenant à sa belle physionomie... c'est que la vérité *seule* parle au cœur et en est comprise.. En me disant qu'il m'aimait encore... l'empereur n'était pas vrai...

Et le malheureux se rejeta dans mes bras, et pleura avec désespoir.

La nuit fut terrible; j'oubliai mes douleurs pour ne plus sentir que les siennes... Je le pris avec la douceur qu'il faut mettre à soigner un être malade... J'essayai de lui parler sur tous les tons... car il comprenait peu celui de la raison, son sentiment pour l'empereur était de la passion... Il fallait lui parler sa langue.... Oh! qu'il souffrait! qu'il souffrait! lorsqu'il répétait : Il ne m'aime plus!...

Alors il me prenait dans ses bras, il baisait mes mains, mes yeux, me dévorait de caresses, et me répétait :

—Mais tu m'aimes toujours, toi?... tu m'aimes, car, vois-tu, je n'ai que toi pour me consoler, et puis mes enfans... J'ai perdu ma mère... je n'ai plus que toi pour m'aimer... Aime-moi toujours, ma Laure... Mon Dieu! mon affection est si dévouée pour qui la possède!...

Je parlai à mon frère le lendemain matin, de cette nuit terrible, et que cependant je bénissais, parcequ'elle m'avait enfin donné le droit de lui parler de ses peines, et de l'en faire parler... il pouvait monrir de cette contrainte.. j'en vis la preuve le lendemain... Il venait à toute heure dans ma chambre pour renouer l'entretien de la nuit... il me disait en se couchant à mes pieds, et posant sa tête sur mes genoux :

— A présent je n'ai plus cette douleur qui m'empêchait de respirer... Tu es toujours mon ange!... pourquoi donc ne voulais-je pas te parler?... que j'étais insensé!... toujours toi... toujours toi, ma Laure!...

—.... *Même quand je m'appelle Li...e.*

Et alorsil rougissait, mais il riait aussi... et me disait : — Tu sais bien que je n'ai *aimé personne* au monde comme je t'ai aimée, ma Laure; tu sais que je n'aime personne comme je t'aime... et que je n'aimerai jamais maintenant comme je t'aimerai... Car, en vérité, je crois que c'est comme le jour où je t'ai demandée à ta mère!. où je t'ai demandé à toi-même si tu voulais de moi pour mari... Te rappelles-tu ces momens-là?... N'est-ce pas qu'ils sont de ceux qui jamais ne s'oublient?...

Et si Albert entrait au milieu d'une de ces conversations-là, alors nous devisions des heures entières sur le temps d'autrefois... nous y retournions par la pensée... Nous étions heureux par le souvenir, parce que celui-là n'a rien d'amer, il était pur, et ses joies étaient notre bien... elles étaient là, et nous pouvions jouir; le souvenir n'avait pas de regret... . . . . . .

Cette histoire du changement de noms, que j'ai indiquée plus haut, mérite d'être racontée; elle est de 1812. . . . . .

Junot, étant pour peu de temps à Paris, obtint de l'empereur la permission d'aller en Bourgogne, voir son père, mais seulement pour 15 jours... Il part, et selon sa promesse, il m'écrit en arrivant et fort exactement pendant son séjour à Montbard. Quatre jours avant son retour, je reçois une dernière lettre de lui... J'étais dans mon lit, et madame la baronne Lallemand était en ce moment assise auprès de mon chevet.

— Comment se porte le duc? me demanda-t-elle en apercevant une altération assez visible sur ma figure.

— Oh! fort bien... seulement il a été un peu dérangé dans sa correspondance, et il s'est trompé d'adresse.

— Comment cela?

— Je lui montrai l'adresse qui était bien la mienne... mais j'ouvris la lettre, et je lui fis voir le commencement.

« Je serai à Paris jeudi prochain, ma chère Li...e. » Nous nous regardâmes, Caroline et moi, et puis nous nous mîmes à rire, mais je ne riais pas *de franc jeu*... Je continuai la lecture de la lettre... elle était compromettante sans être tendre... je n'aurais pas voulu en recevoir une semblable... Du reste la différence du style pouvait être appréciée par la dame, car il était probable qu'elle avait ma lettre; je fus au moment de lui envoyer la sienne, comme plus tard je lui en ai renvoyé plus *de cent*.... mais alors c'eût été une méchanceté, tandis que l'autre action est celle de ma vie peut-être où j'ai montré le plus de générosité de cœur... Elle a été méconnue, cette générosité, et cela m'a rendue peu bonne, s'il faut le dire, pour cette personne... Ne savoir pas reconnaître une noble action, c'est se déclarer inhabile à la faire.

Mais qui fut bien *pantois*? ce fut Junot... il avait déjà appris la mésaventure de ses deux adresses, et il en était assez embarrassé... bref il y eut pardon complet de ma part... Je lui remis sa lettre et lui demandai la mienne, que je ne voulais pas perdre. Il me la promit, mais ne la voyant pas, j'insistais toujours... enfin il me dit en m'embrassant et me rapprochant bien près :

— Tu ne comprends pas pourquoi je ne t'ai pas donné ta lettre ?

— Non.

— Comment ! tu aurais voulu la lire après qu'elle avait été lue par une autre personne ?

— Oh non !... Et je le compris alors... Il y avait des trésors d'affection dans cette âme-là... mais des trésors d'affection surtout pour la manière de sentir et de le rendre à ceux qu'il aimait vraiment. Je ne conçois pas comment Napoléon pouvait ne pas regretter un tel ami, au point de ne pouvoir se consoler de sa perte. Il ne pouvait l'aborder avec tranquillité lorsqu'il était absent quelque temps et le revoyait... C'était une émotion vive et profonde qui s'épanchait dans le regard, dans la parole, dans l'expression de toute la physionomie de toute sa personne. On ne *feint pas l'émotion*, ou bien alors on est complètement ridicule... La flatterie *courtisanière* s'arrête *là*... elle ne peut imiter ce qui *est vrai*... M. de Lafeuillade, qui faisait état d'aimer[1] Louis XIV avec une *profonde amitié*, comme on disait dans ce

[1] C'est une chose assez remarquable que cette expression employée souvent alors en parlant au roi. On lit dans Bussy-Rabutin, qu'il disait à Louis XIV : Votre Majesté sait com-

temps-là, ayant obtenu un congé dans je ne sais plus quelle campagne, monta à cheval et vint à Versailles à franc étrier, fut chez le roi et lui dit:

« *Il y en a qui viennent pour voir leur maîtresse, leur femme, leurs enfans... moi, sire, je suis venu pour voir Votre Majesté, et je repars à l'instant même.* »

Et en quittant le roi, il ajouta par une recherche extrême :

« *Oserais-je prier Votre Majesté de faire agréer mes humbles hommages à M. le dauphin?* »

Louis XIV fut touché de cette démarche, et dit le même soir au dauphin, avec un air de satisfaction presque aussi coquet qu'aurait pu l'avoir une femme vis-à-vis d'une rivale :

« *Je suis chargé de vous faire des complimens.* »

C'est un trait certes bien calculé pour faire effet... Il n'y a rien de comparable surtout *aux hommages pour M. le dauphin.* Voilà une chose que Junot n'aurait même pas imaginée... Mais en revanche, il pleurait avec son âme virile et courageuse; et une larme de tendresse de cet homme-là est plus lourde dans la balance de l'affection

bien je l'aime... mon *amitié* pour elle durera toujours, etc... Dans madame de Sévigné cela se voit aussi... Il serait fort à desirer qu'une personne instruite fît un travail sur la différence *de voir, de penser* et *de sentir* de ce temps-là au nôtre.

que toutes les démarches comme celle que je viens de citer.

Napoléon, je l'ai dit bien souvent dans ces Mémoires, avait, comme tous les souverains, la passion d'être aimé. Et, chose étrange, il ne faisait en général rien pour les hommes qui lui étaient les plus dévoués par le cœur, autrement qu'en leur donnant des récompenses toutes matérielles... comme si un seul mot de l'âme allant à l'âme, ne payait pas plus les fatigues et les peines de telles gens, qu'une starostie tout entiére valant douze cent mille francs de rente, comme celle qu'il donnait à Davout, qui ne l'en aimait pas plus. L'empereur avait, à cet égard, de bien étranges manières de voir et d'agir, et pourtant lui-même devait alors savoir ce que c'était que la souffrance; car il y avait à cette époque une fermentation sourde dans Paris qui lui donnait une vive inquiétude, et que, malgré toute sa grandeur de pensée, il ne pouvait cacher à ceux qui le connaissaient bien. Lorsque l'impératrice Joséphine était à côté de lui sur ce siége rembourré d'épines qu'on nomme un trône, il lui racontait une partie de ses souffrances quand son cœur était trop plein. Alors la part humaine était faite; il pouvait sourire, car il avait pleuré. L'homme avait incliné son front superbe devant la douleur... Il pouvait le relever, et laisser croire qu'il la bravait... comme s'il est sur la terre un homme qui dénie sa puissance! Mais ici, avec Marie-Louise, il lui fallait toujours être dans une sorte de représentation. Il lui fallait songer à dérober un nuage qui passait sur son front : car, pensait-il, elle peut l'écrire à son père, et cette famille qui me hait, rirait peut-être en apprenant que mon tour est venu, à moi aussi, de souffrir et de craindre... Duroc a seul connu ce qu'il a souffert dans cette année de 1813, c'est-à-dire au retour de Russie... Junot avait aussi la clef de ce caractère impénétrable pour tout autre peut-être que ceux qui l'avaient connu comme moi et lui dès sa première jeunesse, ou, comme Duroc, en le voyant à toute heure et dans tous les momens. Je le connaissais aussi, moi, et cette dernière conversation, qui est en effet la dernière de ce genre que j'aie eue avec lui, m'a révélé combien son âme souffrait, et combien elle souffrait en raison du grand changement qui s'était opéré en lui depuis une année... La gloire, et la gloire heureuse, le soutenait jusque là. Une fois que la fortune a délaissé la conduite de son char triomphal, alors tout a marché en déviation, parce qu'il n'avait pas prévu ce cas, et ne savait pas se conduire lui-même.

Une chose, par exemple, qu'il ne pouvait dissimuler, c'était la douleur que lui causaient toutes les caricatures, les bons mots, les calembourgs de la ville de Paris. Il aurait dû en rire, mais bien loin de là, ils l'affectaient profondément. Un jour on trouva placardé sous l'un des aigles du côté des Tuileries, au bas de la colonne, un quatrain contre l'empereur qui était vraiment épouvantable. Le duc de Rovigo, qui, ainsi que je l'ai dit, avait véritablement de l'affection pour Napoléon, fit faire des recherches sur le quatrain. Impossible de découvrir l'auteur... Le lendemain, le quatrain reparut encore et à la même place. Les agens de la police l'enlevèrent de nouveau, et firent le guet tout le jour autour du monument. L'empereur n'avait pas seulement, comme on le sait, la police du ministère, il en avait malheureusement bien d'autres qui lui faisaient un mal réel, non seulement moralement, mais matériellement. Il fut instruit... lut le quatrain, et manda le duc de Rovigo, contre lequel au reste il avait une humeur dont il était facile de s'apercevoir depuis le retour de Russie, à cause de l'affaire de Malet. L'empereur n'a jamais pardonné à M. de Rovigo, ni à M. le baron Pasquier, d'avoir laissé avilir la majesté impériale dans ses ministres, en se laissant ainsi traîner en prison comme de *vrais gobe-mouches*, ainsi que lui-même les avait appelés. Cette humeur avait été bien plus forte contre le pauvre comte Frochot, pour son empressement à reconnaître la mort de l'empereur; et, pour dire la vérité, il ne lui avait pas fait une longue oraison funèbre.

Quant au ministre de la police, il ne lui avait pas retiré son ministère, parce qu'alors il n'avait pas oublié toute raison au point de s'abandonner à un ennemi qui, lui aussi, n'oubliait jamais une injure... Rovigo était donc toujours ministre de la police; mais aussi l'empereur le menait-il assez durement pour lui faire quelquefois regretter (lui-même me le dit le matin du jour dont je parle) que le petit sergent du général Guidal n'eût pas fait son office et ne l'eût pas tué.

—Qu'est-ce à dire, monsieur? lui cria l'empereur du plus loin qu'il le vit... qu'est-ce à dire? Faut-il donc que je sois insulté par des misérables qui se jouent de ces autres misérables que vous payez pour surveiller les malfaiteurs, et qui, Dieu me pardonne! se liguent avec eux!... Faut-il que j'aie vécu jusqu'à aujourd'hui, poursuivit-il en frappant du pied et entrant dans un de ces accès de colère qui lui étaient bien funestes, pour m'entendre appeler tyran et buveur de sang... pour m'entendre bafouer d'un autre côté par cette canaille qui ne sait mordre le cerf que lorsqu'il est à bas... qui n'approche du sanglier que lorsqu'ils ne craignent plus le coup de boutoir.

Et il frappait du revers de la main droite un petit paquet de papiers dans lesquels le duc de Rovigo reconnut par-dessus tous le fatal quatrain de la colonne. Dans le fait, il était aussi effroyable dans les images qu'il présentait, qu'injuste dans son application à Napoléon. Jamais il n'y eut un homme moins tyran que lui, et surtout moins *sanguinaire*. Il était bon même. Il n'était pas sensible... mais il avait de la bonté dans l'exercice habituel de la vie... il avait même de la sensibilité plus que je n'en ai vu à aucun homme pour son fils. Cette adoration profonde, ces larmes dont il baignait le visage de son enfant, ces larmes-là avaient une source dans l'âme, et cette source ne peut exister sans une sensibilité qu'on ne peut mettre en doute.

Voici les vers:

Tyran juché sur cette échasse,
Si le sang que tu fis verser
Pouvait tenir en cette place,
Tu le boirais sans te baisser.

Cette image de l'empereur tout en haut de la colonne, entouré dans cette place Vendôme par une enceinte de maisons qui, dans le fait, la ferme comme un lieu tout exprès pour contenir, comme aurait pu faire le Dante, ce breuvage imposé à un grand criminel par l'une des rêveries du poète; il y a une grandeur fantastique dans ces quatre vers qui me frappa d'une fâcheuse impression la première fois qu'on en parla... L'empereur en fut douloureusement saisi, et il répétait toujours :

— Un tyran!.. moi!.. un tyran!.. et sanguinaire encore!.. Ils verront, ils verront plus tard... Ils en auront du sang[1]... ils en auront plus qu'avec moi, et ils l'auront sans gloire...

Une des choses qu'il était aussi très contrarié de voir circuler dans Paris, c'étaient des calembourgs de toutes les sortes, de toutes les couleurs, qui étaient redits dans tous les carrefours et parfaitement compris par le peuple de Paris, naturellement spirituel. Où était le temps où Brunet avait passé vingt-quatre heures en prison pour avoir répondu dans Cadet-Roussel, maître de déclamation, tandis qu'il mangeait des noix et jouait avec les coquilles: *Je fais des péniches?...*

Maintenant l'empereur pouvait juger lui-même que l'esprit avait fait de grands progrès dans la civilisation de la pensée et dans sa mani-

[1] Quelle prédiction!... et le mot est littéralement vrai...

festation, vraie liberté, vraie source de tout bien, comme peut-être de tout mal, mais évidemment plus importante dans le premier effet. La pensée est la reine du monde. L'entraver, c'est bouleverser tout ordre, déranger tout équilibre ; c'est donner des fers à qui doit nous régir, et dès lors plus d'harmonie.

Ces calembourgs étaient du reste fort spirituels. Millin, mon ami, et je puis dire l'un de mes plus chers et de mes plus intimes, m'apportait toutes ces choses, et j'en riais quelquefois avec lui, mais en secret, car Junot n'aurait pas entendu raillerie, et M. de Narbonne avait une telle loyauté chevaleresque dans le caractère, qu'il aurait brûlé tout ce qu'il aurait trouvé dans ce genre là, au lieu de me l'apporter, et surtout d'en rire...

Une fois déjà, en 1809, lorsque tous les rois de Saxe, de Bavière, de Wurtemberg, les princes d'Allemagne, et toute cette foule de reines, de princesses, étaient venus balayer de la queue de leur manteau royal *la poussière du vestibule impérial*, alors, un jour, on vit appliqué sur le mur du château des Tuileries qui regarde la cour, une immense affiche, sur laquelle les lettres avaient un pied de haut, et qui disait ce peu de mots: *Fonds à vendre... pas cher... fabrique de sires...*

Un semblable était du côté du jardin; le calembourg, le jeu de mots, ce que vous voudrez, était joli, mais l'empereur ne le trouva pas ainsi. Les ordres les plus sévères furent donnés, comme on peut le penser, pour trouver le coupable, mais JAMAIS on n'a pu le découvrir... C'est bien extraordinaire.

En 1813, les calembourgs revinrent encore se faire voir sur les murs de la demeure impériale; ici la colère de l'empereur n'eut plus de bornes. Il lui fallut supporter alors, me disait M. de Narbonne, tout le poids de cette immense infortune... de son premier et terrible désastre, de ce malheur, grand comme tout ce qui l'avait précédé, car il semblait que cet homme devait tomber autrement qu'un autre... et cependant il lui fallait encore souffrir les morsures de mille insectes, de reptiles que son soleil avait fait fuir, et qui reparaissaient aussitôt qu'un nuage le voilait... et ces morsures étaient d'autant plus vives que c'était le ridicule qui était leur venin... et en France il est mortel... L'empereur le savait bien.

L'un de ces calembourgs disait qu'il était *mauvais jardinier... car il avait laissé geler ses grenadiers et flétrir ses lauriers...*

Et puis un autre était un dialogue entre deux hommes qui passaient sur le Carrousel.

— Monsieur, pourriez-vous me dire quelles

sont les statues que je vois sur ces pilastres?

— Oui, monsieur, ce sont des Victoires.

— Ces femmes-là?

— Oui, monsieur.

— Monsieur, je vous demande pardon; des Victoires n'ont jamais eu cette tournure-là... Des Victoires!... que diable, monsieur, venez-vous me conter là?

— Mais ce qui est, monsieur, et puis tenez... vous voyez bien que ce sont des Victoires, *elles tournent le dos à Napoléon...*

Et puis encore:

—Venez ici monsieur... allons, ne pleurez pas... qu'avez-vous fait de ces quatre cent mille petits soldats que je vous ai donnés pour vos étrennes, il *n'y a pas encore un an?* Où est-elle cette armée? *Je l'ai*, papa... *je l'ai* (gelée).

Celui-ci est le moins spirituel, et celui qui, selon moi, fait le plus de mal... Il y a toute une profondeur d'abîme dans ce seul mot: *il n'y a pas encore un an!*

Et Napoléon sentait tout cela comme autant de lames ardentes qui lui traversaient le cœur.

—L'empereur a perdu toute son argenterie, disait un autre, mais en revenant en France il a été tout étonné de retrouver tous *ses plats* au sénat...

Et malheureusement tous ces mots devenaient populaires, ils circulaient avec une effrayante facilité. Un jour Junot rentra avec la figure toute bouleversée. On construisait alors du côté du Luxembourg; il avait été voir quelqu'un de sa connaissance, rue de l'Ouest. En entrant dans la rue de l'Ouest même, il aperçoit sur une charpente de construction un mauvais placard écrit à la main, et dans lequel se trouvaient en dix lignes les plus grossières inventions sur l'empereur.

—Mon Dieu! me dit-il en tombant accablé sur une chaise, mon Dieu!... est-il possible que le peuple de Paris soit ingrat à ce point envers l'empereur! lui qui ne s'occupe que de son bonheur!.. qui lui donne le pain presque pour rien, qui embellit cette ville ingrate, de telle sorte qu'on vienne lui apporter en tribut les richesses du monde!.. et c'est elle! elle, qui agit en ennemi envers celui qui est son bienfaiteur! Le général Hulin était à cette époque commandant de Paris, ayant sous lui l'adjudant commandant Doucet. Junot était toujours gouverneur de Paris; mais depuis 1810, depuis la guerre d'Espagne et celle de Russie, comme il était presque toujours absent, il fallait que le pouvoir exécutif fût dans plusieurs mains... Combien j'ai loué Dieu qu'il fût en Russie à l'époque de l'affaire de Malet!

le misérable, connaissant le caractère de Junot, comme au reste il connaissait celui d'Hulin... il aurait commencé sans autre préambule par le tuer. C'était un homme à ôter de son chemin, car il ne fallait pas songer à le gagner, ni à lui imposer par un grossier mensonge... De toute cette division de pouvoir, il résultait que le gouvernement de Paris n'existait plus, que tout était bouleversé dans son administration, et que la surveillance intérieure de Paris était mal entendue, et surtout mal faite comme exécution. Les deux autres autorités *parisiennes* se rejetaient mutuellement sur leur confiance dans le gouvernement de Paris, et, de fait, le gouvernement de Paris n'était plus qu'illusoire[1].

[1] Lorsque Junot était gouverneur de Paris, en 1807, par exemple, et 1808, il avait sous ses ordres plus de soixante mille hommes; il commandait presque jusqu'à Tours !... On voit qu'il était important pour une personne que j'ai désignée de l'avoir dans ses intérêts en cas de mort de l'empereur.

CHAPITRE VII.

Kutusow et *Morosow*. — Ce que sont devenus les 400,000 hommes composant l'armée de Russie. — Nuit désastreuse de la Bérésina. — Ney toujours brave. — Avenir effrayant. — Blessures. — Le général Valence. — Douces émotions. — Incrédulité. — *L'empereur vous aime.* — Doutes. — M. de Narbonne et Junot. — Lettres de l'empereur. — Récit. — Correspondance de Berthier. — Madame Diwoff. — Extraits de lettres. — But que je me propose en écrivant ces Mémoires.

Tandis que Napoléon commençait à éprouver en France que le peuple garde peu le souvenir de ce qui est fait pour lui, les Russes chantaient bien haut leur chant de victoire. Ivres d'un dénouement auquel ils étaient loin de s'attendre, et qu'en effet le hasard amena presque seul, ils ne remarquèrent seulement pas que leurs trophées étaient composés de cadavres, et ne reposaient que sur des bases fragiles. La jactance moscovite feignit de ne pas reconnaître la part *du temps*, cet immense auxiliaire, quoique le peuple de Russie dît vulgairement alors, que ce n'était pas le général Kutusow qui avait détruit l'armée française : c'est le général *Morosow*... (*la gelée.*)

Junot était profondément triste lorsqu'il parlait des désastres de Russie; il n'aimait pas qu'on le questionnât sur les malheurs de 1812. — Ce n'était que lorsque nous étions seuls qu'il se laissait aller à la mélancolie profonde qui l'accablait, et qu'il me parlait avec confiance sur ce qu'il avait vu. Un jour, à déjeûner, il lut dans le *Moniteur* un passage fort long sur la rentrée en France d'une partie des troupes revenant de Russie... Un rire amer répondit seul à ce passage, et jetant au loin le journal, il fit entendre une sorte d'imprécation.

— N'est-ce pas une chose indigne du grand cœur de l'empereur, me dit-il lorsque nous fûmes rentrés dans mon cabinet, de vouloir cacher à la nation qu'elle a perdu ses fils !... Et comment le celer d'ailleurs ?... Ce journal qui parle des troupes qui viennent d'entrer dans Mayence en revenant de Russie!... Et il leva les épaules.

— De quatre cent mille hommes qui ont passé

le Niémen, disait-il avec un air sombre... il n'en est pas revenu cinquante mille!...

C'était surtout à ce passage du Niémen, qu'il aimait à rappeler la bravoure et le talent du maréchal Ney... En retraçant ces désastres, la figure de Junot devenait sublime... C'était du feu qui jaillissait de ses yeux. Quant au passage de la Bérésina[1], il ne pouvait en parler. Il nous racontait un soir les malheurs de cette nuit désastreuse au passage de cette rivière, et il nous faisait frémir... ces femmes, ces enfans périssant à la fois par la lance des Cosaques et dans l'eau glacée du fleuve!... ces cadavres écrasés sous les roues des fourgons, où s'entassaient d'inutiles richesses, frappés par les boulets des deux partis; les femmes prises par les Cosaques et subissant tous les outrages; ces enfans dépouillés et jetés sur la neige, les cris, les hurlemens, le fracas du canon; toute cette lueur sinistre qui éclairait comme une flamme mortuaire les débris qui se pressaient sur les ponts et tombaient dans le fleuve sans pouvoir être secourus!... Vingt mille prisonniers furent emmenés captifs... les richesses de Moscow furent rendues à leurs maîtres, mais souillées de sang et de fange!... ils s'emparèrent en même temps de cent cinquante canons; à notre tour

[1] La Bérésina est un affluent du Nieper.

nous fûmes dépouillés... honteusement !... comme de vils brigands !...

Et Junot grinçait des dents !...

Junot nous disait encore que si le général Kutusow ne s'était pas laissé gagner deux marches, et que si le général Wittgenstein n'eût pas fait d'énormes fautes, l'armée française devait être détruite corps et biens au passage de la Bérésina, et surtout à la fameuse affaire de Kown et au passage du Niémen. Le maréchal Ney avait été dans la retraite de Russie, me disait Junot, ce qu'il avait été dans celle de Portugal, toujours le dernier à se retirer, faisant face à l'ennemi pour défendre, protéger la vie du dernier soldat, ranimant le courage anéanti par des mots pleins de vigueur, et valant ainsi à lui seul plus de dix bataillons... Ce fut dans les eaux du Niémen que s'abîmèrent, malgré les efforts surnaturels du héros, les débris de la plus belle armée que la France ait jamais jetée sur les peuples ennemis... Cette campagne de 1812 fut, comme les précédentes, resserrée dans un espace de quelques mois... Mais quelle terrible différence!... combien de malheurs... de deuils!... quelle révélation d'un effrayant avenir!... Et nous, encore jeunes mères, mais femmes toujours inquiètes, toujours malheureuses, nous en étions arrivées à ce point d'infortune de n'avoir plus d'espérance *d'avenir*... Jamais un projet ne pouvait se former pour une époque un peu reculée. Quelque bonheur qui eût suivi comme récompense le dévouement de ces hommes qui exécutaient les volontés de celui devant qui tout fléchissait, que leur en revenait-il?.... Quel charme trouvaient ces malheureux à avoir à Paris des maisons somptueusement meublées, pour expirer de froid et de besoin, quel que fût leur rang civil ou militaire, dans les plaines de Borisow, ou sur la berge de Weselowo[1]?... Tous le comprenaient; quelques uns, mais le petit nombre, le sentaient, mais en silence; on verra bientôt que ceux qui souffraient autant ne l'éprouvaient pas également, et surtout *ne le démontraient* pas... Seulement il devait bientôt venir une heure de deuil suivi d'autres deuils et d'éternels revers, frappant sur les familles, les décimant en abattant leur chef ou leur jeune

[1] Village où se réunirent les débris de tous les corps... Junot y fut long-temps même avant la retraite de l'armée... Weselowo est le lieu où l'on a passé la Bérésina. C'est à Borisow que se réunirent les deux armées russes qui venaient l'une du golfe de Livonie, l'autre de la Finlande suédoise. Cette réunion prouve combien Napoléon était mal informé des mouvemens de l'armée russe. Cela répond à ce que j'ai dit dans les précédens volumes.

héritier... Oui, il vint un temps où le vêtement de deuil semblait être la couleur nationale !... et pour moi cette heure n'était pas éloignée.

Junot souffrait cruellement de ses blessures depuis son retour de Russie... La dernière surtout, qu'il avait reçue en Espagne dans l'hiver de 1811, fut d'un effet terrible sur son organisation. Il s'y joignit un renouvellement de souffrance pour une autre blessure reçue en Italie à *Lonato*. Cette blessure lui ouvrait le crâne;... elle avait laissé un sillon tellement profond, qu'on y pouvait mettre un doigt couché en travers. Cette cicatrice fut si long-temps à se refermer, que le général Bonaparte la rouvrit en voulant plaisanter, près de six mois après qu'elle fut fermée... J'ai mis tous ces détails, quoique j'en aie parlé dans mon V[e] volume, parce que la dernière de ces blessures a probablement attaqué les fibres du cerveau et remis en désordre tout l'équilibre cérébrale... Junot, sans avoir rien perdu de ses facultés intellectuelles, était dans un état étrange... il était souvent dans une somnolence très marquée pendant le jour, et la nuit ne lui amenait aucun sommeil... C'était bien douloureux à voir... Un jour il était près de ma chaise longue avec mon frère, Duroc, et le général Valence... J'avais remarqué que ce dernier avait une profonde affection pour Junot, surtout depuis le retour de Russie... je lui en savais gré, et je lui ai voué pour le motif qui avait amené cette amitié une grande reconnaissance. Ce fut Duroc qui me le dit. — Ce jour-là, comme nous étions tous réunis, on annonça M. de Narbonne, arrivé depuis quelques heures seulement; il s'empressait de venir auprès d'une de ses amies les plus chères. Junot fut à lui et se jeta dans ses bras, puis l'amenant à moi :

—Voilà, me dit-il, non seulement un ami, mais un noble frère d'armes!... et il lui serrait cordialement la main...

Après le premier étonnement douloureux que M. de Narbonne éprouva de mon affreux changement, il regarda autour de lui, et me voyant entourée de Junot, d'Albert, de Duroc, enfin d'amis bien chers, il reprit la main de Junot et l'interrogea du regard, ignorant si j'étais instruite.

C'est toujours de même, mon digne ami, lui dit Junot dont la physionomie changea aussitôt[1]... Oui, je souffre comme je souffrais là-bas... et voilà une douleur peut-être encore plus vive.

Et me prenant dans ses bras, il posa sa tête sur mon épaule et il pleura!... Dans ces momens il me faisait un mal affreux!... Jamais, depuis que

[1] Il avait tout confié à M. de Narbonne en Russie.

nous étions mariés, je ne l'avais vu pleurer qu'une autre fois et dans une circonstance terrible... Oh! il fallait qu'il souffrît bien!...

— Junot, Junot! lui dit Duroc d'une voix forte, tu es injuste envers l'empereur... il t'aime toujours... oui, je te jure qu'il t'aime toujours comme il t'aimait... Demande à madame Junot, qui l'a vu il n'y a pas long-temps... Dites-lui donc qu'il a tort! me dit Duroc impatienté de mon silence.

— Mais je le lui ai déjà dit, répondis-je au grand-maréchal, que puis-je de plus?... il ne me veut pas croire...

— Parce que tu n'as pas toi-même un accent de vérité, ma pauvre amie... parce que tu veux me convaincre sans l'être, dit Junot en se levant... Mais moi... moi, je SAIS BIEN ce que je sais.

—Junot! s'écria M. de Narbonne, je dirai comme Duroc... vous êtes injuste... l'empereur vous aime... eh pardieu! qui donc aimerait-il s'il ne vous aimait pas, vous!... le plus ancien de ses amis... il vous aime, vous dis-je, et vous êtes injuste...

—Et c'est vous qui me le dites, répondit Junot... vous qui avez été témoin de ce qui fut fait pour Rapp, lorsqu'on voulut lui donner mon corps d'armée ! S'il ne l'a pas eu, c'est parce que son âme est trop noble pour vouloir de la dépouille d'un ami... Mais cette dépouille enfin... on devait me l'enlever !... ces soldats que j'avais conduits à la mitraille de la Moscowa, on voulait me les enlever !... Tous les moyens d'avoir de la gloire on voulait me les enlever !... Et qui donc avait le pouvoir de le faire, si ce n'est celui qui peut tout?... Non, non ! je ne suis pas injuste... Napoléon ne m'aime plus, et si j'ose le dire aussi à vous autres, voyez-vous... IL NE NOUS AIME PLUS.

Son accent, son air, tout son ensemble était admirable pendant qu'il parlait. Sa belle physionomie respirait à la fois tous les sentimens nobles et affectueux blessés dans une âme généreuse. Mais une chose qui me frappa beaucoup, ce fut l'éclair électrique qui sortit de son regard de feu pour aller éveiller une nouvelle pensée dans les cœurs de ses camarades... Ils gardèrent tous le silence, il est vrai, mais il est certain qu'au-dedans de chacun d'eux, il y avait une voix qui répondait à celle du vieil ami méconnu dans le moment de l'affliction, et repoussé comme *exigeant*, lorsqu'il demandait, non pas des places, des cordons, des grâces... mais une parole du cœur [1] !...

[1] J'aime et je vénère trop l'empereur et sa mémoire pour

Personne ne parlait... Ces cinq hommes étaient là, silencieux, rêveurs... et pas une voix ne se faisait entendre.

—Mon ami, dis-je enfin à Junot, il est de ton devoir de parler à l'empereur; je te l'ai dit déjà souvent, et je le répète encore, je crois que s'il savait BIEN ce que tu souffres, il serait non seulement empressé de réparer le mal qu'il t'a fait, mais ce serait d'une manière éclatante...

Duroc ne dit rien... mais Albert, M. de Narbonne et Valence s'écrièrent que j'avais raison, et qu'il le fallait faire... Dans ce même moment, M. de Valence entendant sonner cinq heures, prit son chapeau et s'en fut. Dès qu'il fut parti, Junot s'approcha de Narbonne et lui dit :

—Croyez-vous que je ne l'ai pas fait?... Croyez-vous donc que je me suis laissé frapper au cœur sans au moins me défendre? Duroc sait bien que j'ai écrit... il sait aussi quelle réponse j'ai reçue !...

Et ses traits prenaient une expression terrible... Hélas! j'ai trop appris dans la suite à l'expliquer,

qu'il puisse y avoir même une ombre de doute dans mes paroles... Ce n'est donc pas une *accusation* que je fais ici... c'est une vérité révélée... Il est de fait que les fatigues et les revers de Russie l'avaient changé.

cette expression!... Duroc fut à lui, et prit sa main qu'il serra :

— Tu me fais mal, Junot, lui dit-il... calme-toi... calme-toi pour elle... Et il me montrait à lui...

— Il faut qu'elle voie au contraire ce que j'ai fait, dit Junot; je veux que Narbonne et mon frère le sachent aussi...

Il passa dans son appartement et revint aussitôt avec un portefeuille dans lequel étaient plusieurs papiers... Il y avait quelques lettres de l'empereur, que je reconnus à l'écriture; cela m'étonna, parce que je savais que Junot les tenait toutes dans une cassette de bois de santal précieusement montée en or. Cette boîte venait de Mourad Bey... Junot l'avait rapportée d'Egypte, et, dans l'origine de sa possession, il la destina toujours à renfermer les lettres de l'empereur, dont il avait déjà bon nombre à cette époque; aussi jamais je ne pensai à la lui demander, quoique j'en eusse bonne envie... Elle était en outre renfermée elle-même dans un admirable meuble fait par Jacob, et qui était dans sa chambre à coucher[1]...

[1] Lorsque le duc de Rovigo vint, quelques mois après, pour prendre la correspondance de l'empereur, et qu'il brisa *à lui seul* les *scellés* posés chez moi en mon absence, comme

Junot se mit auprès de ma chaise longue, et prenant quelques uns des papiers de son portefeuille, il dit :

Quelques mois avant que les bulletins parussent, j'avais déjà eu quelques explications avec Berthier, relativement à ce qui m'affectait alors. Il s'agissait du 4e corps que je commandais : je l'avais conduit d'Italie en Allemagne, et même sur les frontières de la Pologne. On me fit quelques difficultés à l'arrivée du vice-roi ; j'en fis à mon tour, non que j'eusse de la répugnance à servir sous Eugène, loyal et brave enfant que j'ai mis à cheval, et que j'aimais comme mon frère... mais ce nouvel arrangement ne me convenait pas. Je réclamai... Les réponses me révélèrent un nouvel ordre de choses dans les manières de l'empereur... J'en écrivis à Duroc... Tu dois te rappeler tout cela, lui dit-il en s'adressant directement à lui?...

Duroc fit un signe de tête affirmatif, et Junot poursuivit :

— L'empereur était alors à Dresde. Voici la lettre de Berthier : elle est officielle dans chacun de ses mots... *lui aussi* devenait quelquefois prince souverain avec ses camarades... Et Junot leva les

cela se fait toujours quand il y a des mineurs, il emporta la cassette, et je ne l'ai jamais revue.

épaules; les deux autres, surtout Duroc, se mirent à sourire...

A monsieur le duc d'Abrantès.

Dresde, 28 mai 1812.

« Monsieur le duc, l'empereur a reçu votre » lettre. J'ai reçu également celle que vous m'a» vez adressée par *M. de Contréglise.* Vous avez » tort de croire que l'empereur vous donnait une » marque de défaveur. Sa Majesté connaît *trop* » *bien votre dévouement à sa personne, et combien* » *votre bravoure lui est utile sur le champ de ba-* » *taille.* Vous avez, monsieur le duc, mal com» pris l'ordre qui a été donné, puisque je vous » ai dit que vous restiez aux ordres du vice-roi » pour commander plusieurs divisions; mais, » pour ne laisser aucune incertitude à cet égard, » je vous fais connaître les intentions de Sa Ma» jesté... Vous conservez le commandement en » second du 4e *corps*, sous les ordres du prince » vice-roi qui commande plusieurs *corps* du cen» tre; mais le 4e *corps* étant à l'armée d'Italie, » formée par le vice-roi, l'intention de l'empe» reur est que l'état-major de ce *corps* soit en » même temps l'état-major de S. A. I. et R. » comme commandant plusieurs *corps* du centre » de la grande armée. Vous restez donc, monsieur

» le duc, commandant, sous les rapports militai- » res, du 4e *corps*, aux ordres du vice-roi... L'em- » pereur vous porte toute confiance, Sa Majesté » vous aime... et moi je vous connais assez pour » être persuadé que cette assurance détruira les » inquiétudes que vous paraissez avoir eues.

» Le prince de Neufchâtel, major-général,

» ALEXANDRE. »

Le style de cette lettre me parut si ridicule, pour ne pas dire plus, que j'eus besoin de *la relire* moi-même, après l'avoir entendue... C'était bien vrai... il y avait en outre des répétitions de mots, des phrases hors de sens... par exemple, il y avait certes assez de corps pour en faire *un corps* d'armée à eux seuls;... mais dans la circonstance qui nous occupait, c'était peu de chose... Le fond, la contexture de la lettre, voilà ce qui avait frappé Junot, et je le conçus à l'instant... ce n'était au fait qu'un reflet... que devait être *la lumière souveraine* qui envoyait un tel rayon?... Junot continua...

—Cette lettre me fit une vive impression; j'en accusai réception à l'instant, mais avec une amertume qui, bien qu'elle fût exprimée dans une seule ligne, racontait ce que je devais souffrir d'une manière si formelle et si officielle de correspondre avec un vieil ami, même pour une affaire de service... Berthier est vraiment bon, il est incapable de faire du mal à aucun de nous... Mais il n'est pas comme vous, mes amis!... il n'affronterait pas notre Jupiter.

Et l'excellent homme donnant chacune de ses mains à ses deux camarades, les regardait alternativement avec une tendresse fraternelle...

Mais enfin, tel qu'il était, le Berthier de l'armée d'Italie se remontrait encore quelquefois. A peine eut-il reçu ma lettre, qu'il m'en écrivit une de sa propre main, et la voici[1] :

Dresde, 28 mai 1812.

« Mon cher duc d'Abrantès, pourquoi vous » affliger sans motif? L'empereur vous aime...vous » voilà sur le champ de bataille, et là où il sera » à même d'apprécier ses vrais amis... Nous som- » mes du nombre... L'empereur n'a rien voulu de » désobligeant pour vous... vous restez au 4e » *corps* comme commandant ce 4e *corps* sous les

[1] Toutes ces lettres seront déposées chez mon éditeur, M. Mame; en attendant, si quelqu'un désire voir quelques unes de celles déjà citées, elles sont chez moi et à la disposition des curieux.

» ordres du vice-roi. L'empereur a ordonné que » ce serait l'état-major de ce *corps*, qui serait » celui du vice-roi, comme commandant plu» sieurs *corps*... vous avez donc ce qui est préfé» rable, le commandement militaire du 4e *corps*... » Il n'y a eu en cela qu'un objet d'économie pour » avoir un état-major de moins... Le 4e *corps* » vient d'Italie, il a été formé par le vice-roi... et il » est naturel que ce soit l'état-major de ce *corps* » qui soit le sien.. . plutôt que celui des Bavarois... » c'est-à-dire le chef d'état-major ordinaire[1].

» Soyez tranquille; l'empereur, dans la conver» sation qu'il a eue avec moi, m'a plus que jamais » persuadé de la confiance qu'il vous portait... » *Le général Junot est dans son cœur... Il se sou-*

[1] Je n'ai pas suivi l'orthographe de la lettre; elle est singulière en ce qu'elle reporte à une époque même plus éloignée que celle où Berthier était jeune homme. Il écrit vice-roi — avec un y — mille avec un seul l — et ainsi de suite. — Je répète encore que les pièces originales sont dans mes mains, et qu'à la clôture des Mémoires, elles seront toutes chez mon éditeur, M. Mame.

Les Mémoires seront terminés à la prochaine livraison (Tomes XVII et XVIII). Je me suis alors retirée du monde, et ce que je n'ai *pas vu*, je préfère n'en pas parler. Je publierai mon voyage en Italie dans les années 1817, 1818 et 1819, pour faire suite à mes Mémoires. — C'est l'époque où la famille Bonaparte était toute réunie en Italie, soit à Rome, soit à Florence, la reine de Naples exceptée.

» *vient de ses anciens services... Il en espère de*
» *nouveaux.*

» Mille amitiés, mon cher duc.

» ALEXANDRE. »

Cette lettre me frappa ainsi que sa date... Je fus à mon secrétaire, et j'y pris une lettre de Junot, que je donnai à lire à M. de Narbonne... Duroc la connaissait déjà... elle était datée de *Plock*, du 30 *mai* 1812... et sous le n° 29 de la correspondance de Russie[1]... J'allais partir pour les eaux d'Aix... il le savait. Après m'avoir parlé de ma santé, il ajoutait ce paragraphe, qui m'avait alors vivement inquiétée :

«. . Tu as aussi quitté tes enfans, ma chère amie.. mais au moins c'est pour peu de temps... tu en as souvent des nouvelles... ton Napoléon les remplace en partie... mais leur pauvre père!... il n'a rien lui... il est bien loin... et qui sait ce qu'il va devenir?... PATIENCE, COURAGE et CONSTANCE... j'ai tout cela avec l'honneur suffisant pour les soutenir tous trois noblement... Quelque chose qui m'arrive, on ne m'entendra ni réclamer, ni me plaindre.

[1] Les lettres que j'ai de Junot sont reliées pour qu'elles se conservent mieux. — Celle-ci comme toutes celles de Russie sont dans le même volume que celles d'Espagne.

» Ce passage de ma lettre te fera de la peine, mon ange... dans quelques jours il te sera expliqué... J'ai confiance en celui qui doit décider mon sort; quel qu'il soit, je le supporterai... mon cœur est pur, et mes actions n'ont pu mériter aucun reproche... Je puis d'ailleurs supporter un grand malheur ; ce que je ne supporterai jamais, *c'est une humiliation...* »

Junot ne se rappelait plus cette lettre... Il fut touché en la lisant... Deux jours après te l'avoir écrite, poursuivit-il, je reçus celle de Berthier que je viens de te lire; elle me rendit mon aveugle confiance dans l'attachement de l'empereur...

Il s'arrêta, passa sa main dans ses cheveux et les rejeta de côté, comme pour ôter un fardeau et donner de l'air à son front qui brûlait... Hélas! je le savais comme lui, qu'une parole avait suffi pour lui rendre toutes ses illusions!... il m'écrivait toujours de Plock, en date du 3 juin 1812, sous le n° 30 de la correspondance de Russie :

« J'ai reçu hier l'assurance que l'empereur me conserve sa confiance, et ses bontés sont portées au comble en remplissant toutes mes espérances; je suis sûr de faire cette campagne avec distinction, et d'être à même de prouver (aux dépens de ma vie s'il est nécessaire), combien mon dévouement et ma reconnaissance égalent dans mon âme les bienfaits de l'empereur...

» Adieu, mon amie ; le courrier part... ton ami est bien heureux ! il t'aime et t'embrasse de tout cœur. »

Au milieu *de cette joie*, il était parti, et s'était enfoncé dans la Pologne, puis enfin dans la Russie, et les lettres étaient devenues tous les jours plus rares. Cependant j'en reçus deux, l'une du 20 août, écrite au bivouac, au milieu des champs.. l'autre [1], toujours au bivouac, et le soir même de la bataille de la Moscowa... Dans la première, il me parle longuement de l'affaire *générale* de Smolensk, mais point du tout particulièrement.

« Nous avons eu, m'écrivait-il, une grande affaire devant la ville de Smolensk ; les Russes l'ont défendue, et nous l'avons prise... Cette ville fort grande, et très bien bâtie, mais en bois, a été entièrement brûlée par nos obus ; et lorsque nous y sommes entrés, nous n'y avons trouvé que des cendres et des cadavres...Quelques rues ont échappé au feu, mais il n'y avait personne ; toute la population, forte de quarante mille âmes, a suivi l'armée russe... Depuis cette bataille, j'ai toujours été en course, et j'ai, hier encore, eu une autre affaire ; j'y ai perdu environ

[1] Sous le n° 31 de la correspondance de Russie.

500 hommes; les Russes en ont perdu beaucoup... J'ai été assez content de mes jeunes soldats[1]... ils ont surtout fait douze belles charges de cavalerie.

» Aujourd'hui nous nous reposons... L'armée marche, et notre tour viendra demain. Nous suivons la route de Moscow, et je pense que j'aurai le plaisir d'embrasser madame Diwoff[2] avant qu'il soit un mois. Connais-tu mon bonheur de trouver, après mille lieues de fatigue, une amie bonne et dévouée qui me parlera de sa petite sœur?... et qui me fera oublier tous les vilains visages que je ne cesse de voir depuis mon entrée en Pologne. . . . .

. . . .

» ...Je t'ai écrit l'autre jour que j'avais reçu le portrait de mon Napoléon le jour de ta fête, et le plaisir que cela m'avait causé... C'est sans doute le seul bonheur que j'aie eu depuis mon départ de Paris...

» Adieu, ma bien-aimée... Adieu, mon amie... Embrasse ton fils pour nous deux... et dis mille choses aimables à Calo... »

Que d'inquiétudes, de peines, déguise et ré-

[1] C'étaient de jeunes Westphaliens, tous conscrits.

[2] Madame la comtesse *Diwoff*... c'était une de nos amies; elle s'était surtout fort attachée à moi, et m'appelait *sa*

vèle tout à la fois cette lettre!... Je connaissais trop Junot pour m'y tromper... La lettre qui suivit ne contenait que trois lignes pour m'annoncer la victoire de la Moskowa[1]; puis ensuite il m'écrivit de Ghyat, à trente-huit lieues de Moscow... Je le suis ainsi pas à pas pour arriver avec lui au moment où nous sommes, et qui décida de sa vie... Cette lettre de Ghyat était du 7 septembre, et la 33e de notre correspondance de Russie... elle était sérieuse et triste... On voyait déjà la plaie, car l'appareil n'avait pas été mis par une main habile et amie...

« Quand te reverrai-je? ma chère Laure!.. quand te presserai-je, avec mes enfans, dans mes bras, contre mon cœur?... Que cet avenir est à désirer! mais qu'il peut être loin!. Nous serons bien mal... Nous n'avons *rien*... et pour des poignées d'or on ne peut *rien* avoir non plus...

petite sœur, quoiqu'elle eût été grandement ma mère... elle était bonne et très dévouée à ses amis... Elle a occupé longtemps l'hôtel de Lareignère, rue des Champs-Elysées, et tout ce qu'il y avait de meilleure compagnie russe et française se réunissait chez elle... Non seulement les Russes et les Français, mais tout ce qui arrivait à Paris d'étrangers de distinction s'y faisait présenter... Sa maison était alors la meilleure de Paris.

1 Cette lettre est dans l'album d'autographes de madame Bering la mère, à Londres. C'est moi qui l'ai donnée à son fils.

pas une aune de drap... pas même une fourrure! Quant à moi, je n'ai encore manqué de rien... mais mes provisions diminuent... etc.

» Ce qui me manque, c'est ma Laure chérie! ce sont mes enfans!... c'est tout ce que mon cœur aime... Hélas! quand je vous reverrai, je serai comme l'an passé, perclus de tous mes membres... Je suis déjà aussi souffrant qu'en revenant de Portugal.... Juge de ce que ce sera quand l'hiver aura passé là-dessus... »

Quelle tristesse amère et profonde!... Chacune de ses paroles raconte une nouvelle souffrance en voulant la cacher!.

Une autre lettre était de Mojaïsk même [1]... celle-là [2] était plus gaie. On voyait que des *lettres amies* avaient versé quelques gouttes de baume sur la blessure. En effet, je l'appris ensuite. C'était exactement une passion que le sentiment de Junot pour Napoléon. Il l'aimait avec un abandon de lui-même presque aussi entier que celui qu'il ressentait pour moi, qu'il aimait, je puis le dire, avec une profonde tendresse... Il est incompréhensible pour moi que Napoléon n'ait pas apprécié Junot dans cette partie adorable de son

[1] Lieu de la bataille. Les Russes ne l'appellent pas bataille de la Moskowa, mais la bataille de la Mojaïsk.

[2] Datée du 13 septembre 1812, et sous le n° 34.

être... Ce que devait valoir, mon Dieu! pour un souverain, une telle affection... aussi vraie, aussi dévouée !... Mais à quelle valeur se pouvait-elle taxer !...

Une chose à remarquer, dans tout ceci, où je suis mon chemin pas à pas... c'est une lettre de Berthier, datée de Wilna, le 6 juillet 1812... elle est tout entière de sa main... Il paraît que Junot avait eu quelque nouvelle peine pour son affaire du prince Eugène, et qu'il en avait encore écrit à Berthier... Il était assez simple de penser, et l'empereur le devait faire, que, quelle que fût l'amitié de Junot pour le prince Eugène, il ne se pouvait qu'il oubliât que dix ans avant il l'avait connu enfant et colonel dans la garde de son beau-père; que les antécédens de cela, étaient non pas une familiarité d'enfans, mais une sorte d'amitié presque protectrice, comme la pouvait avoir pour un jeune homme de haute espérance comme Eugène, un homme déjà célèbre parmi les braves. De tout cela, il y avait trop peu de jours... il y en avait surtout trop peu pour que sa tête, vieille de cicatrices, pût s'incliner avec résignation devant la jeune moustache de la vice-royauté : tous les prestiges de la souveraineté et de la puissance n'ont jamais eu leur effet dans la famille de l'empereur que sur sa propre personne. Il n'a jamais voulu se pénétrer de cette vérité qui était pourtant évidente. Il est résulté beaucoup de malheurs de cette manière d'agir de la part de Napoléon.

«....Mon cher duc d'Abrantès, disait Berthier dans une lettre écrite toute de sa main, j'ai parlé de vous à l'empereur... il a trouvé inutile que vous veniez ici, Sa Majesté devant en partir d'un moment à l'autre, et votre corps se mettre en mouvement demain matin.

» Continuez à commander le 4e corps pour la partie militaire; l'empereur ne voulant pas former un nouvel état-major pour le vice-roi, doit se servir[1] de celui du 4e corps... *L'empereur vous aime... ne vous tourmentez pas... patientez; Sa Majesté connaît votre position, elle vous saura gré de vous y tenir.* Vous combattrez à la tête du 4e corps, n'est-ce pas là le principal?... n'est-ce pas le commander réellement?

» Je vous embrasse, mon cher Junot... Bientôt l'empereur verra les corps du vice-roi... tout finira par s'arranger d'une manière qui vous contente.

» Vous connaissez mon amitié.

» ALEXANDRE. »

[1] Ceci est pour moi fort obscur... Lorsque je lus cette

Cette lettre est remarquable, en ce qu'elle met à jour, selon moi, tout ensemble, *ce reploiement* sur lui-même, qu'on remarquait depuis longtemps dans l'empereur, et pourtant ce raisonnement, qu'il lui faut conserver ses amis, et surtout ses amis dévoués, comme il savait que l'était Junot... il connaissait sa tendresse pour lui, son dévouement, et savait qu'un mot amical de sa part pouvait tout à la fois le consoler et le rattacher... Dans une affaire aussi importante que celle que je retrace maintenant, je ne dois rien omettre. Il y a eu des erreurs graves qui ont été long temps accréditées; je n'ignore pas que l'opinion de plusieurs personnes a été influencée par ces mêmes erreurs. C'est donc pour cela qu'il est de mon devoir de présenter les faits dans leur plus minutieuse exactitude; les probabilités morales trompent rarement, et ici elles sont nombreuses en faveur de Junot. Je dois donc, je le répète, tout mettre au grand jour. Je sais bien que ceux qui veulent trouver matière à remarque, et même à sarcasme à toutes choses, diront que ma légèreté française fait de ceçi une affaire de mode, et que je ne devrais pas porter la main sur la

lettre avec Junot, ce n'était pas cette phrase qu'il m'importait d'expliquer.: et depuis je ne peux comprendre ce qu'elle veut dire.

statue du dieu que j'ai proclamé; mais je répondrai que j'écris l'histoire, et non le roman de la vie de Napoléon ; que je dois dire la vérité de toutes les actions de cet homme, le plus grand sans doute que Dieu ait créé... mais un homme enfin, qui, tout immortel qu'il soit dans sa renommée et dans sa prospérité, a fait des fautes, et des fautes de cœur comme des fautes de génie. Je ne flétrirai pas, pour parler avec la voix de ma conscience, ce que j'ai loué, admiré avec enthousiasme... je serai conséquente avec moi-même, car je serai vraie. Dans ce livre, Napoléon sera non pas comme sur un théâtre, environné d'illusions et de prestiges, mais avec sa propre grandeur... la sévère et simple majesté de son génie; dans ce livre, son nom ne sera dit qu'avec une vénération qui ne sera pas affaiblie par le dévoilement de quelques fautes, et peut-être la main qui le loua justement a-t-elle plus qu'une autre le droit de signaler ces mêmes fautes. ...

A qui, d'ailleurs, devait venir demander vengeance et justice une gloire outragée ?... n'est-ce pas à sa veuve ?... Oui... c'était à moi à révéler la vérité... Je n'irai pas au-delà. Quand les faits parlent si haut, il faut bien se garder d'y rien ajouter... En parlant d'ailleurs de Napoléon, la veuve de Junot, de celui qui fut à la fois son admirateur et son disciple, doit par devoir s'étudier à parler comme son mari l'eût fait... s'appliquer à ne blesser aucune des parties vulnérables d'une grande mémoire, en retraçant des faits aussi importans qu'ils sont douloureux.. Il est une délicatesse de cœur que je dois ménager, sans diminuer toutefois l'effet de la chose... Voilà ce qu'il me faut chercher... et ce que je demande à Dieu de m'inspirer.

CHAPITRE VIII.

Le calmant. — La lettre. — Le baron Desgenettes. — Amitié. — Bataille de la Moscowa. — Les boulets et les obus. — Les blessés. — Marmont. — L'ours en pâté. — Bulletin du 23. — Le volcan ! — Rancune du Vésuve. — Kœnigsberg et Elbing. — Une belle âme. — *Je souffre, mais j'aimerai !* — Lettre de Junot à l'empereur. — Le général Tharreau. — Le corps d'armée égaré. — Smolensk. — Le Boristhène. — Le combat. — LES BULLETINS SONT FAITS. — Injustice et douleur. — Tristesse et pressentiment. — Les discours. — Rougeur et pâleur de Napoléon. — L'imbécile !... — Le roi de Rome. — Respect et amour. — MM. Barbé-Marbois et Muraire. — Abandon de l'armée par Murat. — Examen de la France depuis 89. — Brissot. — Robespierre. — Billaud-Varennes. — Barrère. — Institutions départementales. — M. de Lafayette. — M. de Bouillé. — Marat. — 18 fructidor et le général Bonaparte. — Fouché et Talleyrand. — Le père Bridaine et son sermon. — Le cardinal Maury. — Louis XIV. — Le retour. — M. de Lavalette. — Le juif et l'Autriche. — Mystification plaisante.

Après cette lettre de Berthier datée de Wilna, il paraît que Junot fut plus tranquille et plus heureux pendant quelque temps. *L'effet du calmant* avait été positif. Je reçus une lettre de lui, datée de Mojaïsk, qui était même gaie, et dans laquelle il me parlait presque en riant et du climat et des boulets russes. Cette lettre est curieuse en ce qu'elle montre à quel point Junot était impressionnable pour tout ce qui lui venait de l'empereur : une assurance d'affection, et il était heureux... une seule parole injuste, et il était désespéré !

N° XXXIV de la Correspondance de Russie.

« Mojaïsk, le 13 septembre 1812.

» Je t'ai écrit un mot, ma chère Laure, » après la grande bataille du 7, pour te faire voir » que je n'étais pas mort, et je te confirme aujourd'hui par ces présentes cette bonne nouvelle. Je » te dirai de plus que, quoique nous ayons un » temps du diable (c'est-à-dire du nord) avec un » vent et un froid terrible qui a *enrhumé, humé et* » *inhumé* un grand nombre de malingres affaiblis » par la fatigue de la route et la pénurie des vivres, » cependant, moi, je me porte bien, et même mieux » que jamais. Ce matin j'ai mangé comme quatre » à déjeûner avec Desgenettes[1], qui était mort de

[1] M. le baron Desgenettes, médecin en chef de la grande armée. C'est un de mes plus anciens et de mes plus chers amis ; il n'est pas un homme que j'estime au-dessus de lui ; je l'aime comme un frère... je l'aime avec une profonde affection... Il a un cœur parfait, et à l'âge où il est parvenu,

» faim, et avec qui j'ai bu à ta santé; il se porte » bien malgré *sa mauvaise vie*, et je te prie de le » faire dire à sa femme.

» L'avant-garde de l'armée russe est tout au » plus à dix lieues de Moscow. On dit que les Rus- » ses veulent encore se battre une fois; soit, *nous* » *n'avons refusé de la vie une si galante partie*, et » ils nous verront *là* et quand ils voudront.

» L'empereur a été bien content de la conduite » de mon corps d'armée à la grande bataille... Il est » vrai qu'ils se sont battus à merveille. Je n'ai de ma » vie entendu tant de boulets, de mitrailles, d'obus » et de balles, que ce jour-là... Tous les officiers de » mon état-major qui étaient autour de moi ont été » tués ou blessés sans exception... Ce pauvre

il a conservé non seulement son esprit, mais toutes les parties piquantes de cet esprit naturellement l'un des plus mordans que je connaisse. Je l'ai pressé de faire ses Mémoires... Ce qu'il a vu depuis le commencement de la révolution est prodigieux; il a surtout vécu long-temps près de l'empereur, et un tel homme examinant Napoléon, doit en donner un aperçu remarquable et tout-à-fait intéressant. Il a commencé à mettre en ordre ses documens, et il m'a lu les premiers chapitres de son ouvrage : c'est étincelant d'esprit et d'originalité... il peint avec sa plume, et fait tout à la fois, et selon sa fantaisie vagabonde, un Raphaël ou bien un Callot. M. Desgenettes est tout ensemble le meilleur des hommes et le plus éminemment spirituel et le plus amusant que j'aie rencontré dans ma vie.

» Lagrave [1] !... Enfin Alexandre a eu un cheval grièvement blessé d'un coup de canon, et un autre » d'une balle. Pour moi, je suis resté au milieu » de tout ce fracas sans qu'il me soit arrivé la » moindre chose, et sans bouger, excepté pour le » service: sans avoir mis seulement pied à terre, » et me voilà bien portant.

» Tu es sans doute à Paris [2] en ce moment; tu » es au milieu de tes enfans... et moi je suis ici » entouré de plus de 3,000 blessés, russes, » français, ou alliés... C'est un spectacle effroyable : Rapp, Grouchy, Nausouty, Friant, Gratien, sont du nombre, etc.

» Aimez-moi bien pour me consoler d'être si loin » de vous tous... Embrasse bien tes enfans pour » moi; et désire, ma bonne Laure, le retour de » ton ami avec autant d'ardeur qu'il désire, lui, se » retrouver près de toi, qu'il aime de tout son » cœur.

» J'ai écrit à la malheureuse duchesse de Raguse [3] et au maréchal... Demande-lui si elle a

[1] On le crut tué, mais il ne l'était pas; il fut seulement envoyé prisonnier en Russie.

[2] Je revenais des eaux d'Aix en Savoie.

[3] Le maréchal avait été blessé aux Arapiles. La duchesse avait été le joindre en Espagne, c'est-à-dire à Bayonne, et n'était pas encore de retour.

» reçu ma lettre, et donne-moi des nouvelles du » maréchal s'il y en a encore à donner.

» Mille choses à Calo et à Cherval [1]... J'ai reçu » sa lettre. »

Quelle différence de cette lettre à la précédente seulement! Il est facile de voir comment il était au pouvoir de Napoléon de bouleverser cette âme noble et généreuse et surtout dévouée à lui.

Dans la suivante, en date toujours de Mojaïsk, et du 6 octobre 1812, il me dit :

« Il fait depuis deux jours un temps superbe, » j'irai peut-être à la chasse aux ours ; si j'en tue » un, je te l'enverrai en pâté... »

Maintenant, nous arrivons à l'action principale ; le nœud seresserre, et l'intérêt est plus vif.

Je reçus une lettre de Junot, de Mojaïsk, toujours en date du 15 novembre 1812... (36e de la correspondance de Russie) qui est trop importante pour l'omettre. Je vais donc la transcrire

[1] La baronne Lallemand... Mes enfans l'avaient nommée ainsi, ne pouvant pas prononcer Caroline, et nous lui avions conservé ce nom dans notre intimité, qui était comme celle d'une sœur. — Et puis M. Lageard de Cherval, celui qui fut toujours l'objet d'une sorte d'hostilité entre l'empereur et moi.

dans son entier, comme nécessaire à l'explication où je vais arriver.

N° XXXVI de la Correspondance de Russie.

« Mojaïsk, le 15 novembre 1812.

» Je viens de recevoir, mon aimable amie, ta première lettre[1] de Paris du 22 septembre ; si tu crois » que je te laisse jouir sans jalousie de tout ton » bonheur, tu te trompes bien. J'envie les heures » du jour où tu peux voir, soigner, embrasser tes » enfans. J'envie les heures de nuit où tu reposes au milieu d'eux... Je ne puis me faire à l'idée » que ce sera encore pour long-temps ainsi, sans » que ton ami puisse partager ce bonheur avec toi, » ce bonheur qu'il espère, le seul qu'il chérisse » désormais. Je vois toujours avec bien de la peine » que le moindre effet de ton imagination porte » sur ton physique : ta santé n'est pas encore bien » rétablie ; pourtant je te conseille de ne pas te » tourmenter du bulletin du 23[2]. Tu sais bien que

[1] Ne pouvant faire des *fac simile* de toutes les lettres importantes, j'ai déjà prévenu qu'après la neuvième livraison, qui est la dernière, je déposerai les lettres de mon mari chez mon éditeur, ainsi que les autres.

[2] Il croyait alors que je le connaissais ; mais il n'en était rien, mes amis me l'avaient caché. J'étais inquiète de la tris-

»beaucoup de victimes innocentes ont ressenti »les *fureurs du Vésuve.* C'est un volcan dange- »reux; malheur à celui qu'il veut perdre, quand »il se trouve à portée de son irruption... Mais »Jupiter peut être trompé un moment, et il »sauve ensuite celui qu'il avait un moment aban- »donné à la RANCUNE du volcan... Je te dirai tout »cela un jour; tout ce que je te puis dire aujour- »d'hui, c'est que si le maître m'avait vu ce jour-là »j'aurais été loué *beaucoup... beaucoup...* etc. »

Je joins ici le fac-simile de cette portion de lettre, parce qu'elle est importante pour contribuer à la clarté de ce qui suit. Je mets aussi le *fac-simile* de cette lettre d'Elbing.

« Elbing sur la Vistule, le 22 décembre 1812.

» Eh bien, ma chère Laure ! voilà encore bien »des jours passés sans avoir reçu de tes lettres, »et toi aussi sans avoir rien reçu de ton ami. Tu »m'as écrit, toi, et moi je n'ai pas même pu le »faire. Hier, à Kœnigsberg, j'ai reçu tes envois... »je t'en remercie; il ne m'en faut plus faire, j'es- »père aller les chercher moi-même. J'ai écrit à »l'empereur l'état de ma santé, l'exigence de mes »affaires, ta maladie, qui me réclame et qui s'aug-

tesse de ses lettres; mais habituée à lire dans son âme comme dans un livre, j'y voyais de tristes et douloureuses pages.

» mente par mon éloignement, et la connaissance » que tu as de ma pénible existence... Je lui de» mande un congé qui m'est indispensable, sans » lequel il m'est impossible ni de me rétablir la » santé, ni de renouveler les moyens de faire » une autre campagne si je le puis... Demande » une audience à l'empereur, et sollicite-le pour » nous, il ne peut pas te refuser. Je puis encore » le servir; mais si je ne me rétablis pas, j'en suis » incapable pour la vie.

» Cette lettre, ma Laure, va te faire de la » peine, mais je le dois[1]. J'ai pu te tromper » quand nous étions encore plus mal, mais » aujourd'hui il n'y a plus que la vérité à dire... » Je ne puis pas marcher sans canne, et il m'est » impossible de monter à cheval[2]. Ce climat est » affreux pour moi. J'ai tant vécu dans les pays » chauds, que je suis plus qu'un autre frappé de » la rigueur prodigieuse de cette atmosphère, » qui n'a au reste épargné personne.

» Je me rends à Thorn, où j'espère recevoir la » permission que j'ai demandée et que je réitère » à l'empereur; il ne peut me la refuser. Ce n'est

[1] Quelle aimable et bonne pensée!... Il y a de l'âme, et de l'âme de femme dans cette délicatesse craintive d'effrayer quand on souffre soi-même.

[2] Il n'avait que quarante et un an!

» pas le désir de revoir Paris qui en est l'objet ; » mais quand ma santé, la tienne, ma fortune » sont les motifs qui me pressent ; quand je ne » peux pas rentrer en campagne sans renouveler » mes équipages en entier[1], où prendrai-je ce » qu'il me faut, si je ne vais moi-même faire un » dernier sacrifice de ce que j'ai, et qui peut n'être » pas nécessaire à l'existence... Ce n'est que sur » vous que se reportent mes idées et que je crains » pour l'avenir... pour moi, je n'ai besoin de » rien... Quand on a fait comme moi cette cam- » pagne sans se plaindre, je défie le sort d'ima- » giner la possibilité de me faire changer. *Mon » âme, résolue depuis long-temps, l'est plus que » jamais; et quoi que j'aie à souffrir, il ne me » sera pas possible de cesser d'aimer.*

» Adieu, ma Laure chérie. Embrasse bien tes » enfans pour toi et pour leur père ; aimez-le » bien, et souhaitez pour vous et pour lui de le » revoir bientôt.

» Je pars à l'instant pour Thorn. Il fait un » froid cruel.

» Amour pour la vie.

» Ton ami,

» J.... »

Maintenant nous voici au moment d'expliquer

[1] Il avait perdu ses équipages tout entiers... Ils représen-

la tristesse de Junot et le malheur qui l'avait frappé en apprenant que Napoléon n'était plus pour lui le général Bonaparte de Toulon... Peut-être la chose n'avait-elle suivi qu'une pente naturelle... mais Junot ne voyait pas ainsi avec son âme ardente et passionnée... il voulait une réciprocité, qu'il exigeait même d'autant plus impérieusement dans ses rêves d'affection, qu'il sentait, *lui*, à quel point il aimait toujours... Il aimait L'HOMME, et non pas l'empereur... et il était toujours celui qui, à Marseille, voulut partager la captivité du général Bonaparte, lorsque la prison était le chemin de l'échafaud [1]... On peut alors se former une idée de ce qu'il dut éprouver en voyant paraître un premier bulletin où son nom était marqué par le doigt de la haine, et de la haine injuste... A peine était-il revenu de son premier étonnement douloureux,

taient une valeur de plus de 200,000 fr., en y comprenant son argenterie de campagne, ses fourgons, ses chevaux et ses voitures... Il n'avait sauvé qu'une *calèche-dormeuse* et une caisse d'argenterie.

[1] Madame-mère ne voyait jamais Junot, ou ne me parlait de lui, qu'elle ne rappelât les larmes aux yeux cet évènement de la vie de son fils. C'étaient Albite et Salicetti qui l'avaient fait emprisonner avant de le destituer et de le mettre dans la cruelle position où nous le vîmes ensuite, ma mère et moi, dans les mois qui précédèrent le 13 vendémiaire. C'est alors qu'il garda le silence sur la fuite de Salicetti que nous sauvâmes.

qu'un second bulletin encore plus injuste que le premier achève de l'accabler.

Il voulut voir l'empereur, demanda la permission de quitter Mojaïsk pour aller à Moscow. Il lui semblait qu'un mot allait remettre sa conduite toujours noble, toujours pure, toujours si chevaleresque, dans son vrai jour... on lui refusa cette permission... mais Berthier lui écrivait toujours des lettres comme celles de Wilna, et le malheureux s'endormit sur la foi d'une sécurité trompeuse, mais qu'il n'était pas blâmable d'avoir.

Puis vinrent les désastres de Moscow... Il eut à gémir dans la gloire de celui qu'il aimait, et pour la première fois il comprit qu'il était pour lui un plus grand malheur que de souffrir par Napoléon, c'était de souffrir en lui... Que n'aurait-il pas donné pour avoir une puissance à mettre à ses pieds !... Oh ! je puis parler des regrets douloureux de cette âme !... car j'ai entendu ses sanglots... j'ai vu toutes ses tortures...

Ce fut alors qu'il reçut un ordre du prince de Neufchâtel pour aller à Moladetchno. Voici sa réponse au prince de Neufchâtel ; elle est suivie de sa lettre à l'empereur... Je ne l'ai pas publiée plus tôt, parce que j'attendais qu'elle eût ici sa place.

« Moladetchno, le 3 décembre 1812.

» Monseigneur,

» Je reçois l'ordre de votre altesse sérénissime » de me rendre ici... j'y suis depuis hier soir, parce » qu'il n'y a pas un village sur la route, et pas » une goutte d'eau; la journée ayant été extrême- » ment forte, il est resté plus du tiers de la cava- » lerie en arrière et à pied. Les uns ont cherché » des villages dans les chemins aboutissans à la » grande route, d'autres ont pris le chemin de » Wislieka, et on assure qu'une autre partie de » troupes a suivi la route de Minsk.

» La première lettre de votre altesse sérénis- » sime me dit de me rendre à Moladetchno et » d'y réunir cette cavalerie, d'où j'en conclus » qu'elle pensait que ce serait aujourd'hui que » je ferais cette réunion, et ce temps est vrai- » ment nécessaire. J'en profiterai pour les passer » en revue, compter leurs armes, et rendre » compte de leur situation à votre altesse sérénis- » sime... elle verra ce que je dois espérer de gloire » du commandement qui m'est confié pour finir » cette campagne. Jamais personne de mon rang » n'a été chargé de pareille mission, et j'ose as- » surer sur mon honneur que je ne suis pas en

» en état de résister à cinquante, je ne dis pas
» Cosaques, mais paysans armés et montés...
» J'exécuterai l'ordre que j'ai reçu... mais, mon-
» seigneur, rappelez-vous vos bontés, et si je
» dois terminer ma carrière d'une manière aussi
» peu digne de ma vie, mettez cette dernière
» preuve de dévouement aux pieds de Sa Majesté
» pour qu'elle sache que si j'ai vécu son plus
» fidèle et plus attaché sujet, je ne changerai pas
» au dernier moment, et que je remets avec
» confiance entre ses mains le sort malheureux
» de mon intéressante famille[1].

» J'ai l'honneur, etc. »

« *A l'Empereur.*

» Moladetchno, le 3 décembre 1812.

» SIRE,

» Cette mémorable campagne va se terminer.
» Je l'ai commencée avec un commandement fait
» pour donner de la gloire, et je finis avec un

[1] Cette lettre telle qu'elle est dans le *fac-simile*, a été trouvée par moi, ainsi que celle de l'empereur, dans les papiers de Junot, avec ses cahiers de correspondance; si la lettre eût été écrite plus tôt, le brouillon n'eût jamais été retrouvé, mais alors on était hors du trouble de la retraite, et la Providence permit que ces deux pages se retrouvassent.

» commandement trop au-dessous de mon rang
» et dans lequel je ne puis qu'achever de me
» déshonorer... Deux bulletins m'ont accablé,
» sire, je ne m'en suis pas plaint. Mais si l'opinion
» publique n'est pas ce qui m'est le plus cher,
» celle de Votre Majesté est ce à quoi j'attache
» plus de prix qu'à la vie.

» Le bulletin qui parle de la marche de l'ar-
» mée sur Smolensk dit que *je me suis égaré*
» *et que j'ai fait un faux mouvement*... Eh bien!
» sire, je ne me suis *point égaré*, seulement j'ai
» fait, le second jour de marche, six lieues au lieu
» de huit que je voulais faire (chose facile à
» réparer dans les autres journées). Le général
» Tharreau s'est perdu par *désobéissance*, et
» malgré que je lui eusse laissé des plantons de
» cavalerie pour le diriger sur Boullianow... A
» dix heures du soir, lorsque j'envoyai chercher
» mes généraux pour leur parler de notre mar-
» che, on ne trouva pas le général Tharreau à
» l'emplacement que je lui avais désigné. Je crus
» qu'il était resté en arrière, et j'envoyai au-
» devant de lui... L'officier chargé de cette mis-
» sion rentra au camp à trois heures du matin
» sans l'avoir rencontré; alors, me rappelant
» son opinion de la veille sur notre direction, et
» connaissant son caractère, je ne doutai pas

» qu'il n'eût *voulu* suivre la droite pour arriver » sur la route de Mitislaw que nous devions » rejoindre. J'envoyai sur-le-champ M. le colonel » Revest[1], mon chef d'état-major, qui le trouva » en effet à plus de quatre lieues de nous, et il » ne rentra au camp qu'après quatre heures du » soir... J'avais appris que Votre Majesté avait » eu lieu d'être mécontente de cet officier-géné- » ral ; j'espérais, à force de marcher, réparer ses » torts, et pour ne pas perdre cet homme, j'ai » supporté la punition de sa faute. Tout le 8e » corps a été témoin de ce fait... mais il m'im- » porte seulement que Votre Majesté sache la » vérité : cet acte de justice m'a coûté bien » cher[2].

» Le bulletin sur l'affaire du 19 août, devant » Smolensk, m'accuse de *n'avoir pas agi avec* » *assez de fermeté*... par conséquent j'ai donc eu » PEUR?... Eh bien, sire, Votre Majesté va con- » naître ma conduite ; elle a eu pour témoins

[1] Beau-frère du général Mermet. Il vit encore, et habite ses propriétés dans le département de l'Hérault.

[2] Il serait absurde de dire ici que Junot se perdait à la place du général Tharreau ; mais cet officier-général était déjà dans la disgrâce de l'empereur, Junot pensa qu'il était perdu s'il le faisait passer à un conseil de guerre, comme en effet il en méritait la peine, et il croyait être plus aisément pardonné... Encore une illusion !

» dans cette journée, le général Valence, le » général Sébastiani, le général Bruyères et » beaucoup d'autres. Je reçus l'ordre d'aller pro» téger la construction des ponts sur le Boris» thène; je le fis, et nous passâmes ce fleuve » assez lentement, à cause de notre artillerie, » les rampes des ponts étant très mauvaises... » Les chemins que nous avions été obligés de faire » nous ayant retardés beaucoup aussi, je ne pus » déboucher du bois qu'à deux heures, et je pris » position... JE N'AVAIS REÇU AUCUN ORDRE DE » COMBATTRE, j'ignorais même, sire, quelles » étaient les troupes qui se battaient à ma gau» che; mais après une demi-heure, et lorsque » la division Gudin arriva, le feu ayant recom» mencé beaucoup plus fort, je montai à che» val et passai un grand ravin que j'avais devant » moi avec deux bataillons d'infanterie légère et » ma cavalerie, j'arrivai sur une superbe position » en arrière de l'ennemi; la plaine ou plutôt le » plateau qui nous séparait de la position de » l'arrière-garde russe était couvert de tirail» leurs et de cavalerie. Néanmoins, persuadé que » nous pouvions être utiles à l'attaque de front, » je fis passer ma petite avant-garde, qui recon» nut que l'artillerie devait refaire un pont dans » un village à droite pour pouvoir passer, ce

» qui fut exécuté, tandis que j'envoyai l'ordre
» au 8e corps de venir me rejoindre en entier et
» le plus promptement possible[1]. »

Junot manquant de fermeté et de volonté d'aller à l'ennemi paraissait si étrange, que même ses ennemis, et sa grande faveur lui en avait fait beaucoup, ne purent s'empêcher de trouver la phrase bizarre. C'était, au reste, le roi de Naples qui avait fait ce rapport à l'empereur.

—Allons, Junot, marche donc, lui disais-je; comment donc !... mais ton bâton de maréchal est là!...

Voilà comment le roi de Naples racontait la chose; mais Junot, lui, la disait tout autrement, et le disait avec les preuves à la main... C'est cette affaire *avec le Vésuve* qu'il m'expliquait dans sa lettre de Mojaïsk du 15 novembre. D'abord, s'étant bien conduit, il s'attendait à ce que cette brume qui s'était élevée entre l'empereur et lui se dissiperait; il savait que l'affaire de Smolensk n'avait pas eu le résultat que voulait l'empereur, et l'humeur que cela devait lui donner lui paraissait une excuse suffisante pour ne pas même lui rendre justice à l'instant... il

[1] Il y a lieu de croire qu'il manque quelques lignes à cette copie de la lettre à l'empereur, mais elles sont peu importantes... les deux affaires sont expliquées.

fallait un motif à d'autres fautes... mais cette justice, pour être tardive, n'en devait pas moins luire sur un front innocent!... Junot attendit long-temps... trop long-temps peut-être!... bientôt il crut voir que, malgré la connaissance que l'empereur avait dû avoir de toute l'affaire de Smolensk, il gardait le silence... Le roi de Naples devait demeurer à la tête de l'armée au retour de l'empereur en France... Napoléon avait-il voulu ne pas le désobliger par un démenti formel donné à une fausseté avec une vérité?...Quoi qu'il en soit, Junot n'entendit aucune parole réparatrice se dire sur son nom... et un voile ténébreux cachera toujours les causes premières de l'espèce d'intrigue ourdie contre lui. Ce fut alors que l'armée étant en pleine retraite, Junot reçut l'ordre du prince de Neufchâtel, auquel il répondit, ainsi qu'on vient de le voir, et il écrivit pour la première fois à l'empereur sur toutes ces choses qu'il était bien difficile que Napoléon ne sût pas aussi bien que lui... Il lut la lettre de Junot... et il la lut avec beaucoup d'attention... C'est fâcheux, dit-il enfin... LES BULLETINS SONT FAITS.

Il ne faut ici aucune réflexion... il ne faut pas même s'arrêter sur le motif qui a pu faire répondre un mot aussi dépourvu de toute justice à l'empereur... j'ai long-temps ignoré le fait en lui-même; ce n'est que dans cette nuit, cette veille de la douleur, où Junot, vaincu par l'émotion qu'il ressentit à la vue de mes larmes, se laissa aller à m'instruire de tout... J'ai remercié Dieu de ne l'avoir pas appris plus tôt; si je l'avais su le jour où j'obtins l'audience de l'empereur, il y aurait eu entre nous une explication qui peut-être eût été encore plus orageuse que celle où il eut *la bonté*, comme il le dit lui-même dans le *Mémorial de Sainte-Hélène*, de se laisser traiter par moi comme *un petit garçon*[1]...

Après avoir lu ensemble tous ces papiers :

—Voilà, me dit Junot, ce qui s'est passé pendant cette malheureuse année!... Voilà ce que j'ai fait aussi... mais *voilà la vérité*... Était-ce donc

[1] Voyez le chapitre intitulé : *De Junot et de sa femme.* Ce chapitre n'est pas tout entier de l'empereur. Il ne faut qu'avoir vécu quelques jours dans son intimité pour reconnaître qu'il n'y a ni sa façon de parler, ni même ses locutions les plus communes. Il a dit sans nul doute plusieurs faits que renferme ce chapitre ; c'est un canevas sur lequel on a fait ensuite une tapisserie *telle quelle*... Il y a des absurdités qu'il *est impossible* que l'empereur ait dites ; comme par exemple que Junot *voyageait avec ses relais*... La chose est physiquement impossible, quand on dépenserait cent louis par heure. Il y en a vingt de cette force-là... Junot avait des relais pour aller à la Malmaison et à Saint-Cloud comme tous les ministres; encore sommes-nous allés quelquefois en poste à la Malmaison.

par la bouche de Napoléon que mon nom devait arriver sous une fausse couleur à la postérité?... Cette pensée me tue!

— Mais enfin, dis-je à Duroc, quelle conduite faut-il tenir dans tout ceci ?... Il me semble qu'il y a quelque chose à faire... Autrefois nous aurions eu l'impératrice Joséphine... Mais le moyen d'aborder l'empereur par une personne comme Marie-Louise!

Ici, je m'arrêtai... Je me rappelais la conversation que j'avais eue dernièrement avec Napoléon... celle de 1808... et je ne dis plus rien... Junot avait raison, l'empereur était changé.

Le résultat de cette matinée fut de procurer un adoucissement très grand aux peines de Junot, il put en parler avec moi... Nous en causions avec Duroc quand il s'échappait un instant de sa prison, qui commençait aussi à lui paraître lourde... Un jour, Junot lui prit la main, et lui dit :

— Mon cher Duroc, tu souffres comme moi. Je te l'ai dit l'autre jour, *nous souffrons tous*... et cependant nous l'aimons tant!...

Duroc était triste et bien autrement sérieux dans son humeur habituelle depuis son retour de Russie, qu'il ne l'avait été jusque là dans toute sa vie. Je le connaissais assez pour voir que ce n'était pas ici une chose qui le touchât personnellement. Je ne me trompai pas... Il nous parla d'une foule d'inquiétudes, qui, en effet, devaient être de nature à faire à la fin naître de tristes pressentimens pour l'avenir que nous avions devant nous... Nous apprenions à connaître les alarmes...

En cherchant dans un carton où étaient plusieurs discours que l'empereur voulait revoir, il avait la veille même, nous dit Duroc, retrouvé celui que le préfet de la Seine avait prononcé le jour de son arrivée à Paris... Napoléon le prit, le relut en entier, et s'étant arrêté au mot de Moscow, il avait pâli... rougi... puis prenant le papier et le froissant avec colère, il l'avait ensuite foulé aux pieds et jeté dans le feu, en répétant :

— L'imbécile !... oh! l'imbécile !...

Et dans le fait, quoique l'épithète soit injuste, le discours était de force à exciter la gaieté de nos ennemis, et conséquemment nos larmes.

« Sire, disait le préfet de la Seine, nous étions
» dans la tristesse...mais vos regards viennent tout
» vivifier.. Quelle allégresse !...mais aussi, que de
» gloire pendant votre absence!... Notre admira-
» tion suivait les pas de Votre Majesté lorsqu'elle
» volait de victoires en victoires *planter ses aigles*

» *sur les tours de Moscow*, et dans ces momens » plus glorieux encore où elle montrait ce que » peuvent contre le climat, la constance et la force » d'âme, qui lui ont assuré *le plus beau triomphe* » *qu'il soit donné aux mortels d'obtenir...* »

Certes il est difficile de faire un plus maladroit discours ; Napoléon aurait mieux aimé qu'il lui eût dit une injure... il aurait eu à punir, et voilà tout.

Le discours qu'il cherchait était celui du grand-maître de l'université... il n'était pas dans ce carton... Napoléon le fit chercher dans un autre; ne le trouvant pas, il dit au grand-maréchal d'aller voir chez lui s'il le trouverait dans ses papiers :

— Je suis SUR qu'il n'y est pas, sire, lui dit le grand-maréchal; mais si Votre Majesté l'ordonne, elle l'aura dans l'instant...

On eut le discours, et l'empereur le lut et le relut jusqu'à trois fois... Que pouvait-il vouloir en faire? voilà ce qu'il ne disait pas... Je ne le connaissais qu'imparfaitement ce discours, et seulement par ce que m'en avait dit l'archevêque de Paris, qui était le cardinal Maury, et que je voyais chaque jour, comme je l'ai déjà dit; il était en grande admiration devant ce discours, et le savait par cœur, bien qu'il n'aimât pas le grand-maître, et qu'il lui décochât un trait d'arbalète de sa lourde main quand il le pouvait, avec quelques bonnes parolesbien amères... mais ici c'était autre chose, et il avait raison. M. de Fontanes avait aussi fait de la louange, mais elle n'était pas offensante, et son discours était fait pour imposer, même dans les provinces et dans le midi de l'Europe. Ce que m'avait dit Duroc me donna envie de le lire; il était du reste au *Moniteur*, où il peut encore se voir tout entier.

« Permettez, sire, disait-il, que l'université » détourne un moment les yeux du trône que » vous occupez avec tant de gloire pour les re- » porter vers cet auguste berceau, où repose l'hé- » ritier de votre grandeur... *Toute la jeunesse fran- » çaise environne avec vous de ses espérances et de » ses bénédictions, cet enfant royal, qui doit les gou- » verner un jour*... Nous le confondons avec Votre » Majesté dans le même respect et le même » amour... Nous lui jurons d'avance un dévoue- » ment sans bornes comme à vous-même... Sire, ce » mouvement qui nous emporte vers lui, ne peut » déplaire à votre cœur paternel... car il vous dit » que votre génie ne peut mourir; qu'il se perpé- » tuera dans vos descendans, et que la reconnais- » sance nationale doit être éternelle comme votre » nom. »

Lorsque Junot lut ce discours, il fut touché de plusieurs expressions vraiment remarquables qui se trouvent dans quelques unes de ces phrases... A peine l'eut-il parcouru, qu'il dit avec émotion :

— C'est en pensant à son fils que l'empereur a demandé ce discours ; il est l'expression de la jeunesse savante, par l'organe de son grand-maître... Cette assurance de l'amour de la jeune génération qui produira des hommes faits au moment de l'avènement probable de Napoléon II, a touché l'empereur... Enfin je suis sûr que ce n'est que pour son fils qu'il a mis une telle instance à le relire.

Je crois que Junot avait raison.

Au milieu de *cette nécessité de louanges*, dans un moment où la décence nous imposait plutôt l'obligation du silence, je remarquai deux hommes qui, tout en demeurant dans une mesure parfaitement convenable, surent rester également dans l'attitude que leur commandait l'honneur national. Leur nom va faire comprendre qu'on aurait tort de s'en étonner : c'est Barbé-Marbois[1] pour la chambre des comtes, et Muraire

[1] Il y a dans ces deux hommes une pureté de mœurs tout-à-fait antique... Je ne connais rien de plus beau que la conduite de M. Marbé-Marbois sous le directoire. Il me fait l'effet

pour la cour de cassation... Ils ont été au pied du trône rendre au souverain de la France l'hommage qu'ils lui devaient, mais cette démarche n'eut rien de honteux, et ils ne bravèrent pas les larmes de quatre cent mille familles qui portaient alors le deuil en Europe, en célébrant avec des chants de joie un triomphe ensanglanté de quelques heures, d'autant plus regrettable et plus horrible qu'il luit d'une lueur sinistre à côté de la défaite honteuse où s'engloutirent et ce même triomphe et les débris de toute une armée...

d'un de ces pères conscrits mourant sur leurs chaises curules. Rien n'est admirable comme la simplicité dans la vertu, au milieu des orages politiques. M. de Marbois a été sensible à une erreur qui dans le temps fut accréditée dans toute l'Europe, et que j'ai redite avec la France entière qui même le croit encore; c'est l'histoire de l'ambassadeur de Perse. Je me suis chargée avec plaisir de la démentir dans cette note.

Quant à M. le comte Muraire, c'est aussi un homme à la Plutarque, c'est un de ces caractères taillés largement et sur une échelle dont le compas et l'équerre sont perdus... Pour un tel homme l'intérêt du pays est TOUT, l'intérêt privé RIEN... J'ai une profonde estime pour M. le comte Muraire. Elle est compagne de ma tendre amitié pour sa fille, madame la comtesse de Sussy. Elle est, comme lui, un être dont l'âme est de feu, mais de ce feu sacré qui fait conserver éternellement des amis, et vous en acquiert chaque jour de nouveaux... Et puis comme elle est Française!... J'ai déjà parlé de ses rares qualités... Maintenant je le fais d'une voix plus haute... Deux ans de plus se sont écoulés depuis ce que j'en ai dit.

Hélas!... les nouvelles que nous recevions de la Russie ne faisaient que donner une teinte encore plus sombre à l'avenir!... Murat avait abandonné l'armée que l'empereur lui avait confiée; plus elle était en désordre, et plus il était de son devoir peut-être d'y rester jusqu'au dernier jour... Les besoins *de son royaume* le rappelaient chez lui, disait-il!... *son royaume!...* Et quelle était donc cette magie qui avait soufflé son poison sur toutes ces intelligences royales qui étaient devenues assez insensées pour se croire en effet souveraines par elles-mêmes, oubliant ainsi quel était celui qui les avait couronnées?... C'est merveille en vérité... ou plutôt c'est grande pitié de voir s'agiter dans ce nuage sombre qui précède l'orage, cette foule d'insectes qui, maintenant fiers du malheur de leur chef, cherchent à le piquer de leur aiguillon, au lieu de réunir en un faisceau tous leurs moyens pour soutenir cette force qui fait la leur... les insensés!... De rois mercenaires, ils deviendront alliés perfides, amis, parens ingrats, et dès lors ennemis implacables...

Oh! quelles devaient être les pensées qui se pressaient alors en foule dans le cœur de cet homme!... Il avait fait des heureux... il avait fait des princes, il avait fait des rois... il avait fait des HÉROS ; et maintenant il se voyait délaissé de ces appuis naturels sur lesquels il devait compter !...

Ce que j'entendis alors autour de moi formait un blâme général sur le roi de Naples ; tous les officiers-généraux dont mon salon était rempli depuis le retour de Junot, n'avaient qu'une voix et qu'un avis... c'était de témoigner le plus vif étonnement, surtout de l'abandon de l'armée au moment du nouveau danger qui la menaçait. Ce danger était d'autant plus à redouter, que le contre-coup devait se faire ressentir à Paris même... et un peu plus de réflexion aurait dû offrir à Murat la vérité d'un autre péril tout aussi certain pour lui... c'est que la secousse ébranlerait Naples et son trône précaire, bien autrement à mort qu'une éruption de son Vésuve...

Ce danger de l'armée de Russie était d'abord dans la conduite équivoque de l'Autriche, et puis dans la position des différens corps, qui, rassemblés confusément sur la Vistule, offraient dans leurs misérables débris l'image d'une destruction qui révélait notre malheur dans sa terrible vérité... La cavalerie était totalement détruite... l'artillerie dans son matériel ne présentait plus rien qui pût même mériter ce nom...

c'était la réunion de tous nos désastres en une seule masse... et l'aveu de nos misères... Il aurait fallu dans une telle circonstance un autre homme que Murat, et même que le prince Eugène, sur qui le roi de Naples se déchargea du soin du salut de toute cette foule pâle et presque expirante, qui ne demandait à ses chefs que de revoir la France pour y mourir autrement que sur un chemin couvert de neiges et de glaces, où les malheureux expiraient de besoin, après avoir été percés de la lance des Cosaques... Murat n'avait pour talent militaire que le courage d'un soldat. Mais à quoi pouvait servir une bravoure audacieuse avec des gens qui n'avaient plus de jambes pour le suivre, ni d'armes au poing pour l'imiter dans ses courses de tirailleur au galop qu'il s'amusait à faire sur des groupes de Cosaques ?..... Chose étrange !..... cette sorte de vaillance chevaleresque qui, semblable à la bravoure du moyen âge, avait l'air de ces défis portés par les héros de ce temps-là, n'était plus, à l'époque dont je parle, au milieu de ces ombres livides et mourantes qui l'entouraient, qu'une parade ridicule qui aurait fait rire, si les malheureux avaient pu rire.

Il partit donc, et le 8 janvier 1813, il remit ces tristes débris de la plus belle armée du monde entre les mains du prince Eugène... Quel effet produisaient toutes ces nouvelles, mon Dieu!... on n'osait parler dès qu'il y avait dix personnes dans un salon... mais aussitôt qu'on était sûr d'être en confiance et à l'abri de toute remarque, alors les craintes se manifestaient, et l'avenir était examiné avec des yeux qui souvent se fermaient devant les maux qu'il présentait...

La France était alors dans un état extraordinaire qu'il est bon d'examiner, pour comprendre les évènemens subséquens comme ils doivent l'être.

Depuis 89, qu'avons-nous vu en France? Les révolutions de notre révolution, et à chaque mouvement une réaction s'élever comme force répulsive de celle qui attaquait. C'est ainsi que plus les révolutionnaires ont cru détruire, et plus les choses abattues ont pris une force réfractaire.

Il y a évidence non seulement dans les résultats, mais dans les rôles même des acteurs du grand drame révolutionnaire. Cette évidence se retrouve encore plus fortement formulée dans les deux périodes de la révolution ascendante et descendante. Cette sorte d'échelle est curieuse à monter et à descendre; et depuis le jour où le peuple prit la Bastille, et puis égorgea son gouverneur pour promener ensuite son cadavre en lambeaux dans Paris, jusqu'à celui où Napoléon Bonaparte revint d'Egypte pour panser et guérir nos plaies par son génie tout immortel, il existe de grandes choses, bien faites sans doute pour être étudiées et servir de leçon aux rois comme aux peuples, si les rois et les peuples pouvaient se corriger par l'exemple du passé. A cette première attaque du peuple en masse, il se leva un autre parti, composé aussi de Français ; c'était tout ce qui comprenait l'*ancien régime.* Ce mot qui commence aujourd'hui à ne plus avoir une signification précise, en avait une alors. Il signifiait non seulement la noblesse [1] et la cour, mais tout ce qui tenait à la noblesse et à la cour, et dont les intérêts étaient communs avec ceux de la classe titrée... Le 14 juillet enfin sépara l'ancien régime du nouveau. Première réaction... Puis vint celle de la noblesse... celle du clergé, quand on l'abolit. Celle-ci fut spéciale et terrible... On peut même la diviser en deux parties égales, au supplice de

[1] On entendait par *ancien régime*, tout ce qui avait appartenu à la cour ou bien à une personne titrée. On pouvait donc ne pas l'être et faire partie de l'ancien régime, ce qui rendait cette classe très nombreuse.

Gobel[1], de Fauchet et de plusieurs évêques constitutionnels. Les institutions départementales en provoquèrent une autre parmi les administrés des provinces, en leur donnant une souffrance que rien ne venait adoucir... C'était la réaction de la faiblesse lourdement active et

[1] Si j'avais la place et le temps nécessaires, je montrerais encore Brissot, cet agitateur qui donnait *l'absolution* aux égorgeurs d'Avignon, qui mit en vente les biens des émigrés, ordonna l'incendie des châteaux, et qui commit à lui seul plus de vexations et d'horreurs que beaucoup d'hommes de cette époque réunis... Eh bien, vous le voyez changer subitement au 20 juin... Après le 10 août il voulut même sauver le roi!...parce que ces hommes qui avaient été ses pairs, devenaient ses maîtres et qu'il ne le voulait pas. Il succomba dans la lutte, quoiqu'il fût plus habile que ceux qu'il voulait abattre; mais il en est toujours ainsi en révolution, parce que l'individu lutte presque continuellement seul contre des masses, isolées à la vérité, mais toujours plus fortes que lui... Parmi les cordeliers, Danton et les organisateurs de septembre, las de boire du sang et de marcher parmi des cadavres, méditèrent le 9 thermidor, sans pouvoir l'exécuter; et pourtant il était de beaucoup supérieur à Robespierre et à S.-Just. Robespierre lui-même voulait détruire la Montagne; et Legendre qui voulait dépecer le corps de Louis XVI pour envoyer un membre de lui aux départemens de l'ouest pour bannière, André Dumont, une foule de ces monstres de la funeste année, ont tous fléchi devant les systèmes conservateurs et fait eux-mêmes une contre-révolution, une réaction, ce que vous voudrez, de leur première révolution. La France vivait dans ces paroxismes continuels.

s'élevant à côté de la force brutale et vexatoire... La cinquième de ces réactions fut horrible dans sa provocation, et bien bizarre dans son effet. Ce fut le 10 août, et la déchéance de la royauté constitutionnelle. A celle-ci vous voyez l'un des apôtres les plus chauds de la liberté et du système constitutionnel, M. le marquis de Lafayette enfin, après avoir accepté un commandement de la force armée, et l'avoir guidé lui-même à Versailles les 5 et 6 octobre, abjuré sur l'autel de la patrie ses titres de noblesse, parlé de *l'insurrection comme du devoir le plus saint*, présenté *les Droits de l'homme* à l'assemblée, après avoir constitué Louis XVI prisonnier au château des Tuileries, écrire à M. de Bouillé des paroles repentantes, avec le langage de la répression de l'anarchie qui commençait à se montrer hideuse et formidable, faire fusiller au Champ-de-Mars les pétitionnaires de la déchéance du roi, et terminer sa première période révolutionnaire par sa démarche à l'Assemblée nationale pour lui demander compte de la violation de la personne du roi dans la journée du 20 juin; se disputer avec le côté gauche, qui le renvoie dans le côté droit, dont à son tour il est repoussé, et finir par émigrer!... Belle conclusion!... Quant à la seconde période de sa vie, elle n'appartient pas à cette partie de mes Mémoires... J'en parlerai à l'époque voulue...

Ce que je veux démontrer ici, c'est que, depuis la révolution, nous avons toujours eu deux décompositions par faction. On pourrait même comparer cette chose bizarre à l'effet purement mécanique opéré par la *décomposition chimique* par laquelle les hommes de chaque secte ont éprouvé une telle altération dans leur nature et dans leur moralité intérieure, qu'on ne retrouvait plus en eux au dehors le même individu, c'est-à-dire la même espèce. Abusé par ce qu'il avait vu lui-même, l'empereur fut entièrement dans l'erreur sur l'état moral de la France au moment du péril... Il avait comprimé avec sa main puissante, pendant quatorze années, toutes ces opinions, toutes ces réactions, et il croyait la France régie par une seule volonté, qui était la sienne... Sans doute il avait beaucoup fait pour user la force révolutionnaire, non pas celle de 89 et même de 91, mais celle de 93 et de 94, celle qui était destructive et mortelle dans son action. Il l'avait toujours combattue et avec une sorte de haine. L'affaire de Malet était venue corroborer son opinion pour lui donner une nouvelle preuve que les révolutionnaires de la seconde époque existaient toujours en France avec les mêmes principes subversifs de tout ordre et tendant continuellement à détruire... mais uniquement par intérêt personnel, et surtout par une ignorance complète des besoins du pays et des volontés de ce même pays... Joubert, le républicain le plus habile que la révolution ait donné à la France, et qui eût tenu secondairement la place de Napoléon à un 18 brumaire (qu'au reste il voulait faire), voyait bien comme je viens de le dire... Marat, qui, tout monstre sanguinaire qu'il était, avait des moyens, voulait aussi faire une réaction dans son parti ; il s'était convaincu qu'il fallait une concentration de pouvoir, et il le disait hautement. Au 13 vendémiaire même, Bonaparte avait vu devant lui la Gironde et la Montagne, qui jusque là s'étaient livré un combat à mort, cesser de s'entr'égorger pour fusiller les agitateurs du moment, qui étaient alors des royalistes... Le 18 fructidor, qu'il organisa également de l'armée d'Italie où il était alors, lui présentait Tallien ou du moins son parti, déportant ou fusillant des Girondins[1], et des Girondins déportant ou fusillant des Thermido-

[1] Les Girondins, c'est-à-dire ceux qui étaient de ce parti dans la Convention et dans les deux conseils après le 13 vendémiaire. Ceux dont je veux parler ici sont Aubry et Saladin.

riens[1]... Napoléon avait donc été trop tôt persuadé que les différens partis de la révolution s'étaient détruits par eux-mêmes. Sans doute il y avait quelque vérité de cela pour les hommes de 93; encore Fouché était-il au ministère, M. de Talleyrand avait-il une des grandes charges de la couronne, et Barrère et Billaud-Varennes se promenaient-ils tranquillement sur le boulevard d'une ville dont on aurait pu paver les rues avec les crânes de ceux qu'ils avaient fait périr... Oh ! mille fois honte sur nous !... et pourtant nous sommes un peuple *aimable*, *doux*, BON MÊME !... enfin...

Cependant il faut dire pour notre honneur que l'autorité ne demeura pas dans ces mains teintes du sang, et du sang innocent des Français. Ces factions révolutionnaires, même les plus énergiques, n'ont jamais obtenu d'autorité permanente. La leur a été éphémère... et, chose bizarre, la stabilité fut plutôt donnée par le sort aux réactions qu'elles avaient produites ; tant il

[1] Le Thermidorien est Bourdon de l'Oise... On pourrait bien le mettre, sans courir le risque d'être démenti, en tête de ce qui restait de 93. Quant à Billaud-Varennes, il vivait encore il y a deux ans, et demeurait sur le boulevard du Temple.

est vrai que la force réfractaire est bien autrement *force* que toute autre. Il y a dans elle une souffrance et puis une inertie qui la multiplient et la rendent redoutable quand elle se lève... C'est un don du malheur ; mais il est de fait que l'insulte et la cruauté se sont usées sur ces réactions produites par la proscription et la mort. Les premières ont passé comme un orage dévastant tout, ravageant jusqu'aux plus jeunes plantes... Mais le champ demeurait là, lui... Il y demeurait pour reproduire... Ce champ, c'était le pays...

J'ai dit tout à l'heure que Napoléon avait une trop grande sécurité relativement aux différens partis qui, après tant d'années, bouleversèrent la France... Parce qu'il avait comprimé, il croyait qu'il n'y avait plus rien ;... parce qu'il avait arrêté la presse, il croyait qu'on ne pensait pas... Il était loin de juger sainement cette importante partie du gouvernement moral. Un soir je l'entendis parler sur cette question de la liberté de la presse, et il en raisonnait admirablement, comme de tout ce qui était traité par lui ; mais mon opinion était autre que la sienne dans une telle matière, ainsi je ne puis rien prononcer. Et puis, Napoléon avait peut-être raison en quelque point. Néanmoins cette raison était alors, selon moi, bien peu importante, en proportion de l'immense bien que peut faire la pensée exprimée librement.

L'empereur, en parlant de la liberté de la presse, je ne sais plus à qui, je me rappelle seulement que c'était à Saint-Cloud[1], l'empereur disait que la liberté de la presse ne pouvait être que funeste en France par l'usage insensé que les écrivains journalistes faisaient de leur plume[2]. « Les actions les plus simples du gouvernement, disait l'empereur, sont soumises, non pas à leur enquête, mais à l'examen le plus indécent; et souvent, le plus sot premier venu, échappé d'un banc de collége, est tout heureux de s'attaquer à plus haut que lui... Grand bonheur, comme nous le savons tous, à l'âge où tout est *beau* et *brillant*... Cela est même à un âge plus avancé, parce que l'esprit français est éminemment tourné

[1] Je ne me rappelle plus le nom de l'interlocuteur. C'était un conseiller-d'état et de la révolution, peut-être Réal, mais je n'en suis pas sûre.

[2] A cette époque surtout, c'était la plus indécente licence que l'on pût voir. L'abbé Sieyes qui était au directoire, à la fin ennuyé de cette attaque quotidienne, fit suspendre, *ou pendre*, je ne sais lequel des deux, un grand nombre de journalistes en 1798. — Il avait aussi *le talent du sceptre, le bonhomme Sieyes*.

à l'opposition, et même à l'opposition railleuse. Un Français ne sait pas résister à un bon mot, ce bonheur dût-il même lui coûter un emploi, un héritage... Ouvrez le *Moniteur*, voyez depuis 87, époque de sa fondation, jusqu'à 1799, voyez quelle est la pensée qui dirige la plus grande partie des discours prononcés !... Toujours cette tendance à l'opposition, et à l'opposition railleuse, je le répète... Nous avons le besoin de faire effet. Nous sacrifions à notre vanité pour cela l'intérêt même du pays qui souvent se trouve blessé dans sa convenance d'être ainsi mis à jour devant des étrangers... C'est partout et en tout chez les Français... Croyez-vous donc que le père Bridaine venait prêcher, comme il le faisait à Paris, pour convertir les gens de Versailles ?... Vraiment. ... c'était bien là son but! Tant mieux s'il le menait là... mais ce qu'il voulait, c'était de faire de l'effet, et certes il était bien sûr de lui en parlant comme il le faisait devant des gens dont les oreilles étaient closes à toutes les vérités un peu dures.... Ne pensez-vous pas ainsi, monsieur le cardinal, dit-il au cardinal Maury qui était ce jour-là à Saint-Cloud ?...»

Le cardinal avait une profonde vénération pour le talent du père Bridaine; il répondit à l'empereur que le père Bridaine était *un apôtre* dans toute la force du mot, et qu'il était d'une entière bonne foi et vraiment animé de l'esprit, quand on le fit prêcher à Saint-Sulpice, je crois, ou bien à Saint-Germain-l'Auxerrois... Et tout-à-coup voilà le cardinal qui se lève, et, avec cette voix large et sonore. cet accent qui n'était qu'à lui, il se met à nous dire ces belles et adorables paroles du père Bridaine, ce sermon sur la pauvreté et sur les grâces à attendre de Jésus-Christ pour récompense, faisant précéder cette partie d'une peinture de l'enfer !

« Mais qu'ai-je fait, ô mon Dieu!... Je suis entré sous le chaume, et j'ai parlé de votre sévérité, ô mon Dieu! à qui doit tout attendre de votre bonté!.. J'ai prêché l'abstinence à des malheureux qui n'ont pas de pain!.. J'ai parlé d'humiliation à l'humble dont la poussière est la couche. J'ai crié contre les joies du monde à des oreilles qui n'entendent que la plainte du désespoir... que le cri de la misère... Pardon, pardon, ô mon Dieu!.. si j'ai contristé des cœurs à vous; si j'ai affligé vos vrais enfans!... C'était ici, mon Dieu!... dans cette ville impure, où le vice fait sa demeure... où Satan fait ses recrues pour son royaume infernal... ici, où maintenant les yeux fixés sur la chaire de vérité, des femmes impudiques, des hommes perdus attendent de moi

quelques paroles qui chatouillent peut-être leur amour-propre de grands... leur vanité nobiliaire. Non, je leur dirai qu'ils sont MAUDITS pour avoir oublié le pauvre au jour de l'affliction, pour l'avoir oublié comme ils ont oublié Dieu... Mais lui aussi vous a rejetés, et vos prières ne sont plus un encens qui fume au pied de son trône. Vous êtes RÉPROUVÉS !... ALLEZ, MAUDITS !... vous êtes RÉPROUVÉS !... »

En finissant cette phrase, le cardinal lança toute sa voix qui roula pour ainsi dire sous la voûte de la galerie comme les éclats d'un tonnerre... Mais ce qui est étonnant, c'est l'effet qu'il produisit sur chacun[1]... L'empereur lui-même fut frappé d'une sorte d'impression momentanée sans

[1] Le père Bridaine avait en effet une éloquence remarquable, surtout avec son ignorance : mais ce qu'il disait venait du cœur ; cet homme avait ensuite du génie, en voilà plus qu'il ne faut pour donner de belles choses. Un jour il prêchait dans une petite ville, c'était pour le dimanche de la Passion. Il se plaça comme toujours dans sa chaire, et, assis comme dans sa chambre, il avait l'air soucieux. Après avoir fait la prière et le signe de la croix : — Mes frères, dit-il aux gens qui l'entouraient, il vient d'arriver une bien triste aventure dans notre pauvre petite ville voisine... Vous connaissez tous le fils de ces honnêtes artisans, ces bons N...? Eh bien, leur fils qui était, comme vous le savez tous, l'honneur de notre province et la joie de ses parens, ce bon et excellent

doute, *mais positive*. Le silence suivit la dernière phrase, mais au bout de quelques instans, l'empereur s'approcha du cardinal, et lui dit :

— Ce n'est pas du père Bridaine, ce que vous venez de nous dire là, monsieur le cardinal, n'est-ce pas?

— Je demande pardon à Votre Majesté, répondit le cardinal ; ce n'est pas le même arrangement de phrases, mais ce sont les mêmes pensées... Ce sermon est d'ailleurs très connu (c'était vrai, et je le connaissais); il est plus long et parfaitement beau... C'était l'homme de Dieu, sire, que le père Bridaine... V. M. dit qu'il prêchait ainsi pour faire de l'effet, mais il passait sa vie dans les villages, dans les chaumières, dans des lieux non pas déserts, mais habités par des gens simples, par ceux enfin à qui le royaume des cieux est promis.

— Eh bien, je vous passe le père Bridaine... encore... mais enfin soit; quant aux autres, je

jeune homme, ayant appris que des mauvais sujets allaient être pendus pour leurs méfaits, fut leur caution, les sauva, les rendit à la Société... Eh bien! mes frères... ce pauvre jeune homme!... ils l'ont abandonné! renié!... il a péri à leur place. — Et comme il n'y avait pas de bourreau... c'est un de ceux qu'il avait sauvés qui en a servi!... Oh! mes frères, dit l'apôtre en pleurant, le jeune homme, c'est Jésus-Christ!... et nous, nous sommes ceux qu'il a sauvés!...

sais *ce qu'ils valent*... Et le mot est plus juste qu'on ne croit, dit de ma bouche, ajouta-t-il en ayant l'air de dire qu'il savait ce que *valaient* le silence et le bavardage.

— La liberté de la presse fut fort demandée aux états-généraux, dit le conseiller-d'état...

— Ah! ah! dit l'empereur... Puis, comme s'il eût ri lui-même de son étonnement, il reprit aussitôt :

— Je le crois, pardieu, bien... C'était sûrement la corporation des imprimeurs?...

Je fus fâchée pour lui de ce mot.

— Non, sire, répondit le conseiller-d'état.... ce n'était pas la corporation des imprimeurs... Les trois ordres avaient des cahiers où les volontés s'exprimaient librement... M. le cardinal doit s'en souvenir.

— Oui, oui, répondit le cardinal, que cette sorte d'interpellation ennuyait fort... Comment diable! M. le comte, allez-vous vous rappeler que les trois ordres parlaient par cahiers?...

— Et que disaient vos cahiers? demanda l'empereur avec humeur...

— Sire, Rennes[1] demandait par le cahier de son tiers-état la liberté de parler, d'écrire[2] et

[1] Rennes. — *Tiers.* — Art. 45 — unanimement demandé.

[2] Paris, hors les murs. — Tiers. Article 14.

d'imprimer, à la charge seulement[1] de mettre le nom de l'imprimeur, et de ne jamais attaquer l'homme en place dans sa vie privée et dans sa conduite d'homme du monde... Ces demandes, sire, furent faites par les cahiers seulement du tiers-état de plusieurs provinces, mais aussi par la noblesse et le clergé de beaucoup d'autres... L'Auxois, Nismes, l'Agenois, le bas Limousin... L'Agénois surtout se distingua par ses demandes admirables faites par sa noblesse, l'une des plus anciennes, et la plus pure de France[2]...

— Que voulaient-ils donc? demanda l'empereur qui prenait intérêt à la conversation, quoique peut-être le sujet ne lui plût pas.

— Sire, la noblesse de l'Agénois demanda que les magistrats seraient responsables des faits à leur charge à la nation assemblée... Il y a plus;

[1] Mont-de-Marsan, Gascogne — page 7. — Il y avait dans la demande, que l'auteur ne serait tenu à aucune peine, à la charge seulement par l'imprimeur de mettre son nom. On mettait aussi des bornes à la haine particulière en empêchant de parler de la conduite privée des gens en place.

[2] J'entends même par là une partie de Toulouse; quant à l'Agénois, sa noblesse était en 89 ce qu'elle fut toujours, brave autant que loyale, et l'amie du pays. — Voilà la vraie noblesse, et lorsqu'à de pareils sentimens il s'en joint d'autres produits par une longue suite d'aïeux honorables, on peut les pardonner.

cette demande fut unanime dans les trois ordres[1]... Votre Majesté ignore peut-être un fait assez curieux, c'est que les cahiers de la noblesse de Paris portent la demande de la démolition de la Bastille[2]... La noblesse d'Arras demanda que le secret des postes ne fût plus violé. L'abolition des lettres de cachet, des lettres closes, fut demandée à *l'unanimité* par les trois ordres... La traite des noirs abolie, également unanime... Le droit de propriété sacré et garanti par tout ce que les lois ont de plus fort, sans que jamais un individu, *quel qu'il fût*, pût en être privé, *même* pour l'intérêt public, sans en être dédommagé aussitôt à dire d'experts... cette dernière demande était également unanime. Une chose fort remarquable, poursuivit le cardinal, et dont se doutent à peine les gens qui parlent sans savoir ce qu'ils disent, raisonnant sur une époque qu'ils n'ont pas vue et dont la plupart du temps ils n'ont rien lu, c'est qu'à l'ouverture des états-généraux, la noblesse et le clergé avaient depuis long-temps des vues non seulement philântropiques, mais philosophiques, dans le bon sens du mot ; c'est-à-dire une volonté ferme de faire du bien et d'ac-

[1] L'Angoumois se montra aussi admirablement; les cahiers de sa noblesse sont bien beaux et curieux à étudier.

[2] Noblesse. — Paris, page 14.

croître les lumières. Tous les grands propriétaires avaient des plans les plus vastes pour l'éducation et la prospérité du pays... beaucoup avaient déjà établi des manufactures particulières... Et un autre fait, c'est que pour l'établissement de ces mêmes manufactures, quelles étaient les entraves?... C'étaient les ouvriers et leurs maîtres ; c'était le fléau des corporations, celui des jurandes... des syndics... de tous ces vampires de l'ouvrier simple, lui-même abusé par eux.

—Comment! dit l'empereur... je le crois bien!.. Vous êtes bien instruit, monsieur le cardinal.. J'ai là-dessus des détails bien curieux, et si avant 1787 la pauvre France a eu quelques manufactures, elle le doit à la seule providence, et à la force ascendante de son industrie, qui a surgi malgré le manteau de plomb jeté sur elle... C'est votre bon ami saint Louis, ajouta-t-il en riant et en frappant sur l'épaule du cardinal, tandis qu'ils montaient et descendaient le grand salon bleu de Saint-Cloud... Votre bon ami saint Louis n'a pas toujours été une perfection.

—Mais, sire, reprit le cardinal qui défendait son favori, saint Louis ne fit autre chose que mettre les ouvriers en corps et de faire de cette réunion plutôt une école *d'enseignement mutuel* qu'une corporation... Le fisc, qui se met partout, se mit là comme ailleurs ; et les *confréries* devinrent bientôt un moyen *d'emprunts* et même d'exactions.

Napoléon était attentif, et quelquefois il s'arrêtait, regardait le cardinal avec ce regard profond et tout scintillant de feu et de génie, quand son âme rêvait quelque grande pensée.

— Quel est le roi de France qui le premier *fut donc ainsi le tyran du peuple*[1] ?... Il faut demander cela *à la savante ici*... Junot, où est donc ta femme ? Je n'étais pas loin... je m'avançai. Le cardinal, qui savait tout cela bien mieux que moi, s'était tu très obligeamment jusqu'à ma réponse, qui fut d'abord celle d'une sotte. Je m'embarrassai bien plus que si l'empereur m'eût dit un mot désagréable, et ce ne fut qu'après avoir entendu répéter la question, que je pus répondre que je croyais que c'était *un Valois*... mais je n'étais pas sûre du nom. Cependant la mémoire me revint, et je pus dire que c'était Henri III... Un premier édit de lui *impose* les corporations... Un autre édit déclare *que la permission de travailler* est *un droit royal et domanial*[2].

[1] J'écrivis cette conversation en rentrant chez moi, quoique malade et fatiguée, tant elle me parut extraordinaire et remarquable.

[2] Cet édit est bien curieux par la teneur, et ceux qui le

— Allons, ce n'est pas mal, dit l'empereur, ce n'est pas mal... Car en vérité Henri III est comme un roi étranger parmi nous. Il se trouve placé à côté de Henri IV, qui est demeuré l'idole de la nation, tandis que lui n'en eut que le mépris sous plus d'un rapport, dont PAS UN n'est injuste... Ainsi donc, qu'il ait fait une action de plus ou de moins lâche et honteuse dans sa vie corrompue, cela est bien égal... mais ici c'est autre chose... Ce n'est pas encore lui dont je veux parler comme le roi qui a fait le plus de mal à la France, sous le rapport indiqué tout à l'heure. Allons, madame Junot... aidez-moi... allons... voyons...

Cette fois j'y étais parfaitement; mais je voyais que lui aussi se rappelait très bien son homme, et il eût été bien maladroit à moi de lui en ôter le plaisir... aussi je n'eus garde... Il sourit, se re-

suivirent le sont encore davantage. On prescrit par ces édits la *manière de travailler*, les outils dont on doit se servir, — la forme, la qualité du chef-d'œuvre pour l'admission, le temps à demeurer compagnon ou maître. — Ensuite l'*hérédité* mettait les rêveries jusque là ; l'enfant *d'un maître compagnon*, fût-il une bête, était plutôt reçu : ensuite l'argent faisait tout et tarissait le talent même, parmi les ouvriers eux-mêmes. — Les jurandes et les syndics étaient eux-mêmes les fléaux de la classe ouvrière. — L'envie et la jalousie parmi eux faisaient le reste.

mit à marcher, et, prenant une prise de tabac, il dit tout en cheminant :

— Eh bien! c'est Louis XIV !... votre GRAND ROI, qui est cause de cette sorte d'anarchie dans les corporations ; car il ne faut pas se dissimuler que les maux de cette nature ne s'effacent pas avec une entière volonté de le faire... on se ressent aujourd'hui encore de ce malheureux effet des corporations.

— Votre Majesté est toujours bien sévère pour Louis XIV, dit le cardinal.

— Et cependant, répondit l'empereur avec un sourire plein de grâce, je ne suis *pas jaloux* de lui, quoiqu'on l'ait prétendu... Sans doute je suis sévère pour Louis XIV, poursuivit-il plus sérieusement, parce que je sais qu'il a fait à la France des plaies qui saignent encore aujourd'hui... Ce sont de grands malheurs, monsieur le cardinal, que ceux qui sont imposés à une nation pour satisfaire des passions effrénées... Et sans doute apercevant sur la physionomie du cardinal une expression singulière que tout son savoir de courtisan ne pouvait dissimuler, il ajouta :

— J'ai fait souffrir la France sans doute, dans cette dernière et malheureuse guerre... mais mon intention était au contraire de lui donner du bonheur et de la gloire... Je ne l'ai pas pu faire, parce que la volonté de l'homme n'a qu'une quantité de forces, et que ces forces ne peuvent lutter contre la trahison et la mauvaise foi[1]...

Le cardinal, très contrarié d'avoir été peut-être deviné, ne savait que répondre... Il savait que s'excuser pour une chose tacite, c'est faire une faute bien autrement maladroite que la première qu'on peut toujours désavouer... L'empereur, content d'avoir répondu, ne fit plus paraître qu'il eût compris le mouvement de lèvres et de sourcils du cardinal, et reprit :

— Ce fut pendant la guerre qui précéda celle de la succession d'Espagne... cette guerre qui amena le traité de Ryswich... cette guerre injuste, autant que mal faite et mal conduite, et qui coûta des millions à la France, que Louis XIV, dépourvu de toutes ressources, créa des offices qui se multiplièrent ensuite à l'infini. Mais ce fut surtout pendant la guerre de la succession que ces offices n'eurent aucune mesure... La seule année 1704 vit créer quinze maîtrises... Quand on songe à leur destination surtout, il est impossible de n'avoir pas une profonde pitié d'un

[1] J'ai déjà dit que j'écrivis cette conversation en rentrant chez moi, parce qu'elle me frappa vivement.

peuple imposé si cruellement au nom de celui qui doit être son père... Du moins, si je suis sévère avec lui, moi, je lui donne ce qu'il aime, en revanche, et il me comprend... et il m'aime. Car il m'aime, le peuple... C'est dans le peuple qu'il me faut aller chercher maintenant des cœurs dévoués... les autres ont été trop heureux. Il y a des exceptions cependant, dit-il en se reprenant, car il venait de rencontrer tout à la fois mon regard et celui tout attristé de Duroc qui, déjà frappé par avance du coup qui nous l'enleva quelques mois plus tard, semblait ployer sous le poids d'une tristesse de pressentiment... J'ai de lui une lettre bien singulière à cet égard-là, à peu près de cette époque... L'empereur était affecté... Il se promena encore quelque temps, puis il rentra dans ses appartemens, mais silencieux et triste, et comme ayant reçu une fâcheuse impression de tout ce qu'il venait d'évoquer... Le cardinal s'en revint avec moi, et, avec M. de la Valette[1], nous parlâmes pendant toute la route de cette liberté de la presse qu'on paraissait vouloir demander avec tant d'instances à l'empereur...

— Il ne la faudrait pas absolue, dit le car-

[1] Junot demeura à Saint-Cloud.

dinal Maury, parce que dans notre belle France rien ne s'y fait avec mesure. Si l'on donnait demain la liberté de la presse, vous auriez licence après-demain... Voyez ce que votre directoire a gagné à laisser parler... Cela ne sert à personne, si ce n'est à ceux qui se font payer pour se taire et qui, pour être achetés à plus haut prix, crient comme des paons du plus haut de leur tête...

— Comment, lui dis-je, vous croyez que dans les hommes qui pourraient dire d'utiles vérités il n'en est pas un bon nombre d'honorables et de véritablement assez patriotes pour parler à l'empereur le langage de la patrie, sans qu'une intention vénale souille une intention si loyale!

— Je n'en connais PAS DEUX qui soient capables de braver la colère de l'empereur pour le motif lui-même... et ces deux-là il faudrait encore voir bien clair dans leur âme... Plaignez-moi d'avoir cette pensée-là, madame la duchesse, mais c'est l'expérience des hommes qui me l'a donnée... Ainsi, par exemple, je crois que A****, M****, C****, C****, et quelques autres encore, ne seraient pas gagnés par de l'argent... mais ils le seraient par des places... des grâces... des faveurs d'un haut prix...

— Eh bien, vous vous trompez pour M*****,

lui dis-je, je le connais beaucoup, et je puis répondre de lui...

— C'est-à-dire que vous croyez pouvoir en répondre... parce que vous êtes vous-même loyale et que vous n'imaginez pas que l'homme qui dit une chose en pense une autre... Mais si l'on vous fournissait la preuve que M*** a eu la fièvre pendant un mois, parce que M. de Fontanes a été nommé grand-maître de l'université...

— Allons donc!...

— C'est la vérité exacte... N'est-il pas vrai, monsieur le comte?

— Hein!... Qu'est-ce que c'est donc? s'écria Lavalette qui s'était endormi comme un bienheureux pendant notre discussion, qui l'ennuyait à la mort...

— On le mit au courant.

— Je le crois, pardieu, bien qu'il voulait être grand-maître de l'université... Nous en avons vu la preuve dans des lettres de lui, et dans les réponses à ses lettres... Mais la preuve irrécusable, et même ce qui est plus étrange de la part du petit homme, c'est que cette constante opposition envers l'empereur a été motivée là-dessus. Je tiens de l'empereur lui-même, qu'à l'époque où le M*** était dans son intimité, il avait appris de lui-même le dessein qu'il avait formé depuis long-temps de refaire une université, et de mettre un grand-maître à la tête... Le M*** se jugeant d'une valeur assez haute, probablement pour se faire beaucoup payer, avait imaginé ce système d'opposition, qui au fait réussit quelquefois.... Mais ici le but fut manqué, parce qu'il écrivit imprudemment; et l'empereur, en lisant ses lettres, prit à son égard un parti qui a été constamment suivi.

— Savez-vous bien, dis-je à Lavalette, que c'est une bien horrible chose que de violer ainsi le secret des familles?... car en ouvrant une lettre et en la lisant pour voir s'il n'est pas question de l'empereur, vous y voyez bien des affaires tout-à-fait étrangères à la politique... Ainsi lorsque je vais au spectacle, un commis très subalterne dans votre administration aura le droit de me fixer avec insolence, parce qu'il aura mes secrets...

Lavalette se mit à rire.

— Que voulez-vous que je vous dise?.. La morale de cela, c'est qu'il ne faut pas que les jeunes femmes aient des secrets... Mais, reprit-il plus sérieusement, vous vous trompez sur la manière dont se fait ce travail-là. Il est aussi consciencieux que possible... L'empereur *seul* même lit les lettres importantes... Et puis je vous jure que cette lanterne magique qui nous passe devant les yeux chaque jour, nous rend bien indifférens sur les intérêts privés de chacun... Et puis si vous croyez que nous ne sommes pas à même de faire quelquefois du bien, vous vous trompez... Je vais vous raconter une aventure arrivée après la bataille de Wagram, et dans laquelle l'empereur joue un rôle admirable. Comme je ne vous nommerai personne, cela ne vous mènera à la connaissance d'aucune chose...

L'empereur venait d'arriver de la campagne de Wagram; il était à Fontainebleau. Un matin, j'étais encore couché, lorsqu'un page arrive au galop dans ma cour, et m'apporte l'ordre de me rendre *immédiatement* auprès de Sa Majesté. Je fis venir des chevaux de poste qu'on attela à ma voiture, parce que je ne voulus pas croire le petit diable de page qui voulait m'emmener à franc étrier... C'était pour se moquer de moi.... Hein!.. Oui... Je crois que c'était pour se moquer de moi...J'arrivai auprès de l'empereur, qui me parut de très bonne humeur. Il avait devant lui quelques lettres ouvertes. L'une d'elles était d'une écriture de femme, et remplie sur les quatre côtés par une écriture fine et serrée comme des pieds de mouche.

— Voilà une petite personne bien imprudente,

dit l'empereur en me mettant la lettre dans les mains. Lisez cela, et puis rappelez-vous ensuite ce que je vais vous dire, monsieur le comte, poursuivit-il avec un sérieux qui m'aurait fait peur si je n'avais été le plus sage des hommes.

Le cardinal et moi, nous nous mîmes à rire si bruyamment, que le bon Lavalette en demeura tout stupéfait... Je le tirai par la manche et je lui dis tout bas :

— La lettre n'était donc pas de madame F******?... et le cardinal, le tirant par l'autre bras, lui dit un mot très court que le bruit de la voiture m'empêcha d'entendre, mais qui produisit un singulier effet sur Lavalette, car il bondit comme un volant sur le coussin heureusement bien moelleux de la voiture... Et se retournant de mon côté, il me regarda d'un air tout aussi effaré, reportant alternativement ses petits yeux que l'étonnement voulait rendre plus grands sans y parvenir...

— Allons, allons, calmez-vous, disait le cardinal avec son gros rire, sa grosse voix et sa grosse figure rouge, même à côté de sa soutane, mais toujours avec cet accent d'un esprit supérieur, même dans une raillerie... calmez-vous, mon cher comte, et finissez votre histoire.

— Eh bien donc, reprit Lavalette avec assez

d'assurance, l'empereur me dit de lire cette lettre. Le curieux de la chose, c'est que je connaissais l'écriture... Cette lettre, écrite d'un château à dix lieues de Paris, était adressée à un officier de la maison de l'empereur; elle contenait des détails terribles pour le mari, qui était aussi attaché à l'empereur, mais dans sa garde, et dont le grade était même assez élevé... Ces détails compromettraient pour toujours le repos de l'intérieur de cet homme... L'empereur me dit de prendre à l'instant même des informations pour savoir si la jeune femme avait des enfans de son mari...

— Allons, va vite et reviens de même, me dit l'empereur. Je t'ai envoyé chercher parce que, devant plus tard voir cette lettre, il était inutile d'avoir un confident de plus.

Et il me poussait par les épaules... Mais comme je pouvais répondre à la question sans aller plus loin, je ne faisais pas un pas, et je réfléchissais. L'empereur n'aime pas beaucoup qu'on réfléchisse, comme vous savez, surtout quand il donne un ordre; il le répéta d'une voix plus sévère... Alors je me retournai vers lui et je lui dis:

— Sire, elle n'a pas d'enfans.

Il ouvrit non seulement de grands yeux, mais de grandes oreilles... Je dis encore une fois:

— Sire, elle n'a pas eu d'enfant depuis sept ans qu'elle est mariée; elle est jolie... elle est jeune... et sans employer ici le style du roman, elle a été *sacrifiée*.

— Bhrurrr, s'écria l'empereur... Et toi aussi, mon vieux ami, tu deviens romanesque ! Tu vois des *victimes*, des *tyrans*, des *sacrifices*, là où il n'y a que des jeunes filles très contentes d'abord d'avoir une voiture, des diamans, d'être présentées à la cour, et de courir toutes seules toute la journée pour faire des visites et montrer les atours de la corbeille et du trousseau... Oh ! je connais tout cela... Mais ici, c'est tout une autre affaire... et comment la connais-tu donc ?...

— Comme on connaît les gens, sire... Je connais ses parens... je l'ai presque vue naître.

— Ah, ah ! eh bien, dis-lui donc de ne pas *conspirer* contre moi, et de ne pas chercher à détacher de mon service des hommes dont je suis sûr... Qu'elle use de son empire comme femme et comme femme amoureuse, mais qu'elle ne dépasse pas la ligne tracée par la nature, même à tout ce qui porte une cornette... Au surplus, ses propres affaires devraient assez l'occuper, car, d'après cette lettre, elle est au cinquième mois d'un évènement qui peut troubler à jamais sa vie... et cependant... c'est bien une tête de femme!.. voilà qu'elle va s'occuper du meilleur moyen de me tuer...

Je fis un cri !..

— Oui, oui, poursuivit l'empereur, elle écrit à ***, et elle lui dit dans une sorte de chiffre, qu'un enfant du reste pourrait comprendre, que le temps approche... que l'exemple du jeune fanatique de Schoenbrunn doit donner du courage à des Français qui doivent être encore plus fatigués que lui de leur *esclavage* et *de ma cruauté*...

Je tenais cette lettre dans ma main et je la parcourais sans comprendre. Je savais bien que l'opinion de la famille de cette jeune femme était extrêmement royaliste; mais qu'elle eût influé sur la jeune femme elle-même, voilà ce qui me confondait et devenait inintelligible. Elle était un composé d'enfantillage, de grâces, d'esprit; mais voilà tout... C'était un monceau de rubans, de fleurs et de gaze, d'où pouvait sortir une belle opale à couleurs changeantes, mais un rubis, un diamant... jamais... Enfin je lus la lettre... elle paraissait n'être pas la première. J'en fis l'observation... l'empereur me dit que c'était la cinquième qu'il lisait...

— Et Votre Majesté ne m'en a pas parlé?...

— A quoi bon?... Je *savais* que tu la connaissais...

— Vous le saviez, sire, m'écriai-je en faisant un bond sur moi-même, et me rappelant surtout sa surprise précédente...

— Sans doute je le savais... Tu t'étonnes de tout aujourd'hui... Que peut-il y avoir de surprenant que je connaisse tes relations avec cette famille?... Tu crois peut-être que je t'en veux, parce qu'ils sont royalistes?... Eh! mon dieu, où en serais-je donc, si je m'allais fâcher contre tous ceux qui voient le faubourg Saint-Germain? Ce n'est donc pas pour cela que je t'ai mandé... Mais d'après la lettre de ce matin, la petite imprudente est au moment de tout voir se découvrir... Je ne veux pas d'esclandre dans l'intérieur de mon palais... Je veux que tout se passe convenablement, et surtout avec un grand respect pour les mœurs et les convenances... C'est toi que je charge de toute cette affaire, Lavalette. Tu vas aller *aujourd'hui même* chez madame ***. Tu lui parleras, mais *seul*, entends-tu bien.... SEUL... Je ne veux là-dedans, ni mère, ni oncle, ni cousine... Il paraît, d'après ses lettres, qu'elle n'a que sa femme de chambre pour confidente... Qu'elle n'en prenne pas d'autres... Tu es là, toi, en cas de besoin; tu serais utile... Quant à son amant, *il faut qu'elle le considère comme mort pour elle*, à moins que son mari soit enlevé par une balle ou un boulet de canon... A cette condition j'écris au maréchal *** pour qu'il donne une mission au mari, et qu'il ne puisse être de retour que lorsque son repos et celui de tous les siens ne pourra être troublé par la connaissance d'une chose qui serait un coup mortel pour lui...

— J'étais si attendri en l'écoutant, poursuivit Lavalette que (vous ne me croirez peut-être pas), eh bien, je pleurais... Je pleurais comme un enfant...

— Ah! je vous crois... je vous crois sans peine, lui dis-je en riant, quoique très émue moi-même.. et je vous crois d'autant mieux, que vous m'en donnez la preuve en ce moment, plus que par toutes les paroles du monde...

Il avait la figure couverte de larmes... Quant au cardinal, il se barbouillait le nez et le menton avec son tabac d'Espagne, et répétait en souriant :

— Qu'il est habile cet homme !... qu'il est habile!... Je suis sûr que cette famille a été gagnée à sa cause à tout jamais, n'est-ce pas M. le comte?

— Ma foi! je n'en sais rien, répondit le brave homme avec une sorte de rudesse qui ne lui était pas habituelle... ou plutôt... Oh!... j'ai tort... on la croirait ingrate... Oui, sans doute, elle s'est attachée à l'empereur... Et ce que votre éminence doit trouver plus exemplaire et plus digne d'attirer son attention, c'est que la jeune femme s'est repentie de ses fautes, ou, pour parler juste, *de sa faute*, et qu'elle est aujourd'hui la femme la plus respectable que je connaisse bien certainement; et j'ai le droit de m'y connaître, j'espère...

Il semblait que le digne homme se réfugiât dans la vertu de sa femme, et qu'il eût d'avance une révélation de ce qu'elle serait un jour !...

— Oui, oui, dit le cardinal, je suis fort édifié sans doute de la vertu de votre jeune madame, mais je crois, MOI, que l'empereur, en faisant ce qu'il a fait, ne songeait ni à la dame, ni à sa vertu : il était ce qu'il est toujours, l'homme le plus habile que Dieu ait fait, et certes il prouvait ce que je dis là en agissant ainsi que vous venez de le dire... Du reste, mon favori Louis XIV, comme le dit Sa Majesté, a été clément de la même manière... seulement sa vie n'était pour rien dans l'aventure... Cet épisode rend le pardon et la conduite de l'empereur sublimes en même temps qu'habiles.

—Votre *favori* Louis XIV, monseigneur, dit Lavalette, est celui qui nous a fait le présent indigne de tout gouvernement honorable, le violement du secret des lettres... C'est M. de Louvois qui le premier imagina cette infamie... Depuis lui, on a trouvé très commode de savoir, sans beaucoup chercher, ce qui était important pour l'Etat; l'on s'est donc mis à ouvrir les lettres, et cela sans pudeur... sans aucun discernement même, et violant dix cachets pour arriver au bon... Louis XV exigeait de M. de Choiseul un *compte rendu, surtout dans la partie scandaleuse*, ensuite M. de Choiseul lui-même avait un *abrégé* de cet *abrégé*, qu'il commentait avec son esprit fin et railleur, et dont il charmait les loisirs de madame la duchesse de Grammont [1] et de cinquante oisifs rassemblés dans son salon... Mais une chose qui vous surprendra, c'est que l'époque où les lettres furent le plus ouvertes, ce fut pendant les années 93, 94, 95, 96, 98 et 99... 93 surtout fut une véritable inquisition, moins le bûcher, mais il avait une digne suppléante... Il existe à la poste des preuves de ce que je vous dis là, qui feraient l'étonnement de bien des gens... Le directoire ne s'en faisait pas faute, comme vous pouvez le croire; mais sous son règne anarchique rien n'étonne, parce que tout y était dans une telle proportion de mal, que ce serait plutôt la chose contraire qui surprendrait... L'empereur ne fait donc que ce qui est fait partout d'ailleurs et bien moins adroitement qu'en France.

[1] Sœur de M. de Choiseul.

Je fus de l'avis de M. de Lavalette, et je lui racontai à ce sujet une anecdote du temps de l'ambassade de Junot à Lisbonne.

J'écrivais assez souvent en France; mais comme l'infidélité de la poste nous était connue, Junot envoyait fréquemment des courriers à l'empereur ou bien à M. de Talleyrand. Cependant j'écrivais quelquefois par la poste, mais alors il était rare que je ne m'en repentisse pas. Un jour je reçois une lettre de la vicomtesse de Puthod, l'une de mes amies les plus intimes et que j'aimais chèrement; cette lettre avait plusieurs pages, et était écrite sur du papier vélin satiné venant de chez *Coiffier*[1], alors le Susse de la papeterie élégante de Paris. Madame de Puthod, très soignée dans tout ce qui l'approchait, était surtout d'une propreté exquise et recherchée. J'étais donc bien certaine que les huit pages toutes souillées, froissées, que j'avais dans les mains, n'étaient certes pas sorties des siennes dans cet état; mais ce fut bien autre chose lorsque voulant continuer ma lecture, je fus arrêtée par une page qui manquait... Le

[1] Coiffier était le père de mademoiselle Mezerai, actrice *très* et *toujours* mauvaise, de la Comédie-Française. Son magasin était où se trouve aujourd'hui celui de Giroux, rue du Coq-Saint-Honoré.

commis chargé de lire le grimoire français de ces *révolutionnaires* maudits, que l'*antechrist* envoyait en ambassade dans leur pauvre royaume, y avait mis tant de temps et de soins qu'il était demeuré détenteur de la dernière page de ma lettre; et comme c'est une grande affaire, quand on est à cinq cents lieues l'une de l'autre, qu'une page de plus ou de moins entre deux amies, je fis grand bruit, et M. Legoy, second secrétaire d'ambassade, eut la bonté d'aller à la poste pour moi, et d'y faire tapage; mais ce fut en pure perte. Ils nièrent d'abord que la page eût été perdue, parce que la lettre n'avait pas été lue. Cela était assez pour ne pas insister, mais pas assez pour me convaincre; aussi, écrivis-je à la vicomtesse:

« Je ne puis vous donner aucun détail sur ce que vous voulez savoir, il me faudrait pour cela vous parler du pays, et sauf quelques exceptions très remarquables[1], je n'ai pas grand'chose à en dire, si ce n'est du mal. Or, je me rappelle qu'étant petite, ma gouvernante me recom-

[1] En tête de ces exceptions, je me ferai un devoir de mettre la duchesse de Cadaval, le marquis de Valence, le comte Sabugal, le marquis d'Alorna, Dom Thomas de Noronha, M. d'Araujo et M. d'Anadia. Quant à M. de Villaverde, il avait de l'esprit... Eh bien, il avait de l'esprit... et beaucoup même.

mandait toujours d'être polie avec les gens quand je me trouverais *avec eux* et *chez eux*, il y a bien une toute drôle de morale là-dedans, mais enfin, je suis chez les Portugais, je ne puis donc pas vous dire tout ce que j'en pense, surtout depuis que je vois qu'ils ouvrent les lettres assez maladroitement pour employer un commis qui perd les feuilles, et les lit ayant les mains sales... etc.»

Comme je n'irai pas jusqu'en 1818, époque où se passe le fait qu'on va lire, je le place ici, parce qu'il y est parfaitement en son lieu, en raison de l'à-propos.

Quelques mois après les évènemens fabuleux de la restauration, évènemens qui avaient remis l'Italie sous le joug autrichien, il arriva que dans une ville, que je crois être Milan, sans être assez sûre du fait pour l'affirmer, des agens de la poste chargés d'ouvrir les lettres qui pouvaient donner quelques inquiétudes par le nom que portait la suscription, furent étrangement empressés en ouvrant une lettre adressée à l'un des premiers personnages marqués à l'encre rouge, de trouver une lettre écrite EN HÉBREU. C'est un chiffre comme un autre... mais l'hébreu, ne le lit pas qui veut... c'est une langue d'*agrément* peu usitée dans le jargon social : aussi messieurs de la poste furent-ils dans une sorte de désespoir de n'être ni assez habiles pour traduire cette pièce importante au salut de la ville, qui devait sans doute se trouver compromise, et dont le grimoire en lettres devait donner la clef... Mais la personne à qui elle était adressée refusa de recevoir la lettre, disant que ce n'était pas pour elle. Ma mémoire, qui me revient à mesure que j'écris, me dit que la ville était Trieste... Or, dans Trieste, ce n'est pas un personnage bien difficile à trouver qu'un juif... qu'il soit allemand, polonais, russe, il importe peu ; s'il sait lire le Talmud, c'est ce qu'il faut... On fit donc battre la chamade pour déterrer un Israélite, et enfin, dans une petite rue près du port, tout en haut d'une vilaine maison bien noire et bien sale, on trouva un petit vieillard, presque diaphane, collé contre une lampe à la lueur de laquelle il faisait des chiffres, et puis encore des chiffres... On lui raconta comme quoi il fallait suivre ceux qui le venaient chercher, chez le commandant de la ville... S'il avait pu pâlir, le petit juif, il en serait devenu comme une figure de cire... mais un petit juif, cela ne pâlit jamais. Il suivit donc les envoyés du commandant, et, arrivé chez lui, il se mit à déchiffrer le grimoire, qu'il lisait couramment comme feu Moïse... Mais c'était alors qu'il aurait pâli s'il avait pu pâlir !... A mesure qu'il lisait, il jetait autour de lui un de ces regards de juif qui cherchent à tout prendre, et sont tous quêteurs... Il s'y joignait une anxiété terrible. Il était évident que le petit juif avait trouvé un grand, un terrible secret dans la feuille hébraïque, et tout le conseil du commandant se mit à pâlir de concert avec lui.

— Juif, dit le commandant d'une voix sévère, qu'as-tu trouvé dans cette feuille qui te fasse trembler comme tu trembles ?... Allons, traduis-nous cela et finissons.

— Excellence, s'écria le petit juif en se jetant à genoux et joignant les deux mains, excellence, je vous en conjure, ne me faites pas traduire cette page maudite !... Au nom du Dieu vivant, brûlez ce papier, et ne me forcez pas, moi pauvre malheureux, à vous dire ce qu'il renferme.

— Comment, maraud, mécréant maudit ! il y a sur ce papier quelque chose que tu n'oses pas me lire !... C'est un peu fort !... Sais-tu bien qu'il y a des moyens de te délier ta langue de Judas !... De quel pays es-tu ?...

— De Varsovie, monseigneur... Et le petit juif s'inclinait si bas... si bas... qu'il entrait en terre...

— Varsovie !... Ah ! pardieu !... Et voilà précisément la chose !... Tous ces juifs polonais sont autant de fléaux, partout où ils se trouvent, même dans leur propre pays, où l'on ne veut pas d'eux... Ah! çà, veux-tu lire et promptement!... autrement... tu auras affaire avec l'autorité... et tu sais que la nôtre ne plaisante pas.

Le petit juif, tout tremblant, se mit en devoir d'obéir; il prit ses lunettes... en frotta les verres, les rendit nets et luisans, et puis il voulut commencer... Mais il fallut se moucher... tousser... et puis il n'y voyait pas assez clair... Enfin il prit son parti comme un poltron qui se lance au milieu d'un danger... et d'une voix aigre et perçante, il jeta ces paroles aux oreilles du commandant et de son conseil :

« Canailles que vous êtes... »

Et puis il s'arrêta comme tout étonné lui-même de ce qu'il venait de dire... Il leva son petit œil chassieux, et rencontra le regard flamboyant du commandant.

— Excellence, excellence, s'écria-t-il en laissant tomber le malencontreux papier... ce n'est pas ma faute!... je ne voulais pas vous dire cette impertinence...

— Continue, dit le commandant, et fais promptement.

Alors le petit juif reprit le papier, et lut cette fois tout ce qu'il contenait sans interruption :

« Canailles que vous êtes!... comment pouvez-vous aussi être assez imbéciles pour croire que si je voulais conspirer contre vous et votre baraque de ville, j'irais me servir d'un moyen aussi stupide que celui-ci pour cacher mes desseins? Au moment où l'on vous lit cette *carte* politique, ce chiffre tant redouté par vous, il est certain que vous avez perdu plus de temps et surtout plus de considération à en chercher la clef, à le faire traduire, que bien certainement il vaut. J'aurai donc le plaisir de me moquer de vous, et cela sans que vous sachiez si je *suis* ou *non* l'auteur de votre mystification. Cela vaut bien, j'espère, le déshonorant plaisir de violer les choses les plus saintes, et de vexer d'honnêtes gens dans les actions les plus simples de leur vie sociale... Que la leçon vous profite... si jamais une leçon donnée a corrigé d'un défaut comme celui que vous avez. »

Jamais on ne put découvrir l'auteur de la mystification... Quant au petit juif, il regagna son sixième étage en disant : Si, comme moi, ils ne recevaient ni n'écrivaient de lettres, cela ne leur arriverait pas.

CHAPITRE IX.

Ma correspondance d'Espagne. — Etoile de Napoléon. — Maladie, guerre, ASSASSINAT. — Notre situation en Espagne. — Rapp et Junot. — Les coups de canne. — VIVANT. — VINGT-DEUXIÈME BLESSURE! — Doigts gelés. — Ressemblance. — Pie VII à Fontainebleau. — Les deux maîtres. — Les sœurs de charité. — La quête. — Le jeune abbé. — Madame Menou. — Madame V..dé. — L'empoisonnement. — La duchesse de Chevreuse. — Troubles de Caen. — Libelle. — Les chenilles. — Jeunesse de Napoléon. — Le maître de chant. — Proclamation de Louis XVIII. — Distractions. — Aroun-al-Raschid. — Le magasin d'albâtre. — Triomphe d'une mauvaise pensée. — *Le petit homme*.

L'année 1813 avait commencé sous les plus tristes auspices... les désastres de l'armée de Russie semblaient en appeler d'autres, et le midi leur répondait d'une voix lugubre par d'autres malheurs et d'autres morts... J'avais encore beaucoup d'amis en Espagne, et chaque semaine je recevais des nouvelles, non par l'estafette ni par la poste, mais par quelque officier qui rentrait en France, et m'apportait une lettre qu'il entourait encore de tout ce qu'il pouvait me dire d'intéressant pour ajouter à ce qu'on m'écrivait. Ces relations verbales et écrites étaient désespérantes !... et pourtant nos maréchaux avaient une conduite bien admirablement belle dans des circonstances aussi terribles, ne se maintenant qu'avec des peines infinies, même après les plus glorieux combats. Le maréchal Suchet avait toujours conservé le littoral de la Méditerranée... le maréchal Soult, par de savantes combinaisons, savait encore soutenir le roi Joseph dans un royaume battu en brèche de toutes parts, et ne demeurant encore debout que par une suite du bonheur de l'ancienne étoile de Napoléon, qui demeurait encore attaché à son sort et à ceux des siens, malgré que la fortune se fût retirée de lui et de ses entreprises. L'Espagne, encore couverte de nos bataillons, ne l'était plus de nos soldats... les régimens étaient bien là, mais ce n'étaient plus les mêmes hommes!... c'étaient des enfans succombant à la fois sous les trois fléaux de la maladie du pays, de la guerre, et de L'ASSASSINAT : cette dernière mort surtout était ce qui frappait le plus droit au cœur, parce que l'agonie en était continuelle, par la terreur dans laquelle vivait la victime. Il est inutile de considérer la quantité de troupes qui inondent l'Espagne...cette vérité reconnue n'est elle-même qu'une preuve de plus de notre faiblesse... Notre position était à cette époque si étrange en Espagne, qu'un de mes amis m'écrivait :

«..... Quelque malheureux que nous fussions lorsque vous étiez ici, rien n'approche de notre position actuelle... l'homme le plus courageux se sent anéanti... Comment voulez-vous avoir le désir de vaincre, lorsque la victoire d'hier est nulle aujourd'hui?... Je l'ai écrit à l'empereur encore avant-hier... les Espagnols seront vaincus, on pourra même les détruire... mais les conquérir, les subjuguer, jamais.. Il n'y a pas de trêve, pas de paix à espérer avec un peuple dont la haine et le fanatisme sont les véhicules, dont la résistance politique et religieuse est entretenue et renouvelée par ces mêmes véhicules... Savez-vous ce qu'ils ont fait dernièrement dans les montagnes de Soria et du côté de Zamora?... on les a désarmés... on leur a pris tous leurs fusils et ces piques, ces lances faites, si vous vous le rappelez, pour s'habituer aux lances des Polonais et n'en avoir plus peur... eh bien! ils ont refait des munitions en moins de huit jours... ils ont établi des forges dans la montagne... ils ont forgé des piques et des sabres, ils ont fondu des balles avec du plomb qu'ils ont pris je ne sais où... Quant aux fusils, je crois qu'ils ont des démons avec lesquels ils fraternisent et qui leur en donnent... Il est fabuleux de dire à combien se monte le chiffre de ce qui leur en a été ôté... Au reste, toute arme leur est bonne... s'ils n'avaient pas de fer, il trouveraient moyen de faire des haches de pierre et des canons de bois[1], avec lesquels ils nous tueraient tout aussi bien qu'avec d'autres... et puis l'assassinat peut se faire sous tant de formes!... Seulement rappelez-vous que plus il sera cruel, plus il sera populaire. »

Cette lettre écrite par un homme qui connaissait bien l'Espagne, me fit un grand mal... J'aimais alors ma patrie comme je l'aime toujours aujourd'hui... et ses malheurs trouvaient un retentissement bien douloureux dans mon âme... Hélas! tandis que nous gémissions sur l'Espagne, le nord se couvrait de nuages d'où la foudre devait tomber sur nous!...

[1] Il n'est pas du tout absurde de supposer que les Espagnols pourraient faire des canons en bois. En 1793, les royalistes de la Lozère gagnèrent une grande bataille sur les républicains avec des canons de bois cerclés en fer. — On a trouvé dans l'arsenal de Salzbourg des canons en cuir.

Rapp était en correspondance suivie avec Junot... Junot avait éprouvé une reconnaissance profonde du refus que Rapp avait fait du commandement de son corps d'armée, lors de la mauvaise humeur de l'empereur, et lorsque Rapp retourna à Dantzick, Junot lui dit :

— Tu es mon frère d'armes, toi... tu es l'homme d'honneur et de loyauté que je rêvais pour lui donner ce nom-là... Je n'oublierai jamais ton action.

Rapp, selon lui, avait fait une chose tout-à-fait simple, et s'étonna fort que Junot lui en parlât seulement, il lui serra la main et lui dit :

— Eh bien! oui, entre nous, vois-tu, ce sera à la vie et à la mort.

Junot mettait donc un extrême intérêt à suivre la marche de Rapp à travers la vie dangereuse qu'il menait en Russie. Un jour il reçut une lettre de lui qu'il m'apporta, et qui est bien remarquable par la profonde tristesse qu'elle déguise et révèle en même temps... Après le passage de la Bérésina, qu'il traversa avec l'empereur, il s'était dirigé avec lui sur Wilna... mais à Smorgoni, l'empereur lui confia qu'il partait pour la France pour chercher des ressources, réveiller le patriotisme national : — Car, vois-tu, mon cher Rapp, ils veulent envahir notre beau pays... et je ne veux pas qu'il perde *un seul de ses joyaux*, *moi!...*

— Oui, me disait Rapp en me racontant sa séparation avec l'empereur, oui, s'il a quitté l'armée, c'était pour en sauver les débris... c'était pour élever une barrière entre nous et les Prussiens et les Russes, et non pas parce *qu'il avait froid*, comme le disent encore ici des hommes à qui je ne serai content que lorsque je leur aurai coupé leurs deux oreilles...

C'était en 1818 qu'il me disait cela... Pauvre Rapp !... En 1813 il écrivit à Junot une lettre qui n'est pas de son écriture, parce qu'elle est dictée à un secrétaire, à cause du mauvais état de ses mains... Cette lettre fit une peine extrême à Junot...

.... Lorsqu'à Smorgoni l'empereur dit adieu à Rapp, il lui dit qu'il désirait qu'il retournât à Dantzick, mais qu'auparavant il devait rallier l'armée de concert avec Ney et le roi de Naples. A Wilna il fit des prodiges, non seulement de valeur, mais d'humanité... Il comprenait bien lui, le vieux soldat quoique l'homme jeune, il comprenait bien que des misérables qui n'avaient reçu dans l'espace de deux mois que trois distributions[1], fussent sourds à la voix de leurs

[1] A Smolensk, à Orcha et à Kowno.

chefs, mais quelque fût leur délire, ils entendaient toujours celle de leur camarade ; ce fut celle-là qu'il leur fit entendre... Toujours ferme cependant à côté de l'indulgence, on l'a vu dans cette journée remarquable, portant sur ses épaules un sous-officier blessé qui ne pouvait marcher, et, pendant qu'il le portait, il donnait des coups de canne à un soldat qui assommait une vivandière, pour avoir un pain que cette femme venait de payer QUINZE FRANCS !!... Voulant obéir à l'empereur, il songea à partir pour Dantzick ; mais comment faire ? Il fallait passer le Niemen, et le froid était si rigoureux, que les Russes eux-mêmes tombaient sous sa terrible action... Cependant Rapp voulait obéir, et surtout rejoindre sa place de Dantzick, dont le péril était manifeste depuis nos revers... Il se détermina enfin à se confier à deux juifs qu'il loua à Wilna pour qu'il le menassent jusqu'au Niemen. Ce fut la relation de ce voyage que reçut Junot par un officier que Rapp envoyait à l'empereur pour lui dire qu'il ne se rendrait jamais VIVANT, à moins qu'il ne le lui ordonnât. Cet officier nous raconta ce qu'il avait souffert par l'intensité du froid ; cela fait frissonner. Le malheureux était déjà couvert de blessures [1], et le froid lui gela

[1] Il avait reçu sa vingt-deuxième blessure la veille de la

deux doigts de la main droite, et une partie du nez... Il avait surmonté tous les obstacles et de la nature et des hommes pour se jeter dans Dantzick. Il y parvint, mais par une sorte de miracle, nous dit cet officier...

« Au reste, mon cher Junot, écrivait-il, j'ai trouvé ma pauvre place dans un état affreux... Tout y était en pleine désorganisation... Je m'y suis renfermé maintenant, et bien habile sera celui qui m'en fera sortir. On dit que les Russes veulent venir pour le tenter, avec le duc de Wurtemberg... Je les attends de pied et surtout de *main ferme*, quoique leur diable de *général Morosow* m'ait presque coupé les deux doigts et m'ait emporté le nez... C'est que si cela arrivait, sais-tu bien, les jolies femmes ne me prendraient[1] plus pour toi... etc... »

Nous eûmes à cette époque à peu près une de ces nouvelles jetées à la société pour pâture, et sur lesquelles elle s'exerce largement.. ce fut le

bataille de la Mojaïsk. M. de Narbonne me disait que l'empereur l'envoyait lui-même tous les jours pour savoir de ses nouvelles. — On était alors à Moscow, où les flammes le forcèrent d'errer de maison en maison.

[1] Il y avait beaucoup de ressemblance entre eux, quoique je ne puisse guère dire en quoi elle consistait, mais il y en avait. Junot était plus élancé que Rapp, et plus distingué de tournure et de manières.

voyage de l'empereur et de l'impératrice à Fontainebleau, où était le pape Pie VII depuis plusieurs mois [1], après avoir subi une sorte de captivité à Savone. Sa conduite à Fontainebleau avait été admirable.... celle d'un apôtre... du véritable vicaire de Jésus-Christ... En l'approchant, l'impératrice se mit à genoux et lui demanda sa bénédiction, que le saint père lui donna comme à sa fille.. L'empereur, toujours dans la question, fut avec le pape comme s'il venait d'arriver de Rome pour le couronnement de 1804... En reconnaissance d'avantages temporels accordés par la France, le pape promit l'institution canonique au grand nombre d'ecclésiastiques qui, depuis la rupture du saint-siége avec la France, avaient été nommés évêques... L'empereur rendait également sa faveur et ses bonnes grâces aux évêques et aux archevêques qui avaient encouru son déplaisir. De ce nombre était le cardinal Fesch, qui était exilé dans son archevêché de Lyon. Il était oncle de l'empereur cependant; mais Napoléon n'avait pas de liens de famille sous ce rapport-là.

[1] Le pape était à Fontainebleau depuis le mois de mai 1812; l'empereur fut dans le mois de janvier à Fontainebleau.... vers le 15 ou le 16, je crois. Il partit de Paris comme pour aller faire une chasse à Grosbois, chez Berthier, et partit de Grosbois pour Fontainebleau...

Ce nom du cardinal Fesch me rappelle que dans l'énumération des noms des membres de la famille impériale qui étaient à Aix en Savoie, l'année précédente, et que j'avais nommés dans mon volume précédent, j'ai omis de parler du cardinal Fesch. Son caractère est pourtant aussi honorable que son cœur est bon et dévoué. Il ne voulut pas faire, par complaisance pour son neveu, parce qu'il était empereur, ce que l'autre exigeait assez impérativement de lui.

— J'ai deux maîtres avant vous, dit-il à Napoléon... Dieu d'abord... et puis le pape... Vous voulez que je prenne possession du siége de Paris; je ne le ferai que lorsque mes bulles de Rome seront arrivées. Or, comme l'empereur était brouillé avec le saint-siége, il n'était pas probable que les bulles vinssent de sitôt. Le cardinal Fesch ne voulut pas céder... L'empereur insista, et le résultat de la lutte fut l'installation du cardinal Maury, comme *archevêque nommé*, et l'exil du cardinal Fesch dans son diocèse de Lyon. Il s'y rendit, y vécut saintement et comme un excellent homme, qu'il est en effet, et ne parut pas disposé à céder. Il était fort bien établi dans son palais *archiépiscopal*, et il y tenait fort bien sa cour d'archevêque, lorsque Madame-mère vint à Aix en Savoie; le cardinal vint la voir, et passa six semaines avec nous. Il y eut une particularité dont je me rappelle, qui n'a de prix que parce que le personnage est devenu depuis un homme très remarquable dans le clergé.

Madame-mère était protectrice de toutes les institutions de charité existantes alors en France; les sœurs de charité, comme on le pense, devaient être au premier rang... il n'y en avait pas à Aix. Comme il y avait un hospice, les autorités de la ville demandèrent à Madame de leur donner des sœurs de charité. Quatre sœurs et une supérieure suffisaient pour desservir l'hospice. Madame accorda volontiers la demande, mais il fallait une quête pour subvenir aux premières dépenses de leur installation. L'occasion était belle. Il y avait précisément alors à Aix une grande quantité de gens riches qui, par vanité, si ce n'était par charité, devaient donner. La reine d'Espagne, cet ange de miséricorde et de bonté, sa sœur, qui avait beaucoup de cette ressemblance avec elle, l'impératrice Joséphine, la princesse Pauline, moi, M. et madame de Semonville, M. et madame de Rambuteau, une foule d'autres personnes, devaient nécessairement donner pour un tel motif. On arrêta donc de faire une sorte de cérémonie de cette quête. Mais il fallait quelqu'un pour prêcher...

— Mon dieu, nous dit le cardinal, j'ai ici un tout jeune homme qui s'essaie dans sa chambre à parler seul *et haut*, il a des moyens. Parlez-lui du projet, je vais le faire appeler.

On fit venir le jeune abbé. C'était la plus ravissante figure que j'eusse jamais vue... Il avait à peine vingt-quatre ans. Il était, malgré sa beauté et sa jeunesse, tout en Dieu et tout recueilli; fort modeste, paraissant aimer profondément son protecteur... Ce jeune et bel abbé... c'était l'abbé Feutrier.

Lorsque le cardinal lui eut expliqué ce que nous attendions de lui, il prépara un discours qu'il prononça dans la petite église d'Aix, et qui ne produisit pas l'effet qu'on en attendait. Le jeune abbé pouvait être très beau, mais pour bon prédicateur, c'est autre chose.

Je m'en étais douté, je ne sais trop pourquoi; si ce n'est pourtant au sourire continuel que l'abbé mettait toujours avant et après ses phrases. Je doute que l'abbé Combalot et l'abbé Lacordaire sourient autrement qu'en appelant à l'ineffable bonté de Dieu, et encore le sujet devient-il si sérieux, que le sourire est toujours de trop. Pour obvier en conséquence au peu d'impression que pouvait faire l'abbé Feutrier, je proposai d'avoir *une quêteuse*. Ce sont de ces petits moyens humains qu'il ne faut jamais négliger. Nous avions à Aix une charmante personne dont j'ai déjà parlé, madame de Menou. On la pria de se charger de la quête, ce qu'elle accepta avec reconnaissance, comme participation à une bonne œuvre. Elle fut donc placée à la porte de l'église d'Aix, ayant un voile de dentelle sur la tête, et plus jolie qu'aucune madone de Raphaël... Je me rappelle que, ne pouvant trouver une bourse dans la ville d'Aix, je fus obligée de prêter une jatte en vermeil qui était dans mon nécessaire de voyage, et ce fut dans cette sorte de coupe que se fit la quête, qui fut très abondante, grâce à notre belle quêteuse, et bien un peu aussi à la charité des *aumôniers*. Mais pour le sermon, il fit rire, et voilà tout... Le cardinal le comprit bien, mais il était fort engoué du jeune abbé ; et puis il comprenait mieux l'italien que le français, s'il faut le dire... Lorsque je passai par Lyon, et que je m'y arrêtai pour voir madame Récamier, il était déjà de retour dans son palais archiépiscopal ; il m'engagea à dîner chez lui, ainsi que tous mes amis, M. et madame Alexandre Doumerc, madame Lallemand, et M. de Geouffre, mon beau-frère. Il nous fit *grand'chère*, comme aurait dit Brantôme. Entre autres *raretés* et *primeurs*, il nous fit servir des merles de Corse qu'il prétendait sentir le myrthe, mais qui, en réalité, sentaient fort mauvais, parce qu'ils étaient venus pendant le mois d'août, et que la grande chaleur avait produit son effet naturel... Il fut, du reste, ce qu'il a toujours été, bon, hospitalier, et le plus accueillant des hommes.

Puisque je reparle de Lyon, il faut que je relève ici une erreur bien coupable, parce qu'elle est faite avec une pleine connaissance de cause... J'ai lu, l'autre jour seulement, et encore par hasard, une histoire racontée par madame de V..dé, dans les *Mémoires de Constant*, où l'on a intercalé une relation d'elle qui est en grande partie relative à l'empereur, et mensongère d'un bout à l'autre, respirant la haine et la vengeance, et tout cela parce que l'empereur n'a pas voulu que madame de V..dé demeurât dame du palais, ni payer cinquante mille francs de dettes qu'elle avait. Elle écrivit une lettre très pathétique à l'empereur, en lui disant qu'elle allait *s'empoisonner* si ses dettes (dettes d'honneur s'il en fut jamais, c'était une dette de jeu) n'étaient pas payées dans les vingt-quatre heures. L'empereur, comme on a pu le voir, n'était pas très susceptible de cet entraînement romanesque qui porte à un premier mouvement, mais il était bon, et surtout très *donnant* pour prévenir un malheur de réputation, et bien plus encore pour empêcher une catastrophe aussi terrible. Il envoya donc aussitôt l'aide-de-camp de service pour prendre quelques informations relativement au genre de la dette. L'aide-de-camp qui, je crois, était Rapp, arriva à Auteuil, où madame de V..dé avait une maison, et la trouva disposée à tout autre chose qu'à se tuer... *Sa démission lui fut demandée*, et rien ne put fléchir l'empereur, qui était avec raison très susceptible sur de pareilles affaires. Madame de V. devint son ennemie la plus acharnée après cette démission donnée. Elle écrivit un libelle qui forme une centaine de pages, qu'on a mis au travers du troisième volume de Constant. Il est impossible d'imaginer l'effet que produit cette longue suite de pages couvertes d'injures, en contraste avec cette bonne simplicité franche de Constant... C'est le tableau recevant l'ombre... Les injures, je ne les relèverai pas, parce qu'elles sont si ridicules que je ne puis assez les oublier; mais il est des faits, des mots attribués à Napoléon, que je dois rectifier; c'est un devoir.

Madame de V... prétend que madame de Chevreuse étant exilée à Caen (où elle fut effectivement quelque temps, parce que son humeur toute mobile ne lui permettait pas de demeurer six mois dans la même ville), y fut fort malade, et que l'empereur ayant envoyé des troupes pour apaiser les émeutes qui eurent lieu pour les grains dans le Calvados, le général qui les détruisit, lui ayant demandé *pour récompense* de faire revenir madame de Chevreuse dans sa famille, parce qu'elle était fort malade, et malade à mourir, l'empereur avait répondu :

« *Eh bien! elle mourra aussi bien à Caen qu'à Paris.* »

Et madame de V... ajoute :

« *Et l'infortunée mourut peu de temps après cette cruelle réponse.* »

Il y a erreur sur erreur dans toute cette histoire... Madame la duchesse de Chevreuse, que du reste je regrette fort, parce qu'elle était une spirituelle et bonne personne, et dont je trouve la punition injuste et cruelle, a bien été à Caen, mais non pas dans le temps indiqué par madame de V... Les troubles du Calvados qui eurent lieu pour les blés, eurent lieu pendant que l'empereur était en Russie ; il n'était pas à Paris, et ne pouvait donc pas donner une récompense au général qui avait terminé ces affaires. Il est ensuite plus que douteux que l'empereur eût donné une récompense, même en paroles, pour une telle chose, parce que la manière dont ces troubles furent apaisés, en tuant, par exemple, des femmes, des vieillards et des enfans, cette manière fut non seulement blâmée par l'empereur, quand il l'apprit en Russie, mais il en fut excessivement mécontent, et certes il n'aurait pas donné une *récompense* pour de telle besogne.... Madame de Chevreuse n'était pas ensuite à Caen à cette époque, qui était 1812... si ce n'est tout au commencement de l'année, et encore je n'en suis pas sûre; ce dont je suis certaine, c'est qu'au mois de septembre 1812, madame la duchesse de Chevreuse était à Lyon, où elle est morte dans le printemps de 1813... Elle n'est donc pas morte à Caen, et le général dont je veux oublier le nom, qui apaisait les émeutes de gens *qui ont faim et demandent du pain*, en fusillant des vieillards et des femmes, n'a pas demandé sa récompense à l'empereur dans les termes employés par madame de V...

C'est une bien misérable haine que celle qui se manifeste envers Napoléon, de la manière dont la témoigne madame de V... Il est visible que cette haine est *personnelle*. On voit clair dans ces pensées à moitié exprimées, à moitié retenues, qui révèlent une âme remplie d'un fiel produit par une cause qu'elle ignore, mais qui n'est pas probablement à l'honneur de la personne qui en use ainsi sans pitié ni vergogne... Madame de V... devrait se rappeler qu'elle *a accepté* la place de dame du palais qui lui fut donnée à la suite de longues sollicitations faites par elle-même auprès d'un grand personnage qui occupait alors un poste très remarquable comme confiance auprès de l'empereur... Madame de V... n'a jamais *eu le droit* de se plaindre de l'empereur Napoléon, comme j'aurais pu l'avoir, moi, ou tout autre dans ma position. L'empereur devait de la reconnaissance à la mémoire de nos maris... il en devait à nous-mêmes pour avoir partagé leurs malheurs, leurs fatigues et leurs souffrances, lorsqu'ils rentraient dans l'intérieur de la vie domestique... Mais qu'était madame de V... ?... qu'était M. de V... ?... Elle, une fort belle femme, lui, un fort honnête homme (probablement, car je ne le connais pas); mais ensuite qu'est-ce que tout cela faisait à Napoléon? Je ne veux même plus répondre à ce libelle, parce que cela donne de la colère *à devenir dinde*.

Ceux qui habillent l'empereur avec une peau de tigre, comme lui-même l'a fort spirituellement dit à Sainte-Hélène, ne le connaissent guère... C'est pitié en vérité de voir une renommée aussi colossale être livrée à des chenilles qui la souillent de leur bave impure...

L'empereur n'avait peut-être pas une grande sensibilité, encore l'amour qu'il avait pour son fils prouve-t-il que cette grande âme avait été créée bien complètement par la divinité... Elle ne se trompe pas dans ses œuvres... et le moule où fut jeté Napoléon était bien de ceux dont on sort avec la perfection.

L'empereur avait des goûts qui dénotent la bonté. Aussi je crois qu'il est né avec le germe d'une extrême sensibilité, et que le malheur de sa position, car il n'était pas heureux dans les premières années de sa jeunesse, lui imposa presque une autre nature. Ensuite l'ambition et toute sa sècheresse égoïste est venue envahir une âme qui était d'abord formée pour aimer et être aimée... C'est une autre vie que celle qui s'offrit à Napoléon en sortant de l'enfance, et celle qu'il a suivie... Il ne pensait pas, lorsqu'il était lieutenant d'artillerie à Marseille, qu'un jour cette ville ferait partie de son vaste empire.... Il avait dix-sept ans..... Il était alors dans toute la verdeur de la jeunesse, et conséquemment des illusions... Mais comment un rêve, même un rêve de jeune homme, pouvait-il se bercer devant une couronne... devant un trône! devant une puissance!... A cette époque il n'en reconnaissait *qu'une seule*, c'était celle exercée par deux yeux parlant d'amour, par une voix harmonieuse... Alors il se laissait aller volontiers au charme d'une magie séductrice, de cette magie qui nous enlace et nous enchante, lorsque surtout elle vient à nous fortifiée de mille illusions... C'est pour cela que la séduction du théâtre est si redoutable... Ce fut celle-là que l'empereur, encore presque enfant, ressentit à Marseille [1] pour madame Saint-Huberti. On sait qu'elle excellait dans le rôle de Didon... Napoléon la vit, l'entendit, et son cœur de feu palpita aux accens de cette voix qui révélait, dit-on, les peines de l'âme avec une telle vérité, qu'on pleurait en l'écoutant... mais de ces larmes si douces... de ces larmes qui sont à elles seules une volupté... Après avoir entendu madame Saint-Huberti dans ce rôle de Didon, Napoléon, transporté et profondément ému, composa les vers que je mets ici... Ces vers sont peut-être les *seuls* qu'il ait faits dans sa vie... et j'en puis garantir l'authenticité.

« Romains qui vous vantez d'une illustre origine,
» Voyez d'où dépendit votre empire naissant :
» Didon n'eut pas d'attrait assez puissant
» Pour arrêter la fuite *où son amant s'obstine* ;

[1] On dit à Marseille, d'autres à Aix, mais la différence est si légère que le mieux est de ne pas s'y arrêter.

» Mais, si l'autre Didon, ornement de ces lieux,
» Eût été reine de Carthage,
» Il eût, pour la servir, abandonné ses dieux,
» Et votre beau pays serait encore sauvage [1]. »

Il y a de la poésie dans ces vers-là. En ajoutant à ce goût pour les vers qu'ont seules les âmes tendres, cette préférence pour les œuvres ossianiques... cette tendance à la rêverie, ce charme à écouter les cloches lorsqu'elles tintent vers le soir... et tout cela sans affectation, sans rien qui dénote le comédien ou l'homme ayant un masque... voilà qui prouverait que l'empereur fut d'abord créé pour être comme Lucien, un composé *de fer et de feu*, et dont l'âme aimante et toute remplie de cette force d'amour qui développe en nous la bonté et la pitié, fut d'abord altérée par un *premier sentiment méconnu*, et puis cette ambition dévorante qui ravagea toutes les passions douces en lui, et les remplaça par des volontés violentes et des affections qui, bien loin d'être la douceur de sa vie, ne furent plus que secondaires et très peu importantes dans sa grande marche au travers du monde qu'il s'en allait bouleversant.. Je ne suis pas injuste pour Napoléon... je ne suis pas *une fana-*

1 Ces vers sont parfaitement authentiques; je les tiens de M. le duc de Bassano, qui a la certitude qu'ils sont réellement de l'empereur.

tique sèide non plus... étant aussi raisonnable qu'il est grand, je le juge comme doit l'être un colosse de gloire tel que lui... par ses actions présentées à la postérité.

Ce qui m'était arrivé lorsque j'avais reçu la nouvelle de la bataille de Busaco, et que l'empereur me fit gronder de ne pas la lui avoir communiquée, me revint en tête en recevant de Londres une pièce bien curieuse, avec un paquet de musique que m'envoyait Naldi[1], ce bon Naldi, mon maître de chant à Lisbonne; il me faisait parvenir souvent de la musique, et lorsqu'il quittait momentanément l'Angleterre, il chargeait quelqu'un de confiance de ce soin. Cette fois la chose était grave, quoiqu'elle ne le fût pas relativement de lui à moi, parce que Naldi connaissait mon attachement à l'empereur, ainsi que l'amour dévoué de Junot. Lui, ou son mandataire, ne m'envoyèrent donc cette pièce, qui me parvint alors, que comme une rareté, attendu[2] qu'en France elle serait probablement *peu connue*.

[1] Le plus digne des hommes et le plus loyalement probe. Naldi est un de ces hommes qui sont rarement placés sur la scène du monde; il était fait pour être à la première place bien plus que tant d'autres. — Il est le père de la comtesse de Sparr.

[2] La proclamation était renfermée dans les dubs d'un opéra

Cette pièce était la fameuse proclamation de Louis XVIII, datée d'Hartwel, la maison de campagne qu'il occupait près de Londres[1]... Cette proclamation me surprit au dernier point. Je me rappelle qu'à cette époque je la pris pour une œuvre de folie... Rien ne me révélait le péril venant de ce côté, et, pour dire la vérité, c'est qu'alors il n'y avait pas plus de chances pour Louis XVIII que pour Louis-Philippe. Encore celui-ci avait-il plus de sympathie avec la nation dans ce temps-là... Je ne crois pas qu'au moment de la restauration, il y eût dans toute la France dix mille personnes sur les quarante millions d'habitans qu'elle renfermait, qui voulussent décidément cet ordre de choses[2]... La proclamation de Louis XVIII était fort bien faite. Elle exprimait des idées *toutes constitutionnelles*, et annonçait des volontés *toutes paternelles*. C'était le résumé de la charte donnée un an plus tard, avec des principes plus développés.

Je pensai d'abord à ce que j'allais faire de cette

de Winter fait pour la Bellington et la Grassini, intitulé : *Proserpine*. — Ces morceaux sont ravissans, surtout un duo qui commence ainsi : *Vaghi colli ameniprati*.

[1] Près de Londres, dans le Buckingham-Shire.

[2] Il y en a beaucoup dans le faubourg Saint-Germain qui ont regretté vivement l'empire.

pièce : la montrer à Junot n'était utile à rien... elle l'aurait violemment agité, et voilà tout !... Après quelques réflexions, je me décidai à envoyer chercher le duc de Frioul, et je la lui remis entre les mains. Elle était datée du 1er février, et nous étions alors au 8. Je demandai à Duroc[1] s'il croyait que l'empereur ne l'eût pas. Il me dit que, quant à lui, il en ignorait l'existence... qu'il allait l'emporter, mais qu'il croyait ne pas devoir me recommander la discrétion la plus absolue... Cette parole dite par un ami qui devait si bien me connaître... qui me lisait comme un livre, me fit de la peine... je le lui dis... Je suis pour l'empereur, en cette circonstance, ce que vous et Junot êtes pour lui, dis-je au duc. Jugez-moi donc d'après vous et d'après lui... et maintenant dites-moi si vous ne seriez pas blessé si je vous faisais cette recommandation...

— J'ai tort, me dit-il... j'ai tort... Mais si vous saviez ! Si vous pouviez voir comme moi toute

[1] J'ai déjà fait remarquer qu'il était bien extraordinaire qu'une amitié aussi vive, aussi pure, se fût établie entre moi et Duroc à l'âge que nous avions tous deux, sans que dans le cours de notre intimité la moindre pensée contraire à notre devoir soit venue se placer entre nous, et il est de fait que cette amitié fut toujours celle d'un frère pour sa sœur mais en même temps très profonde et très tendre.

l'horreur de l'intérieur de quelques âmes. Mon Dieu ! que je serais bien vite pardonné ! Oh ! ma pauvre amie, quel avenir se lève devant nous !...

Il emporta la proclamation, et moi je n'en conservai que le souvenir... Je le revis quelques jours après, et l'ayant questionné relativement à cette pièce, il me répondit :

— N'en parlons pas... J'espère que vous me tiendrez votre parole...

Je ne répondis qu'en lui serrant la main... Mais j'ai été fidèle à ma promesse, car Junot lui-même ne sut rien de cette pièce, qui au fait demeura inconnue pour tout ce qui tenait à l'empire jusqu'au moment de l'entrée des alliés... Je n'en parlai pas à madame Lallemand, ni à Narbonne qui, par sa position, aurait pu me donner de curieux éclaircissemens relativement au plus ou moins de fondement que pouvait espérer *le comte de Lille*. L'empereur ne le nommait jamais autrement... A quelques jours de là, je fus au cercle malgré mon état de maladie qui me retenait au lit jusqu'à six ou sept heures du soir... Lorsque l'empereur fut vis-à-vis moi, il s'arrêta, me regarda fixement en laissant reposer son œil de tout son poids sur le mien, comme pour descendre dans ma pensée et déchiffrer ce qui s'y passait... Enfin au bout de deux ou trois minutes, il me dit, mais avec une expression tellement distraite, qu'il était évident qu'il pensait à autre chose :

— Comment vous portez-vous, madame la duchesse ?...

Et se rapprochant de moi, il me dit, en me regardant encore plus fixement que la première fois :

— *C'est bien... très bien...*

Et puis comme si cette idée eût été attachée à l'autre...

— Votre oncle est-il ici ?...

— Lequel, sire ?... (Je faisais cette question exprès, comme il faisait aussi la sienne.)

— Comment lequel ?...

— Oui, sire.

— Mais vous n'en avez qu'un...

— J'en ai trois, sire...

— Ah oui, l'abbé de Comnène !... Vous savez très bien duquel je veux parler.

Il m'avait devinée comme je l'avais deviné...

— Sire, il y a plus de DOUZE JOURS que je ne l'ai vu.

La proclamation avait été remise par moi à Duroc il n'y avait pas quatre jours... L'empereur sourit et passa plus loin... Mais qu'il était changé et que son sourire était triste !... Ah ! toutes les horreurs de Sainte-Hélène se révélaient déjà à cette âme que le malheur ne pouvait toucher sans la blesser à mort !...

Voici une histoire qui arriva dans ce même temps, et que je veux raconter, parce qu'elle le place dans un de ces jours lumineux qui lui sont propres.

On sait que Napoléon aimait à courir le matin accompagné seulement du duc de Frioul, et que surtout son grand plaisir était de n'être pas reconnu... Un jour, dans le mois de mars ou d'avril, il sort de l'Elysée, où il était alors, et avec Duroc, ils prennent ensemble le chemin des boulevards par le plus beau jour d'un printemps chaud et parfumé. Il était six heures du matin; arrivés sur le boulevard, l'empereur observa en riant que leur course était trop matinale... Toutes les boutiques étaient encore fermées...

— Il ne faut pas faire l'Aaroun-al-Raschild d'aussi bonne heure, dit-il; c'était d'ailleurs la nuit, je crois, qu'il faisait ses courses de surprise avec son fidèle Giaffar...

Et tout en causant, en remarquant telle maison qui faisait un mauvais effet en gênant la voie publique, et la faisant noter sur le calepin de Duroc pour que Fontaine en fût instruit par lui à leur premier travail, ils arrivèrent au passage du Panorama... Là, quelques boutiques venaient de s'ouvrir... L'une d'elles attira l'empereur plus qu'une autre : c'était celle du fameux magasin d'albâtre de Florence.. Il était, comme il l'est encore aujourd'hui, tenu par M. L*** et sa sœur. Tous deux [1] sont Suisses.

Il n'y avait dans le magasin dans ce moment qu'une servante qui balayait, et même si gauchement, dans la crainte de casser quelque chose, que l'empereur ne put s'empêcher de la regarder long-temps, et de rire ensuite du rire joyeux d'un jeune écolier...

— Ah çà! dit-il enfin, qui donc tient ce magasin? on ne voit ici ni maîtresse ni maître.

— Voulez-vous t'y donc acheter queque chose, dit la servante en suspendant son travail, et regardant l'empereur en s'appuyant sur son balai, et posant son menton sur ses deux mains... Elle avait un air assez moqueur, et, dans le fait, elle n'avait aucun tort, car jamais on ne verra, selon moi, une plus étrange physionomie que celle

[1] Ils sont tous deux parfaitement élevés et ayant les meilleures manières, ils vivaient tous deux fraternellement, et c'était plaisir de les voir toujours aussi unis et aussi heureux ensemble. Je crois que l'un des deux s'est marié; la sœur est une charmante femme sous tous les rapports, et comme bonnes façons et comme femme estimable. Elle est fort belle.

de Napoléon dans son costume d'*Aaroun-al-Raschild*, comme lui-même l'appelait, ou de calife de Bagdad [1].

Il portait toujours la fameuse redingote grise[2]. Ce n'était pas là le singulier... c'est la façon de la redingote... Jamais l'empereur n'avait voulu être serré, ni même gêné dans ses habits, ce qui fait que ses tailleurs lui faisaient des habits et des redingotes qui lui allaient comme s'ils avaient pris mesure sur une guérite pour la largeur et la longueur. Lorsqu'il se maria, le roi de Naples le fit consentir à se laisser habiller par ses tailleurs... L'empereur y tint assez courageusement les premiers jours, mais ensuite il cria au supplice, et *demanda merci*. Il donna la question à décider à l'impératrice, qui, pourvu qu'on lui laissât ses courses à cheval et ses quatre ou six repas, était de bonne humeur et de l'avis de tout le monde... Elle accorda en conséquence à l'empereur toute facilité pour s'habiller à sa mode et surtout à sa guise, disant qu'elle aimait l'empereur *autant d'une manière que de l'autre...*

[1] Il chantait aussi très souvent, depuis qu'il avait relégué le fameux air de Camille ou le Souterrain : *Non, il est impossible...* l'air du Calife : *De tous les pays pour vous plaire....* et cela avec la même voix fausse.

[2] Il en portait aussi souvent une bleue dans les dernières années.

Je crois qu'elle ne mentait pas, et qu'elle voulait seulement dire *qu'elle ne l'aimait pas plus d'une manière que de l'autre.*

Avec cette redingote faite ainsi que je viens de le dire, à la grâce de Dieu, il avait un chapeau rond posé sur ses yeux, parce qu'il ne voulait pas être reconnu, et le chapeau planté tout droit. Cette redingote boutonnée et mise en *façon d'étui*, tout cela joint à une grande *déshabitude* des façons du monde, faisait, comme on peut le croire, un ensemble assez comique, où rien du héros ne se retrouvait. La servante des albâtres jugea dans un coup-d'œil rapide que le personnage ayant une redingote et un pareil chapeau, ne pouvait vouloir acheter qu'un serre-papier ou quelque autre misère de dix à quinze francs, ce qui ne valait certes pas la peine d'aller réveiller sa jeune et belle maîtresse... Mais l'empereur, qui ne jugeait pas de même, après s'être à son tour diverti de la tournure de la Fatime du balai, lui demanda avec un ton de maître s'il y avait là quelqu'un pour lui répondre.

La jeune sœur de M. L***, ayant entendu le colloque de sa servante et de l'empereur, se hâta de passer une robe, et de descendre dans son magasin. En la voyant, l'empereur fut frappé de l'aspect de sa figure et de sa tournure, toutes deux aussi nobles, aussi distinguées que celles des femmes les plus élégantes de la cour impériale.

— Pardieu, madame, lui dit l'empereur en touchant le bord de son chapeau, mais évitant de l'ôter pour n'être pas reconnu, il me semble que vous n'êtes guère matinale; ce n'est pas ainsi qu'une bonne marchande doit tenir son magasin.

— Vous auriez raison, monsieur, répondit mademoiselle L***... si nous vendions et si le commerce allait. Mais qu'importe ou non que nous soyons dans notre magasin!... la vente n'en va ni plus ni moins...

— Le commerce est donc bien malade? dit Napoléon en regardant différentes choses placées sur des tablettes ...

— Perdu, monsieur !... perdu !... Et comment cela serait-il autrement?... Nous devons périr à la peine.

—Vraiment!... Comment, la France est dans un état aussi alarmant !... Je suis étranger, je voudrais faire quelques emplettes, et en même temps je désirerais qu'une aussi agréable personne me donnât quelques éclaircissemens sur ce qui se passe en France... Comment appelez-vous la forme de ces vases?

— Ce sont des vases forme *Médicis*, répondit mademoiselle L***...

— Ceux-ci sont fort beaux; à quel prix les mettez-vous?...

Mademoiselle L*** ouvrit à la fois les yeux et les oreilles... Les vases étaient marqués *trois mille francs*. Elle le dit à Napoléon; il fit seulement un signe de tête, puis il reprit :

— Vous dites donc que le commerce ne va pas... Quelle en est la raison?

— Eh! monsieur, *tant que nous aurons un petit homme* aussi enragé que l'est celui-là pour faire la guerre, comment voulez-vous que nous ayons, non pas des jours, mais des heures tranquilles!... Et la jeune et belle fille se laissa tomber comme accablée sur le banc de son comptoir... L'empereur la regardait avec complaisance, mais avec une sorte d'intérêt respectueux, car j'ai déjà dit qu'elle imposait seulement en marchant dans son magasin.

— Est-ce que votre mari est à l'armée? dit-il à mademoiselle L***...

— Je ne suis pas mariée, monsieur, je suis sous la protection de mon frère, et je l'aide dans son commerce... Nous ne sommes pas Français, nous sommes Suisses...

— Ah! ah!... Et l'empereur dit ce mot avec

la même distraction qu'il aurait mise à bâiller, ou telle autre chose, et pourtant il écoutait bien....

— Je vous achète ces deux vases *Médicis*, dit-il à mademoiselle L***... On viendra les chercher à onze heures, vous aurez soin qu'ils soient prêts...

Il dit ces derniers mots avec le vrai ton du maître, et touchant de la main le bord de son chapeau, il s'élança hors du magasin en faisant signe au duc de Frioul de le suivre.

— Eh bien ! j'ai eu *mon fait*, j'espère, dit il, lorsqu'ils furent sortis du passage, où les boutiques commençaient à s'ouvrir !... Sais-tu bien qu'elle est fort distinguée, cette jeune fille !.... Lorsqu'elle m'a dit qu'elle était Suisse, j'ai cru voir une des femmes ou l'une des sœurs des hommes du *Reutly*[1]... Crois-tu qu'elle m'ait reconnu ?...

— Je suis sûr du contraire, sire... Sa parole était trop calme et trop assurée... Non, elle ne sait pas qui vous êtes.

L'empereur fut pensif pendant quelques instans, et puis relevant sa tête, son regard parcourut ce qui l'entourait avec un calme orgueilleux... Duroc, qui me racontait cette scène,

[1] C'est le nom de la prairie où se prêta le serment de Guillaume Tell, Valther Furst et Staufacher.

me dit qu'il était certain que l'empereur avait eu quelques mauvaises pensées dont ensuite il avait triomphé...

Oh ! son âme était grande et forte !...

A onze heures, mademoiselle L*** vit arriver des porteurs avec un brancard, et un valet de pied à la livrée de l'empereur... Il était porteur d'un petit billet qui disait que mademoiselle L*** devait accompagner les vases pour en toucher le montant.

— Et où dois-je aller ? dit la jeune fille toute tremblante, car elle commençait à regretter ses paroles du matin, en voyant la livrée impériale.

— A l'Elysée-Napoléon, mademoiselle, dit le valet de pied. Son frère, qui apprit l'aventure en même temps que la conclusion, car il rentrait seulement, voulut accompagner sa sœur. Il fit charger les vases avec le plus grand soin, et se mit en marche derrière eux avec sa sœur qui tremblait comme une feuille de bouleau, et pourtant elle ne se doutait pas de l'entière vérité.

Arrivés à l'Elysée-Napoléon, ils furent introduits à l'instant même dans le cabinet de l'empereur... Il prit lui-même trois billets de mille francs dans son bureau, et les remettant à mademoiselle L***, il lui dit en souriant :

— Une autre fois, ne murmurez pas autant de la stagnation du commerce...

Et faisant signe de la main d'une manière gracieuse, il rentra dans son appartement intérieur.

Le frère et la sœur étaient deux êtres faits pour comprendre cette conduite généreuse. Ils la sentirent avec une âme à l'unisson d'une belle action. J'ai vu long-temps après mademoiselle L*** raconter cette histoire, et toujours d'une manière aussi simple et aussi à son avantage, sans le savoir. Elle avait appris depuis cette matinée, que le commerce pouvait souffrir sans que ce fût immédiatement la faute du chef de tous. Elle était juste. Aussi *le petit homme* avait bien grandi dans son esprit, non pas en lui achetant une paire de vases de trois mille francs, mais en oubliant une parole qui, pour tant d'autres, eût été une offense.

FIN DU XVe VOLUME.

TABLE

DU QUINZIÈME VOLUME.

FIN DE LA TABLE DU TOME QUINZIEME.

www.ingramcontent.com/pod-product-compliance
Lightning Source LLC
LaVergne TN
LVHW020606110826
845149LV00002B/378

* 9 7 8 2 0 1 1 3 3 3 5 9 9 *